청소년을 위한 **삼국사기**

청소년을 위한 삼국사기

2013년 5월 10일 초판 1쇄 발행

지은이 반철진 I **펴낸이** 최용철 I **펴낸곳** 도서출판 두리미디어
등록번호 제10-1718호 I **등록일자** 1989년 2월 10일 I **주소** 서울시 마포구 서교동 369-25 I **전화** (02)338-7733
팩스 (02)335-7849 I **Homepage** www.durimedia.co.kr I **E-mail** duribooks@hanmail.net
ISBN 978-89-7715-294-6 (43910) I ⓒ반철진 2013, Printed in Korea

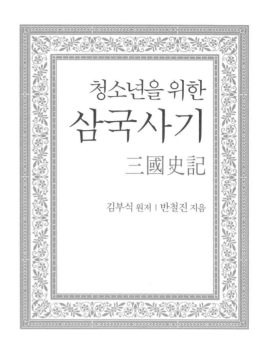

청소년을 위한
삼국사기
三國史記

김부식 원저 | 반철진 지음

두리미디어

고전은 청소년의 미래입니다

고전의 가치는 누구나 인정합니다. 오랜 세월을 거치며 수많은 이들에게 검증되고 영향력을 끼친 지식과 교양의 원천이 고전이기 때문입니다. 고전이야말로 세상 모든 책들의 중심이라 해도 좋을 것입니다.

그런 만큼 동서양의 고전에는 많은 책들이 있습니다. 하지만 쉽게 읽히고 온전히 이해되는 고전이 얼마나 될까요? 책을 읽으면서 무슨 내용인지 모르고 책장을 덮은 다음에도 옛 가르침의 여운이 남지 않는다면 고전이라 한들 어떤 의미가 있을까요? 많은 책들 위에 또 한 권의 고전을 얹어야 하는 이유가 여기 있습니다.

더욱이 고전 읽기는 삶을 살찌울 사상의 체계를 내 안에 만들고 삶의 가르침을 얻는 일입니다. 청소년기에 고전을 두루 읽어야 하는 것은 바로 이 때문입니다. 그런 이유로 동서양의 고전을 청소년들에게 가장 도움이 되는 책으로 내놓는 것이 이 시리즈 기획의 취지입니다. 그 밖에도 방대한 지식과 정보, 사유의 틀을 책 속에 효과적으로 담기 위해 이 시리즈는 기존의 고전과는 차별화된 구성과 편집을 거쳤습니다.

첫째, 고전의 완전한 이해를 위해 충분한 설명을 곁들였습니다. 완역에 욕심을 내어 책 이해를 어렵게 하기보다는, 고전의 중요 부분을 발췌 번역하고 충분한 설명과 재해석을 곁들임으로써 고전의 완전한 이해와 창조적 사유가 가능하도록 구성했습니다.

둘째, 책 읽는 즐거움을 더하고 내용의 이해를 돕는 '비주얼 클래식'을 지향합니다. 청소년이 쉽고 재미있게 고전에 다가갈 수 있도록 시각적 다양성을 고려했습니다.

셋째, 동서양에 대한 균형 잡힌 시각을 바탕으로 역사와의 관계 안에서 고전을 파악할 수 있도록 시리즈를 구성함으로써 통합적 사고력 향상과 논술 능력에 많은 도움을 얻게 됩니다.

고전은 무한한 가능성과 상상력의 보고입니다. 정통에 대한 이해, 새롭고 다양한 해석, 역사 속에 살아 숨 쉬는 고전의 향기! 청소년을 위한 동서양 고전 시리즈는 청소년들을 지식과 상상력의 도서관으로 초대합니다. 세상을 움직인 동서양의 명고전 안에서 새로운 미래로 나아갈 수 있을 것입니다.

덧붙여, 《청소년을 위한 삼국사기》를 비롯한 50여 권의 동서양 고전 출간을 위해 험난한 여정을 마다하지 않는 두리미디어에 깊은 감사를 전합니다.

✽ 동서양 고전 시리즈 기획위원

강승호 | 과천외고 역사교사   심경호 | 고려대 한문학과 교수
고춘식 | 한성여중 교장   양성준 | 서울외고 한문교사
김봉주 | 영동일고 국어교사   우수근 | 상하이 동화대 교수
류대곤 | 진성고 국어교사   장석주 | 시인·문학평론가
반철진 | 대성학원 역사 강사   장 운 | EBS 논술강사
서용순 | 세종대 교양학부 교수   황광욱 | 홍익대부속여고 윤리교사

'고려 시대 사람의 눈'으로
본 삼국사기

《삼국사기》를 청소년의 눈높이에 맞춰 쓰려고 마음을 먹은 것이 2008년 가을이었습니다. '청소년을 위한 고전시리즈'를 만들자는 기획에 참여하면서 전체 방향성에 대한 고민을 함께 나누던 중 저에게도 한 권의 책을 맡아 집필해 보라고 하신 두리미디어 최용철 사장님의 권유로 집필을 결정하게 되었습니다. 개인적으로는 근 20여 년 동안 '역사'라는 것을 알기 위하여 사료史料를 늘 곁에 두어 생각하고 이해하며, 지나간 일 속에서 현재의 문제 해결 방법을 찾으려 했던 시간들과, 비록 입시 위주의 교육이었으나 청소년들의 눈높이에 맞추어 역사를 이해시키려 했던 노력을 정리할 수 있는 기회라고 생각하여 겁도 없이 받아들였습니다. 그리고 또 하나의 이유는 《삼국사기》가 그나마 원전原典의 양이 적었기(?) 때문이었습니다.

지난 4년간 제 머리 속에서 지워지지 않았던 네 글자는 '삼국사기'였습니다. 그동안 필요한 부분만을 찾아 읽어 보았던 《삼국사기》를 처음부터 꼼꼼히 다시 보면서, 글을 쓰겠다고 결심한 것을 곧 후회하게 되었지요. 가장 난감한 것은 《삼국사기》 중 어떤 내용을 통하여 청소년들에게 《삼국사기》의 맛을 보여 줄 것인가 였습니다. '청소년을 위한 고전시리즈'는 단순히 책의 형식과 내용을 전하여 주는 것이 아니라 청소년의 눈높이에서 이해할 수 있도록 풀어써 주어야 하기 때문이었습니다. 그리해야 어렵다고 인식해 오던 고전을 쉽게 접해 볼 수 있고, 그것을 통하여 청소년들이 자신의 생각을 만들어 나가는데 도움이 된다고 믿기 때문이었습니다.

역사책은 단순히 과거의 사실을 나열해 놓은 것이 아닙니다. 단순히 과거의 사실을 나열한다고 할 때에도 많은 사건 중 어떤 사건을 기록할 것인지를 선택할 것이고, 그 선택에는 기록하는 사람의 가치관이 담겨져 있기 때문입니다. 《삼국사기》도 마찬가지입니다. 삼국 시대와 통일 신라에 대한 기록이지만 바로 그 당시의 기록은 아닙니다. 12세기 초 고려 시대의 김부식으로 대표되는 사관史官들이 삼국의 역사적 사실 중에서 자신들이 중요하다고 생각되는 것을 뽑아서 기록한 것입니다. 《삼국사기》를 읽는다는 것은 고려 시대에 김부식 등으로 구성된 사관들이 기록해 놓은 삼국 시대의 이야기를 읽는다는 뜻입니다. 이것은 다른 말로 하면 삼국 시대에 발생한 사실을 읽는 것이 아니라 '고려 시대 사람의 눈으로 본' 삼국 시대의 사실을 읽는다는 뜻이 되겠지요. 《삼국사기》에 담겨져 있는 '고려 시대 사람의 눈'의 핵심은 무엇일까요? 책임 편찬자였던 김부식은 《삼국사기》의 서른한 곳에 사론史論을 남겨 놓았습니다. 사론이란 어떤 과거의 사실에 대한 역사가의 의견을 덧붙여 적어 놓은 것을 말합니다. 이 김부식의 사론들을 읽으면서 마음과 눈이 밝아지며, 머리가 맑아졌습니다. 《삼국사기》의 묘미를 어떻게 전달할 것인지의 난감하였던 문제가 해결되었기 때문이었지요.

《청소년을 위한 삼국사기》는 김부식의 《삼국사기》와는 다른 책입니다. 《삼국사기》가 12세기까지 전해졌던 삼국 시대의 역사서를 바탕으로 기전체에 맞도록 재구성하고, 김부식의 사론을 적어 놓은 것이라면, 《청소년을 위한 삼국사기》는 《삼국사기》에 기록된 서른 한 곳의 사론을 중심으로, 사론을 펼치기 위해 기록한 사실을 통하여 삼국의 모습을 살펴볼 것입니다. 그리고 사론을 통해 고려 시대 역사가 김부식의 생각을 알아보며 왜 그와 같은 생각을 하게 되었는지 파악해 볼 것입니다. 마지막으로 그렇게 생각하는 것이 현재 우리에게 주는 의미가 무엇인지도 생각해 보도록 하겠습니다.

화룡점정畫龍點睛

어떤 일을 하는 데에 가장 중요한 부분을 완성함을 비유적으로 이르는 말이다. 이는 용을 그리고 난 후에 마지막으로 눈동자를 그려 넣었더니 그 용이 실제 용이 되어 홀연히 구름을 타고 하늘로 날아올라갔다는 고사에서 유래한다.

'화룡점정'은 용을 그리면서 마지막으로 용의 눈동자를 어떻게 그리는가에 따라서 용의 표정이 달라지기 때문에 고민을 하고 있는 것입니다. 이 말은 어떤 일의 마무리를 지을 때의 어려움을 나타내는 말임과 동시에 일의 완성을 뜻하고 있습니다. 저는 《청소년을 위한 삼국사기》의 눈동자를 빈 상태로 남겨 놓도록 하겠습니다. 눈동자를 찍는 것은 독자 여러분의 몫으로 말입니다.

그 동안 바쁘다고 둘러댄 저의 게으름과 나태함을 알고도 좋은 책이 나오도록 묵묵히 지켜봐주신 두리미디어 최용철 사장님과 변변치 않은 원고를 좋은 책으로 만들어주신 편집부에게도 감사드립니다. 또한 독자의 입장에서 아빠의 원고를 읽고 꼼꼼히 교정을 해준 정말 자랑스러운 큰 아들 순웅이와 해 맑은 눈동자로 아빠의 영혼을 정화시켜주는 둘째 순범이, 한결같이 나를 지켜주는 아내 홍민자, 그리고 후배이지만 학문의 선배로 무지한 필자에게 끊임없이 자극을 준 고려대학교 박찬흥 선생이 없었으면 이 책이 세상 빛을 보지 못했을 밝히며 고마움을 표합니다.

2013년 봄이 시작되는 날에　반철진

《삼국사기》를 말하다

✵ 《삼국사기》란 어떤 책인가

《삼국사기》는 현재까지 전해지는 우리 역사책 중에서 가장 오래된 것으로, 고려 시대에 김부식 등에 의해 쓰인 삼국 역사에 대한 정사입니다. '정사正史' 란 무엇일까요? 중국의 예를 보면, 하나의 왕조는 자신의 역사를 실록과 같은 상세한 연대기적 자료로 편찬합니다. 이어 한 왕조가 멸망하고 난 후에 이 실록 자료를 정리하여 지난 왕조의 역사를 정리하는 것이 일반적이었습니다. 이렇게 지난 왕조의 기록을 바탕으로 다음 왕조가 전 왕조의 역사를 공식적으로 펴낸 것을 '정사'라고 합니다.

정사를 기록하는 방법은 기전체입니다. 기전체는 많은 자료를 조직적으로 분류하고 편찬하는 방법으로, 황제의 역사를 기록하는 〈본기本紀〉, 제후의 역사를 기록하는 〈세가世家〉, 신하와 일반인의 이야기를 기록하는 〈열전列傳〉, 역사 연대표인 〈표表〉, 그리고 여러 가지 문물에 관한 내용을 정리한 〈지志〉라는 다섯 항목으로 구성하는 것이 일반적입니다.

그러면 이러한 기전체를 창안한 사람은 누구일까요? 중국 한나라 무제 때 사마천이라는 사람이 최초로 중국의 역사를 체계적으로 정리하여 쓴 《사기》가 기전체로 기록되었습니다. 사마천의 《사기》에는 〈지〉가 아니라 〈서書〉가

포함되어 있었는데, 후한 시절에 반고라는
학자가 《한서》를 쓰면서 '서'의 내용을 풍부
하게 하여 '지'라는 명칭으로 바꾸었습니
다. 또한 《사기》에 '연표'였으나, 《한서》에
'표'로 바뀌었습니다. 정리하면 기전체라는
형식은 사마천의 《사기》에서 시작하여 반고
의 《한서》에서 완성되었으며, 그 뒤 중국 정
사를 제작하는 기준이 되었습니다.

《삼국사기》
1145년에 고려 인종 23년 김부식이 편찬한
삼국 시대 역사서. 현재 전하는 최초의 역
사서이며 유일한 삼국 시대 정사이다.

　《삼국사기》는 기전체의 일반적인 다섯 가지 분류 항목 중에서 한 가지가 없
습니다. 그것이 무엇일까요? 황제의 기록인 〈본기〉일까요, 제후의 역사인 〈세
가〉일까요, 아니면 신하들의 이야기인 〈열전〉일까요? 이 물음에 많은 사람들이
〈본기〉라고 대답합니다. 우리가 알아온 우리 역사는 중국에 사대事大하고 있었
기 때문에 당연히 우리에게는 황제라는 인식이 없었을 것이라고 생각하기 때
문입니다. 모두의 예상대로 조선 시대에 만들어진 《고려사》에는 〈본기〉가 없고
〈세가〉가 있습니다. 그러나 고려 시대 때 원의 간섭을 받기 전까지는 고려의 왕
도 스스로 황제라고 칭하였으므로, 이때 만들어진 《삼국사기》에는 〈세가〉가 없
고 〈본기〉는 있습니다. 고려의 중앙정치 조직의 핵심인 2성 6부 제도, 국자감이
라는 명칭, 황제의 명령서인 조詔라는 표현 등이 이를 증명해 주고 있습니다.
　《삼국사기》의 〈본기〉는 〈신라 본기〉, 〈고구려 본기〉, 〈백제 본기〉로 이루어져
있습니다. 사실 내용을 살펴보면 황제의 격에 맞지 않는 것이 많이 보이지만,
형식적으로는 〈본기〉라고 표현하고 있습니다.
　지금까지 살펴본 내용을 정리를 해 보면, 《삼국사기》는 고려 시대에 편찬된

삼국의 정사로서 기전체로 서술되었
으며 〈본기〉, 〈열전〉, 〈지〉, 〈표〉로
구성되었다고 할 수 있습니다.

❀ 《삼국사기》는 누가 썼는가?

《삼국사기》는 김부식 혼자 쓴 책이 아닙니다. 《삼국사기》 권50의 마지막 부
분에 《삼국사기》의 편찬자 명단이 실려 있습니다. 책임자는 편수編修로 김부식
이 맡았고 행정적 지원을 해주는 관구管句(정습명鄭襲明)와 동관구同管句(김충효 金
忠孝) 각 1인이 있었습니다. 그리고 참고參考(김영온金永溫, 최우보崔祐甫, 이황중李
黃中, 박동주朴東柱, 서안정徐安貞, 허홍재許洪材, 이온문李溫文, 최산보崔山甫)가 8명이
있었습니다. 특히 참고직은 자료의 발췌, 대조, 감교(자세히 조사하고 대조하여
잘못된 것을 바로잡는 일) 등 편찬에 필요한 일을 하였습니다.

김부식은 편찬의 책임자로서 편찬의 원칙인 편제와 범례의 원칙을 정하였
고 참고직이 올린 서술의 내용을 수정하고 논찬을 서른한 군데 썼습니다. 이
러한 과정을 통하여 완성된 책이 바로 《삼국사기》입니다.

❀ 《삼국사기》를 왜 썼는가

1145년(고려 인종 24년)에 70세의 노구를 이끌고 김부식은 왕 앞에 섰습니다.
그리고 두 손으로 공손히 책을 바치며 다음 글을 읽었습니다.

신 김부식은 말씀 올립니다. 옛날 나누어진 나라에서도 각각 사관을 두어 일을 기록하였습니다. 그러므로《맹자》에 말하기를 "진나라의《승》, 초나라의《도올》, 노나라의《춘추》는 같은 한 가지이다."라고 하였습니다. 생각건대 우리 해동 삼국은 그 지나온 연수가 길고 오래되어 마땅히 그 사실을 나라의 역사책에 드러내야 합니다. 이에 늙은 이 신하에 명하여 편집하도록 하셨으나, 스스로 돌아보건대 부족할 뿐이어서 어찌할 바를 모르겠습니다.

위의 글은 김부식이《삼국사기》를 왕에게 올리면서 쓴 〈진삼국사표〉의 시작 부분입니다. 이 글을 통해 우리가 알 수 있는 것은《삼국사기》가 왕의 명에 의하여 편찬되었다는 사실입니다. 그러나《고려사》어디에도 왕인 인종이 명을 내렸다는 기록이 없습니다. 아마 김부식이 삼국의 역사에 대해 쓰고 싶어 왕의 허락과 지원을 받고 완성하였을 것입니다. 그래서 왕에게 감사하다는 인사말을 한 것입니다. 그러면 김부식이 정말로 쓰고 싶었던 이유는 무엇일까요?

엎드려 생각하옵건대, 성상 폐하께서는 당과 요임금의 넓은 덕과 총명함을 천성으로 태어나셨고 하와 우왕의 부지런하고 검소함을 본받아, 아침 일찍 일어나 밤늦게까지 정치의 일을 처리하는 여가에 전의 옛 역사를 두루 읽으셔서 말씀하셨습니다. "지금의 학사, 대부들은 오경과 제자의 글 및 진한 역대의 역사에는 간혹 두루 통하여 상세히 말하는 자가 있어도, 우리나라의 일에 대하여는 도리어 그 시말을 까마득히 알지 못하니 심히 한탄스러운 일이다. 하물며 신라씨, 고구려씨, 백제씨가 나라를 열어 대치하였으나 능히 중국에 예절을 갖추어 통하였으므로, 범엽의《한서》, 송기의《당서》에는 모두 열전이 있으나 국내 기사는 상세히 서술하고 외국 기사는 소략하게 서술하였으므로 상세히 실리지 않았다. 또한 그에 관한 옛 기록[古記]은 표현이 거칠고 졸렬하며, 사건의 기록이 빠진 것이 있으므로……."

이 부분에서 《삼국사기》를 편찬한 이유를 알 수 있습니다. 먼저 당시의 학자들이 중국의 역사는 잘 알고 우리의 역사, 즉 삼국의 역사를 잘 알지 못하는데, 그 이유가 중국의 역사서에 삼국의 역사가 상세히 실리지 않았기 때문이라고 보았습니다. 그래서 삼국의 역사를 기록으로 남겨야겠다고 설명합니다. 이 말이 맞는 말일까요? 우리 역사를 다른 나라의 역사책을 통해 알아야 할 만큼 우리의 역사서가 없었던 것일까요? 그렇지는 않은 것 같습니다. 마지막 문장에서 '고기古記'라는 단어가 보입니다. 고기는 '옛 기록'으로 해석할 수도 있고, 책 이름을 가리키는 것으로 해석할 수도 있습니다. '고기'를 단순한 '옛 기록'으로 보든지 책 이름으로 보든지 간에 어쨌든 그때까지 삼국의 역사서가 남아 있었다고 볼 수 있습니다. 그런데 '표현이 거칠고 졸렬하며 사건의 기록이 빠진 것이 있으므로'라고 표현한 것으로 보아 김부식은 이 '고기'가 마음에 들지 않았던 것 같습니다. 왜 마음에 들지 않았을까요?

역사는 과거의 일을 기초로 하고 있습니다. 과거의 일은 두 가지의 의미를 가지고 있습니다. 하나는 발생한 일이고 또 하나는 기록된 일입니다. 발생한 일은 인류가 시작되면서 인류와 관련되어 일어난 모든 일을 말합니다. 하지만 이 발생한 일 모두를 우리는 알 수가 없습니다. 우리가 알 수 있는 과거의 일은 기록으로 남겨진 것이나 인류가 살아왔던 흔적(유물, 유적)을 통하여 알 수 있는 것입니다.

과거를 기록하는 방법은 크게 세 가지로 나누어 볼 수 있습니다. 사실事實을 중심으로 기록하는 것, 사관(史觀- 역사가가 역사를 보는 관점)을 중심으로 기록하는 것, 사실과 사관을 함께 기록하는 것입니다.

김부식은 '고기'의 사실은 인정할 수 있으나, 그 사실을 풀어낸 방식 또는 사실을 선택한 방법이 마음에 들지 않았다는 것입니다. 그러면 김부식은 어떤 생각을 가지고 사실을 선택하려 했을까요?

이로써 군주와 왕비의 착하고 악함, 신하의 충성됨과 사특함, 나라 일의 안전함과 위태로움, 백성의 다스려짐과 어지러움을 모두 펴서 드러내어 권하거나 징계할 수 없습니다. 그러므로 마땅히 세 가지 뛰어난 재주를 가진 사람을 얻어 능히 일관된 역사를 이루어 만대에 전하여 빛내기를 해와 별처럼 하고자 합니다.

군주와 왕비의 착하고 악함을 밝혀 왕실이 해야 할 올바른 일을 정하고, 신하의 충성됨과 사특함을 헤아려 신하들이 충성된 일을 하도록 하며, 나라 일의 안전함과 위태로움을 되새겨 국가가 튼튼하고 안전하게 운영될 수 있도록 하며, 백성의 다스려짐과 어지러움을 분별하여 백성들이 평안하도록 함을 역사 속에서 찾고자 《삼국사기》를 쓴다고 김부식은 적고 있습니다.

역사를 공부하는 데는 여러 목적이 있습니다. 첫째는 교훈을 얻기 위해서입니다. 인간의 집단적 경험을 활용하고 과거 인간의 잘못된 경험에 대해 반성함으로써 현재나 미래 활동과 생활에 도움을 주고자 하는 것입니다.

둘째, 교양이 됩니다. 역사를 아는 것은 하나의 상식을 갖추는 것으로서, 역사적 사실을 아는 것 자체로 의미가 있습니다.

셋째로, 민족 공동체 의식을 고취할 수 있습니다. 민족적 동질감을 가지거나 민족적 자부심과 주체성을 확립시키려 하는 것입니다. 우리 역사에 대한 자부심을 가지는 것은 매우 자연스럽고 합리적인 것입니다. 그러나 긍정적 측면만 강조하고 부정적 측면을 감추려 한다면, 우리에게는 발전이 있을 수 없습니다.

마지막으로, 역사의식을 함양할 수 있습니다. 자신이 역사의 가운데 위치한다는 존재의식, 역사는 끊임없이 변화하고 발전한다는 변화ㆍ발전의식, 자신이 역사를 이끄는 한 주체라는 자아의식, 역사는 시대마다 사람들의 사상이나 행동에 따라 특성을 지닌다는 시간의식 등을 키워 나가는 것입니다.

역사를 공부하는 여러 목적 가운데 김부식이 의도한 바는 교훈이 되는 역사입니다. 이것을 어려운 말로 '감계주의鑑戒主義'라고 합니다. 곧 '과거의 일을 거울같이 보면서 조심하고 주의하다.'라는 의미라고 할 수 있습니다. 김부식은 기존의 역사서가 감계주의에 입각해서 볼 때 미진하였기 때문에 '표현이 거칠고 졸렬하며 사건의 기록이 빠진 것이 있으므로' 라고 하였고, 자신의 생각대로 역사를 기록하기 위하여 《삼국사기》를 편찬한 것입니다. 그러면 김부식은 '감계주의'의 힌트를 어디에서 찾은 것일까요?

김부식은 예종 11년인 1117년 7월에 정사인 추밀원 지주사 이자량과 부사 이영을 따라 서장관외국에 나가는 사신 중 기록을 담당하던 임시 벼슬으로 송나라에 사행使行을 다녀왔습니다. 이 사행의 목적은 송에서 대성악을 보내준 데 대한 감사를 표하기 위함이었습니다. 이때 송나라는 거란을 치기 위하여 고려를 통해 여진과 교섭하고자 애쓰고 있었으므로, 고려 사신을 맞이하여 융숭하게 대접하였습니다. 이 사행에서 사마광(1019~1086)이 1084년에 편찬하여 1092년에 간각된 《자치통감》을 한 질 얻어 왔다고 하는데, 이로부터 김부식이 역사를 편찬하는 목적을 정치와 교화에 두는 감계주의 사관을 정립하는 데 커다란 영향을 받았다고 생각됩니다.

자치통감은 사마광이 서기전 403년부터 960년(전국시대~5대10국)까지 1362년의 역사를 1년씩 묶어 편년체로 편찬한 역사서로 모두 294권으로 되어있고 《통감通鑑》이라고도 합니다. 자치통감이라 함은 치도治道에 자료가 되고 역대를 통하여 거울이 된다는 뜻으로, 곧 역대 사실史實을 밝혀 정치의 규범으로 삼으며, 또한 왕조 흥망의 원인과 대의명분을 밝히려 한 데 그 뜻이 있었습니다. 따라서 사실을 있는 그대로 기술하지 않고 독특한 사관史觀에 의하여 기사를 선택하고, 정치나 인물의 득실得失을 평론하여 감계鑑戒가 될 만한 사적을 많이 습록拾錄하였습니다. 또한, 특히 중요하다고 생각되는 기사에는 '신광왈臣光曰'이라고 하여 사마 광 자신의 평론을 가하고 있어 그의 사관을 엿볼 수 있습니다. 이것을 본받아 김부식도 삼국사기에 31개의 사론을 적고 있는데 이것이 바로 김부식 역사관의 핵심이라고 할 수 있습니다. 앞으로 우리는 김부식의 사론을 살펴봄으로써 삼국사기를 좀 더 명확히 이해할 수 있을 것입니다.

그리고 숨겨진 또 하나의 목적이 있습니다. 앞에서 살펴본 〈진삼국사표〉에 '하물며 신라씨, 고구려씨, 백제씨가 나라를 열어 대치하였으나' 라는 대목이 있습니다. 이 대목에서 무엇을 읽을 수 있을까요? 왜 신라씨, 고구려씨, 백제씨의 순서로 말을 하였을까요? 고려는 초기에 고구려를 계승한 국가임을 표방하였습니다. 그런데 성종 때 최승로가 등장하여 유교 정치이념을 표방하면서 변하기 시작하였습니다. 최승로는 당시 신라 6두품 출신의 대표적인 인물로 이가 성종을 설득하면서 유학으로 무장한 많은 신라 계열의 사람들이 중앙 정계에 자리 잡게 되었습니다. 또한, 8대 현종은 태조의 제5 황후 신성 황후 김씨(신라 경순왕과 사촌)의 후손이고 현종의 비도 신라계입니다. 성종에서 현종 대에 걸쳐 고려의 주도권이 신라계열로 넘어간다고 할 수 있습니다. 김부식이 묘청의 난을 진압한 이후로 서경(고구려의 수도였던 평양)의 중요성이 떨어지고 새로이 남경(현재 서울)이 풍수 지리적으로 길지吉地라는 내용이 나타나게 되었습니다. 김부식의 출신도 신라 왕족의 후예라서 삼국사기에 고려가 신라를 계승한 국가라는 것을 은연중에 강조하고 있습니다.

김부식은 〈진삼국사표〉의 마지막에서 다음과 같이 말하고 있습니다.

그러나 신과 같은 사람은 본래 뛰어난 재주를 가진 사람이 아니고 또 깊은 식견이 없으며, 나이가 늙어[遲暮] 정신이 날로 혼미해지고, 비록 부지런히 책을 읽어도 책을 덮으면 곧 잊어버리며, 붓을 잡는 데 힘이 없고, 종이를 펴 놓으면 글이 내려가지 않습니다. 신의 학술이 이처럼 부족하고 낮으며, 옛날 말과 지난 일은 저처럼 그윽하고 희미합니다. 그러므로 정신과 힘을 다 쏟아 바쳐 겨우 책을 이룬다 하여도, 끝내 볼 만한 것이 없을 것이어서 다만 스스로 부끄러워할 뿐입니다. 엎드려 바라옵건대 성상 폐하께서 (신이) 뜻만 클 뿐 소략하게 처리한[狂簡之裁] 것을 헤아려 주시고 함부로 만든 죄를 용서하여 주신다면, 비록 명산의 (사고史庫)에 길이 간직할 만한 책은 못 되더라도 장독덮개 [醬]를 바르는 데에 쓰이지만 않기를 바랄 뿐입니다. 자질구레한 망령된 뜻을 굽어 살펴 주소서.

차례

동서양 고전 시리즈를 펴내며 _ 고전은 청소년의 미래입니다   004
머리말 _ '고려 시대 사람의 눈'으로 본 《삼국사기》   006
여는 글 _《삼국사기》를 말하다   010

1부 신라본기

● 왕의 기록 '본기'   026

01 본기의 구성   028
　　유리 이사금

02 왕의 재위기간을 표시하는 방법   038
　　남해 차차웅

03 왕위 계승의 정통성   043
　　첨해 이사금

쉬어가기 | 신라 최고의 문장가_ 강수   048

04 신라 왕실의 근친혼   049
　　나물 이사금

05 신라 왕 칭호의 변천사   053
　　지증 마립간

쉬어가기 | 삼국사기 분량   060

06 선덕왕의 사신과 당 태조의 대화 062
　　선덕(여)왕

07 연개소문의 등장 069
　　진덕(여)왕

쉬어가기 | 권력은 그 누구와도 나눠 가질 수 없다_신문왕 076

08 배운 자를 등용하기 위한 독서삼품과 079
　　원성왕

09 칼같은 춘추의 필법 086
　　한덕왕

10 물에 빠진 자의 심정 094
　　경명왕

11 나라를 고려에 넘긴 신라 102
　　경순왕

쉬어가기 | 신라를 망하게 한 골품제 112

2부 고구려 본기

● 능의 장소가 왕의 시호 116

01 약소국의 슬픔 118
　　유리명왕

02 권력에 이용당한 호동 왕자   127
　　　대무신왕

03 힘이 빠진 늙은 호랑이   134
　　　태조대왕

04 인재를 알아본 왕과 충신   142
　　　고국천왕

쉬어가기 | **사료와 금석문 광개토 왕**   148

05 연개소문의 등장   151
　　　당과의 전쟁1

06 당 태종의 야욕   158
　　　당과의 전쟁2

07 양만춘, 그 불멸의 이름   166
　　　당과의 전쟁3

08 안시성 전투 이후   174
　　　당과의 전쟁4

09 스스로 무너진 고구려   182
　　　보장왕

쉬어가기 | **신라의 도움으로 부활을 꽤한 고구려**   190

3부 백제 본기

● 파괴된 백제의 역사   194

01 투항한 자를 다스리는 법   196
     개루왕·개로왕

02 왕을 사해하는 것은 천명을 어기는 일   204
     삼근왕

03 왕은 신화와 소통해야 한다   212
     동성왕

04 황산벌에서 사라진 백제   219

     쉬어가기 | 당이 부활시킨 백제 왕조   228

4부 연표와 잡지

● 삼국 사회상 들여다보기   232

01 연표의 구성와 내용   234
02 잡지 제1권은 제사와 음악   239
03 골품제가 반영된 색복과 기거   243

04 보물 창고 지리와 직관 248

쉬어가기 | 하늘에 제사를 지내다 255

5부 열전

● 다양한 인물들의 군상, 〈열전〉 258

01 삼국 통일의 기반을 다진 김유신 1 260
02 삼국 통일의 기반을 다진 김유신 2 267
03 살수대첩의 영웅 을지문덕 275
04 장보고와 정년의 우정 282

쉬어가기 | 열전에 더불어 기록된 인물들 289

05 석우로의 말실수와 박제상의 충절 291
06 화랑 정신을 꽃피운 김흥운과 관창 299
07 효녀 지은 그리고 향덕과 성각의 지극한 효심 305
08 역신 창조리와 연개소문 312
09 역사의 패배자 견훤과 궁예 320

쉬어가기 | 《삼국사기》의 여인들 328

신라·고구려·백제 임금연표 330
동·서양 고전연표 334

일러두기

1. 삼국사기의 여러 국역본이 있으나 이 책은 한국학중앙연구원에서 국역한 삼국사기를 기초로 하였다.

2. 원문의 출전은 각 장에 해당하는 왕일 때에는 밝히지 않았고 다른 경우에는 그 출전을 밝혔다.

3. 왕의 재위년 뒤의 ( )안의 숫자는 서기년을 의미하며 기원전일 경우에는 (서기전00)으로 표시하였다.

4. '奈' 라는 글자는 '나' 또는 '내' 라고 읽을 수 있다. 기존에는 '내' 로 읽어 신라 17대 왕을 내물 이사금(奈勿尼師今)이라고 하였으나 한국학중앙연구원의 국역본에 따라 나물 이사금(奈勿尼師今)으로 표시하였다.

貊滅其國進兵
十七年夏四月
求屍不得後弗
薨於王宮嶺賜
辛豆谷冬十月
號爲琉璃明王
三國史記卷第十三

1부
신라 본기

"이사금은 방언으로 잇금을 일컫는 말이다. 옛날에 남해가 장차 죽을 즈음에 아들 유리와 사위 탈해에게 일러 말하기를 '내가 죽은 후에 너희 박과 석, 두 성 가운데 나이가 많은 사람이 왕위를 이어라.'라고 하였다. 그 후에 김씨 성이 또한 일어나 3성에서 나이가 많은 사람이 서로 왕위를 이었던 까닭에 이사금이라 불렀다."

왕의 기록 〈본기〉

기전체 역사서에서 본기는 왕에 관한 기록으로 본기를 구성하는 기본 단위는 한 명의 왕입니다. 신라 본기 1권은 시조 박혁거세 거서간, 남해 차차웅, 유리 이사금 등 왕 한 명을 기본 단위로 각 왕들에 관한 내용을 기록하였습니다. 왕에 관한 기록이라고 하면 어떤 것일까요? 왕에 대한 소개가 먼저일 것입니다. 옛날에는 개인보다는 그가 속한 집단, 즉 가계家系 속에서 개인이 중요했으니까 당연히 부모가 누구이고 언제 태어났는지를 소개합니다. 왕이 되는 과정인 세자는 언제 되었고, 왕으로 즉위한 것은 언제인가. 그리고 왕비는 누구이고 자식은 몇 명이나 두었는지 등 개인 신상정보를 기록하였습니다. 그 다음에는 연도별로 국내 정치, 대외 관계, 전쟁, 제사에 관한 것 등 왕의 치적이 기록되어 있습니다. 이러한 국내의 기록에 관한 것 중 기후와 천문의 특이한 현상에 관한 것도 빠짐없이 기록하였습니다. 이는 천명사상과 연관된 것인데 현재는 과학사를 연구하는 분들에게 중요한 자료를 제공하고 있습니다. 본기의 마지막에는 왕의 죽음에 관한 것입니다. 언제 죽었으며 장례지낸 곳, 즉 능의 위치를 기록하였습니다.

본기를 기록하는 방법은 편년체編年體입니다. 편년체는 일기 형식으로 기록한 것을 말합니다. 일기 형식이 되려면 연도, 월, 일이 기록되어야 합니다. 즉, ○○왕 △년 (계절) ☆월이 먼저 기록이 되고 그 아래에 일어난 일을 기록하는 것입니다. 이러한 원칙이 비교적 잘 지켜진 것이 신라 본기입니다. 특히 태종무열왕 7년 백제 정벌부터 문무왕 때 나당전쟁까지, 전쟁과 관련된 내용은 날짜별로 상세히 기록되어 있습니다. 이는 삼국사기를 기록할 때 본래의 자료에 날짜가 기록되어 있으면 빼지 않고 그대로 기록하였기 때문입니다.

《삼국사기》의 본기는 모두 28권으로 되어 있고 그 중에 〈신라본기〉는 권1 ~ 권12까지입니다. 각 권에 수록되어 있는 왕은 다음과 같습니다.

권	수록된 왕들
1	시조 혁거세 거서간, 남해 차차웅, 유리 이사금, 탈해 이사금, 파사 이사금, 지마 이사금, 일성 이사금
2	아달라 이사금, 벌휴 이사금, 나해 이사금, 조분 이사금, 첨해 이사금, 미추 이사금, 유례 이사금, 기림 이사금, 흘해 이사금
3	나물 이사금, 실성 이사금, 눌지 마립간, 자비 마립간, 소지 마립간
4	지증 마립간, 법흥왕, 진흥왕, 진지왕, 진평왕
5	선덕왕善德王, 진덕왕, 태종왕
6	문무왕 상
7	문무왕 하
8	신문왕, 효소왕, 성덕왕
9	효성왕, 경덕왕, 혜공왕, 선덕왕宣德王
10	원성왕, 소성왕, 애장왕, 헌덕왕, 흥덕왕, 희강왕, 민애왕, 신무왕
11	문성왕, 헌안왕, 경문왕, 헌강왕, 정강왕, 진성왕
12	효공왕, 신덕왕, 경명왕, 경애왕, 경순왕

01 본기의 구성

유리 이사금 (재위 24~57)

🌲 모든 학문은 고유한 연구 영역이 있습니다. 언어는 각 나라 사람들이 쓰는 말과 문자를 연구 대상으로 하고, 물리는 자연의 현상 속에 나타나는 힘들의 역학 관계를 그 대상으로 합니다. 역사는 무엇을 대상으로 하고 있을까요? 바로 '과거의 일'입니다. 가까운 과거라면 살아 있는 사람들의 기억에 의존하면 되겠지만, 먼 과거의 일은 당시에 기록된 문자, 즉 책을 통해서 알 수 있습니다. 책 말고도 유물과 유적 등을 통하여 당시 상황을 알 수 있지만 남겨진 문자만큼 그것을 잘 알 수 있는 것은 없을 것입니다.

이렇게 기록된 문자를, 역사학자들은 '사료'라고 부릅니다. 따라서 역사학 고유의 연구 방법은 사료에 입각하여 사실을 인식하는 것입니다. 즉 역사학은 사료를 통하여 과거의 사실을 재구성하는 것이라고 할 수 있습니다. 사료는 거기에 담겨 있는 역사 사실이 일어난 때와 같은 시대에 만들어졌느냐 아니냐에 따라 1차 사료와 2차 사료로 구분됩니다. 1차 사료는 그 안에 담긴 역사적 사실이 일어난 시간과 거의 같은 시기에 제작된 유물이나 쓰인 저작물을 말합니다. 2차 사료는 담고 있는 역사적 사실이 일어난 시기보다 나중에 만들어진 자료입니다. 1차 사료에 대한 설명이나 판단, 견해, 의견 등이 담겨 있는 자료가 바로 2차 사료입니다.

1차 사료
원사료原史料라고도 하며, 동시대 또는 현장에서 직접 보고 듣고 느낀 것을 기록한 것으로 고문서, 일기, 편지, 자서전, 사진, 유물 등을 말한다. 위 사진은 1차 사료인 '신라진흥왕 순수비'로 비문을 통해 신라 때의 인물과 관직 제도, 신라의 영토를 알 수 있다.

그러면 《삼국사기》는 1차 사료일까요, 2차 사료일까요? 《삼국사기》가 고구려, 백제, 신라가 존재한 시기보다 한참 뒤에 쓰였기 때문에 기본적으로 2차 사료라고 할 수 있습니다. 하지만 현재 1차 사료가 거의 남아 있지 않으므로, 삼국시대의 역사를 공부하려면 가장 먼저 《삼국사기》를 봐야 합니다. 그래서 《삼국사기》는 1차 사료로 분류되기도 합니다.

삼국시대를 연구하기 위하여 기본적으로 봐야 하는 《삼국사기》의 〈본기〉에는 어떤 내용들이 들어 있을까요? 《삼국사기》 〈신라 본기〉 권1 유리 이사금 조의 내용을 살펴보도록 합시다.

유리 이사금이 왕위에 올랐다. 남해의 태자이다. 어머니는 운제부인이고 왕비는 일지 갈문왕의 딸이다. 혹은 왕비의 성은 박씨이고 허루왕의 딸이라고도 하였다.

가장 처음에 나오는 내용은 위와 같이 '누구의 아들이고, 어머니는 누구이며, 왕비는 누구이다'는 가계에 대한 이야기입니다. 이것은 왕의 정통성에 관한 내용이라고 할 수 있으며, 이러한 형식은 모든 왕에 걸쳐 동일하게 서술되어 있습니다.

앞서 남해가 죽자 유리가 마땅히 왕위에 올라야 했는데, 대보大輔인 탈해가 본래 덕망이 있었던 까닭에 왕위를 미루어 사양하였다. 탈해가 말하였다. "임금의 자리는 용렬한 사람이 감당할 수 있는 바가 아니다. 내가 듣건대 성스럽고 지혜로운 사람은 이齒가 많다고 하니 떡을 깨물어서 시험해 보자." 유리의 잇금齒理이 많았으므로 이에 좌우의 신하와 더불어 그를 받들어 세우고 이사금이라 불렀다. 예부터 전해 오는 것이 이와 같다. 김대문은 다음과 같이 말하였다.

"이사금은 방언으로 잇금을 일컫는 말이다. 옛날에 남해가 장차 죽을 즈음에 아들 유리와 사위 탈해에게 일러 말하기를 "내가 죽은 후에 너희 박과 석, 두 성 가운데 나이가 많은 사람이 왕위를 이어라."라고 하였다. 그 후에 김씨 성이 또한 일어나 3성에서 나이가 많은 사람이 서로 왕위를 이었던 까닭에 이사금이라 불렀다."

● 거서간居西干
신라 시대 왕, 존경받는 자를 가리키는 말이다. 어원이 확실치 않아 설이 여럿이다. 혁거세왕만 이 호칭을 썼다. '거서'에서 온 말로 '첫째'를 뜻한다는 주장이 가장 설득력이 있다.

● 차차웅次次雄
김대문은 무당을 가리키는 신라 말에서 왔다고 한다. 현재의 '중'도 여기서 유래했다고 한다. 2대 남해왕이 이 호칭을 썼으므로, '둘째'를 가리키는 말이었다는 주장도 있다.

신라의 시조는 '거서간', 2대 남해는 '차차웅', 3대 유리부터는 '이사금'으로 부르게 되었는데, 유리 이사금에서 '이사금'의 명칭이 사용된 유래에 대하여 설명하고 있습니다. 사료에서 보듯이 남해 차차웅이 죽고 태자인 유리와 사위인 탈해가 왕위를 놓고 다투는 과정에서 이가 많은 사람, 즉 나이가 많은 사람이 왕위에 올랐고 그

명칭을 이사금이라고 하였다고 되어 있습
니다. 여기에서 우리는 이사금의 유래를
알 수 있고, 이 말에서 왕을 가리키는 순
우리말인 임금이 나왔다고 추측할 수 있
습니다.

신라 오릉
신라의 시조인 박혁거세와 알
영 부인, 제2대 남해왕, 제3대
유리왕, 제5대 파사왕 등 5명
의 무덤이라고 전한다. 사릉이
라 부르기도 한다.

이렇듯 〈본기〉 각 왕조의 첫머리에는 왕
의 혈통과 즉위 시의 특이한 사항들을 먼
저 기록하였습니다. 그 다음에는 연도별로 왕의 통치와 관련된 일
들을 정리하였습니다.

> 2년(25) 봄 2월에 친히 시조묘에 제사 지내고 크게 사면하였다.

제사와 관련된 《삼국사기》의 내용은 본문에만 90건 정도가 있습
니다. 여러 가지 형태의 제사가 있지만, 그중 시조묘에 제사를 지냈
다는 기록은 〈본기〉에 17건이 나옵니다. 시조묘에 대한 기록도 38
건이 나오는데 이 시조묘에 제사를 지냈다는 것은 왕의 정통성과
관련되어 있다고 할 수 있겠지요. 특히 유리 이사금같이 탈해와 왕
위를 다투어 왕이 된 경우에는 시조를 찾아가 제사를 지내 자신이
시조의 정통을 이은 것을 널리 알려 자신의 통치기반을 확고히 하
고자 하였을 것입니다.

> 5년(28) 겨울 11월에 왕이 나라 안을 순행하다가 한 할멈이 굶주리고 얼어
> 서 죽어가고 있는 것을 보고 말하였다.

"내가 미미한 몸으로 왕위에 있으면서 백성을 능히 기르지 못하여 늙은이와 어린아이로 하여금 이 지경에까지 이르게 하였으니, 이는 나의 죄이다." 왕이 옷을 벗어서 덮어 주고 밥을 주어 먹게 하였다. 그리고 담당 관청에 명하여 곳곳에 있는 홀아비鰥와 홀어미寡, 부모 없는 아이孤, 자식 없는 늙은이獨와 늙고 병들어 스스로 살아갈 수 없는 사람을 위문하고 양식을 나누어 주어서 부양하게 하였다. 이에 이웃 나라의 백성들이 소문을 듣고 옮겨 오는 자가 많았다. 이 해에 백성의 풍속이 즐겁고 편안하여 비로소 <도솔가>를 지었다. 이것이 가악의 시초이다.

위의 사료는 왕이 백성을 불쌍히 여기고 어루만져 주었다는 내용입니다. 김부식이 이러한 내용을 기록한 이유는 아마 유교의 애민사상 때문이라고 생각됩니다. 왕이 해야 할 덕목 중에서 백성을 편안히 하는 것만큼 중요한 것은 없겠지요. 고대국가일수록 토지보다 사람이 사람을 지배하는 것이 더 중요시되었습니다. 고대에는 지금과 같이 명확한 국경을 가지고 있는 것이 아니었으므로 전쟁이 없고, 굶주림 없이 살 수 있는 곳으로 이동하여 백성을 편히 살게 하면 백성들의 이동이 없을 것이고, 오히려 외부에서 사람들이 흘러 들어오게 될 것이니 국력도 강해지게 될 것입니다. 그런 이유로 공자 시대부터 끊임없이 백성을 편하게 하라는 말이 나오게 된 것이고 그것이 왕의 첫 번째 덕목이 된 것입니다.

이와 같이 유리 이사금 시대에 백성들이 편안히 살 수 있게 되었고 그로 말미암아 <도솔가>가 나오게 되었습니다. <도솔가>의 내용은 현재 전해지지 않지만, '도솔'은 불교에서 미륵보살이 사는 하늘이라는 뜻으로 유리 이사금 시대가 좋은 세상이라는 의미로 해석됩니다.

다음은 신라의 행정 조직과 관리의 등급을 정한 내용입니다.

> 9년(32) 봄에 6부의 이름을 바꾸고 그에 따라 성을 내려 주었다. 양산부를 양부로 고치고 성은 이李로 하였고, 고허부를 사량부로 고치고 성은 최崔, 대수부를 점량부(또는 모량부라고도 함)로 고치고 성은 손孫, 간진부를 본피부로 고치고 성은 정鄭, 가리부를 한기부로 고치고 성은 배裴, 명활부를 습비부로 고치고 성은 설薛로 하였다.
>
> 또 관을 설치하였는데, 17등급이 있었다. 첫째는 이벌찬, 둘째는 이척찬, 셋째는 잡찬, 넷째는 파진찬, 다섯째는 대아찬, 여섯째는 아찬, 일곱째는 일길찬, 여덟째는 사찬, 아홉째는 급벌찬, 열째는 대나마, 열한째는 나마, 열두째는 대사, 열셋째는 소사, 열넷째는 길사, 열다섯째는 대오, 열여섯째는 소오, 열일곱째는 조위였다.

위 사료의 첫 번째 부분은 신라가 시작할 때 진한 6촌으로 출발하였는데, 어느 시기인지는 잘 모르겠지만 6촌에서 6부로 명칭이 바뀌었고, 이때에 6부의 명칭을 조정하여 그들에게 성을 내려 주었다는 사실을 기록하고 있습니다. 사료의 두 번째 부분에서는 신라의 관등, 즉 관리의 등급을 17등급으로 설정하였다는 것을 알 수 있습니다. 김부식이 사료에 남기고자 한 것에는 이와 같이 국가의 운영 체제와 같은 내용도 포함되어 있습니다.

다음은 우리의 전통 명절인 한가위와 관련된 내용입니다.

● 6촌이 자연적인 촌락에서 6부의 행정적 성격으로 바뀌었다는 주장에서부터 그 시기에 관해 여러 가지 주장이 있고 전공자들 사이에서도 명확한 결론을 내리지 못하기 때문에 논의에서는 제외한다.

왕이 6부를 정하고 나서 이를 반씩 둘로 나누어 왕의 딸 두 사람으로 하여금 각각 부 안의 여자들을 거느리고 무리를 나누어 편을 짜서 가을 7월 16일부터 매일 아침 일찍 큰 부大部의 뜰에 모여서 길쌈을 하여 밤 10시경에 그치도록 하였는데, 8월 15일에 이르러 그 공적의 많고 적음을 헤아려 진 편은 술과 음식을 차려서 이긴 편에게 사례하였다. 이에 노래와 춤과 온갖 놀이를 모두 행하는데 그것을 가배 라 하였다. 이때 진 편에서 한 여자가 일어나 춤을 추며 탄식해 말하기를 "회소會蘇, 회소會蘇"라고 하였는데, 그 소리가 슬프고도 아름다워 후대 사람들이 그 소리를 따라서 노래를 지어 <회소곡>이라 이름하였다.

위 내용에서 7월 16일부터 8월 15일까지 한 달 동안 6부의 부녀자들이 편을 나누어 길쌈 내기를 하고 진 편에서 음식을 내는 풍속이 생긴 것을 알 수 있습니다. 길쌈이라는 것은 옷감을 짜는 것을 말하는데 옷감을 짜는 것과 땅에서 곡식을 거두는 것 모두 생산 활동이라고 한다면, 가을에 곡식을 거두고 모두 모여 음식을 나누어 먹고 노래와 춤과 온갖 놀이를 하는 것이 바로 현재의 추석인 것입니다. 백과사전에 보면 가배는 추석의 다른 말이라고 되어 있으니 유리 이사금 시절 6부의 여자들이 길쌈하고 음식을 나누어 먹는 것에서 추석이 유래하였음을 알 수 있습니다.

다음은 기상의 이변과 관련된 사료를 살펴봅시다.

11년(34), 서울京都에 땅이 갈라져 샘물이 솟았다. 6월에 홍수가 났다.
31년(54) 봄 2월에 혜성이 자궁紫宮에 나타났다

> 33년(56) 여름 4월에 용이 금성의 우물에서 나타났는데, 조금 있다가 폭우가 서북쪽에서부터 몰려왔다. 5월에 큰 바람이 불어 나무가 뽑혔다.

《삼국사기》를 살펴보면 자연재해에 대하여 많은 기록이 있습니다. 지진에 관한 것이 80여 건, 서리·눈·폭우·홍수·가뭄 등 기상 이변에 관한 것이 130여 건, 일식·혜성·별자리에 관한 것이 110여 건이 기록되어 있습니다. 이처럼 자연 현상의 이상에 대한 기록이 많은 이유는 유교의 천명사상天命思想과 연관되어 있다고 생각됩니다. 천명사상이란 왕은 하늘의 명을 받아서 되었다라는 뜻입니다. 그러하기에 왕은 하늘이 평상시와 다른 모습을 보여주면 자신이 잘못한 것을 책망하는 것으로 받아들였습니다. 예를 들어 가뭄이 들어 농사짓는 데 어려움이 생기면 왕은 덕이 없어서 이런 일이 발생했다고 생각하여 거친 옷을 걸치고 거친 음식을 먹으며 근신하는 자세를 보였습니다. 그래서 자연 현상의 이상을 잘 관찰하고 그것을 기록하면서 근신하고 조심하는 자세를 보인 내용입니다.

다음의 기록은 전쟁과 외교에 관한 것입니다.

> 13년(36) 가을 8월에 낙랑이 북쪽 변경을 침범하여 타산성을 공격하여 함락시켰다.
> 14년(37), 고구려 왕 무휼이 낙랑을 습격하여 멸망시켰다. 그 나라 사람 5천 명이 와서 투항하였으므로 6부에 나누어 살게 하였다.
> 17년(40) 가을 9월에 화려현과 불내현, 두 현의 사람들이 함께 모의하여 기병을 이끌고 북쪽 변경을 침범하였는데, 맥국의 우두머리가 곡하의 서쪽

낙랑의 유물
낙랑은 1세기 중엽에 있었던 고대 정권이다. 위의 사진은 평양 낙랑토성에서 출토된 낙랑 유물 기와다.

에서 군사로써 막아 물리쳤다. 왕이 기뻐하여 맥국과 우호를 맺었다.

19년(42) 가을 8월에 맥국의 우두머리가 사냥하여 얻은 새와 짐승을 바쳤다.

〈본기〉의 기록이 황제의 통치와 관련되어 있으니 당연히 대외 관계의 내용이 기록되어 있을 것입니다. 대외 관계라는 것의 핵심은 전쟁과 다른 나라와의 동맹에 관한 것입니다. 13년과 14년 조에 나오는 낙랑은 '호동 왕자와 낙랑 공주'에 나오는 배경으로 지금의 평양 근처에 있었던 나라라고 추정하고 있습니다. 특히 14년 조에 고구려왕 무휼이 낙랑을 멸망시켰다고 되어 있는데, 고구려왕 무휼은 고구려 3대 왕 대무신왕을 가리키는 말입니다. 〈고구려 본기〉 대무신왕 조에 보면 다음과 같이 기록되어 있습니다.

20년(37), 왕은 낙랑을 습격하여 이를 멸망시켰다.

《삼국사기》〈본기〉에는 이와 같이 겹치는 내용의 기사들이 있는데 그 이유는 삼국이 전쟁을 하면서 서로 영향을 주고받았기 때문입니다. 하지만 위의 내용과 같이 고구려의 입장에서는 낙랑을 멸망시킨 것이 중요하고 신라의 입장에서는 낙랑의 유민들이 신라에 들어온 것이 중요하기 때문에 김부식은 같은 내용의 사건을 서로 다른 입장에서 서술하였다고 볼 수 있습니다. 17년 조와 19년 조의 기사에서 화려현과 불내현은 함경도 쪽에 있던 소국이라고 생각되며, 맥국은 춘천 지역에 있었던 소국이라고 생각됩니다. 함경도 쪽의 소국이 연합하여 신라를 침공하였는데 춘천 지역의 소국이었던

● 호동과 낙랑
낙랑의 왕 최리는 고구려의 왕자 호동을 만나 사위로 삼았다. 호동은 고구려로 돌아간 후 최리의 딸(낙랑 공주)에게 낙랑의 고각(북과 풀피리)을 부수도록 하였고 32년에 낙랑을 기습하여 항복을 받아냈다. 일설에는 대무신왕이 호동을 낙랑공주와 정략혼인을 시키고, 그녀를 본국으로 돌려보내 고각을 파괴하게 하였다고도 한다.

맥국이 이를 막고 신라와 우호 관계를 맺었음을 알 수 있습니다.

다음 기록은 유리 이사금의 죽음과 관련된 내용입니다.

34년(57) 가을 9월에 왕이 병환이 들자 신료들에게 다음과 같이 말하였다.

"탈해는 그 신분이 임금의 친척이고 지위가 재상의 자리에 있으며 여러 번 공명功名을 드러내었다. 짐의 두 아들은 재주가 그에 훨씬 미치지 못한다. 내가 죽은 후에 그로 하여금 왕위에 오르게 할 것이니, 나의 유훈을 잊지 말라!" 겨울 10월에 왕이 죽어 사릉원蛇陵園 안에 장사지냈다.

57년에 유리 이사금이 죽으면서 왕위를 탈해에게 물려주라는 내용이며, 장지가 사릉원임을 알 수 있습니다.

● 장지葬地
장사하여 시체를 매장하는 땅이다.

지금까지 〈본기〉의 내용이 어떻게 구성되었는가를 살펴보았습니다. 〈본기〉의 각 왕대는 왕의 이름과 왕통 등 출생에 관한 일과 왕위에 오를 때 특별한 일에 대한 기록으로 시작되었고, 내정과 관련된 일, 전쟁과 외교에 관계된 일, 자연 현상의 이상에 관한 일 등을 발생한 순서대로, 즉 연도별로 기록하였으며, 마지막에 왕의 죽음에 대한 기록과 장지에 관하여 기록해 놓았습니다.

02 왕들의 재위 기간을 표시하는 방법

남해 차차웅 (재위 4~24)

우리나라에서 기본이 되고 가장 위에 있는 법은 헌법입니다. 이 헌법이 처음 만들어진 날이 1948년 7월 17일이고 이날이 제헌절, 즉 '헌법이 제정된 날'입니다. 그 후 우여곡절 끝에 아홉 번을 고쳐* 1987년 현행 헌법이 이루어졌습니다. 헌법에는 공화정 최고의 지위인 대통령의 임기에 관한 규정도 있습니다.

1987년 9차 개헌에서 대한민국의 대통령의 임기를 5년으로 정하였습니다. 그러면 임기의 시작은 언제이고 끝나는 날은 언제일까요? 대통령 선거는 연도의 끝자리가 2와 7로 끝나는 해(예를 들어 2002년, 2007년) 12월에 있고, 임기의 시작은 끝자리가 3과 8로 끝나는 해(예를 들어 2003년, 2008년) 2월 25일 00시부터 입니다. 임기가 끝나는 해는 역시 끝자리가 3과 8로 끝나는 해 2월 24일 24시까지입니

● 헌법은 국가공동체에 관한 국민과 국가 간의 가장 기본적인 약속을 법 형식으로 규정해 놓은 것인데 헌법이 개정되는 이유는 주로 정치권력의 형태 때문이다. 우리나라 헌법은 제정된 이래 아홉 번 개정되었는데 과거 독재정권 당시 정치제도에 있어서 정부의 형태나 구조가 바뀌는 등의 큰 변혁을 가져온 헌법 개정이 많이 이루어졌다.

다. 이렇듯 현대의 국가 최고 통치권자는 선거에 의해서 임기가 정해지지만, 대통령의 임기는 헌법으로 정해져 있지만, 옛날 왕들은 죽어야 임기가 끝났습니다. 그러면 미묘한 문제들이 발생합니다. 바로 통치 기간의 표시 문제입니다. 예를 들어 왕이 '○○년' 6월 23일에 죽었으면, 그 '○○년'은 선왕(앞의 왕) 몇 년이라고 표기해야 할까요? 아니면 후왕(뒤의 왕) 1년이라고 해야 할까요? 이 문제가 미묘한 이유는 앞선 왕에 대한 예우와 관련되어 있기 때문입니다. 이 문제에 대해 김부식은 다음과 같이 자신의 의견을 밝혔습니다.

> 임금이 즉위하면 해를 넘겨 원년을 칭하는 것은 그 법이 《춘추》에 상세히 있으니, 이는 고칠 수 없는 선왕의 법이다.

위의 내용은, 공자가 쓴 《춘추》의 기준으로 하여 앞의 임금이 죽은 해를 넘겨 다음 해를 원년으로 삼는다는 것입니다. 이것을 어려운 말로 '유년칭원법踰年稱元法'이라고 합니다. 예를 들어 2009년 6월 23일 A왕이 사망하였다면 이때까지는 A왕 △년 ××월 ××일이라고 쓰고 2009년 6월 24일부터 12월 31일까지는 B왕 즉위년 ××월 ××일이라고 표기하는 법입니다. 그리고 2010년은 B왕 원년이라고 표기하면 되겠지요. 이러한 경우에 2009년은 A왕 △년이 됨과 동시에 B왕 즉위년이 되는 것입니다.

> 〈이훈〉에 "성탕이 이미 죽었으니 태갑 원년이다."라고 하였고, 《정의》에는 "성탕이 이미 죽었으니 그 해가 곧 태갑 원년이다."라고 하였다.

공자의 《춘추春秋》
《춘추》는 공자가 저술한 편년체의 노나라 역사책이다. 여기에는 은공부터 애공까지 242년 동안의 사적이 수록되어 있다. 이 책을 주석한 것으로는 《좌씨전》, 《공양전》, 《곡량전》, 《추씨전》, 《협씨전》이 있었으나 《추씨전》과 《협씨전》은 전해지지 않고 앞의 세 전만 전해지는데, 이를 '춘추 3전'이라 한다. 《춘추》는 오경의 하나로, 동양에서 역사 서술의 전범이 되어 왔다.

● 〈이훈伊訓〉
《서경》의 편목 이름. 중국 은나라 성탕왕 때의 어진 신하였던 이윤이 탕왕의 아들 태갑을 경계하기 위하여 지은 것이다.

● 태갑太甲
《사기》 권3 〈은본기〉에 의하면 상나라 제4대 임금이다. 탕왕의 장손으로 중임을 이어서 즉위하였으나, 성격이 포악하고 현명하지 못하여 탕왕을 보좌한 적이 있는 이윤에 의하여 동궁에 유폐되었다가 3년 후에 복위하였다.

● 《정의正義》
당나라의 공영달, 안사고 등이 5경을 알기 쉽게 풀이하여 써 이를 정의라고 하였다. 여기서는 《서경정의》를 지칭한다.

● 성탕成湯
은나라를 건국한 탕왕湯王을 말한다. 이 또는 천호 혹은 태을이라고도 하였는데, 하나라 걸왕을 내쫓고 즉위하여 13년간 재위하였다.

위 내용에 나오는 성탕˙은 은(상)나라를 세운 인물입니다. 〈이훈〉과 《정의》를 보면 성탕이 죽고 태갑이 왕위에 오르자 그 해를 태갑 원년이라고 하였다고 하여, 공자가 주장한 유년칭원법과는 다른 방식으로 기록되어 있습니다. 이러한 방법을 즉위년 칭원법(또는 유월칭원)이라고 합니다. 즉위한 해를 원년으로 삼는 것이지요. 예를 들어 2009년 6월 23일 A왕이 사망하였다면 이때까지는 A왕 △년 ××월 ××일이라고 쓰고, 2009년 6월 24일부터는 B왕 원년 ××월 ××일이라고 표기하는 방법입니다. 이러한 경우에 2009년은 A왕 △년이 됨과 동시에 B왕 원년이 되는 것입니다.

그러나 《맹자》˙에 "탕왕이 죽자 태정은 즉위하지 않았고, 외병은 2년, 중임은 4년이다."라고 하였으니, 아마 《상서》˙ 곧 〈이훈〉에 몇 글자가 빠져서 《정의》의 잘못된 설명이 나온 듯싶다.
어떤 사람은 "옛날에 임금이 즉위하면 어떤 경우는 달을 넘겨 원년을 칭하기도 하고, 혹은 해를 넘겨 원년을 칭하기도 하였다."라고 말한다. 달을 넘기고 원년을 칭한 것은 "성탕이 이미 죽었으니 태갑 원년이다."라고 한 것이 그것이다. 《맹자》에서 "태정이 즉위하지 않았다."라고 한 것은 태정이 왕위에 오르지 못하고 죽었음을 일컬음이고, "외병은 2년, 중임은 4년이다."라고 한 것은 모두 태정의 아들인 태갑의 두 형이 태어나서 2년 혹은 4년 만에 죽었음을 말하는 것이니, 태갑이 탕을 이을 수 있었던 까닭이다. 《사기》에서 문득 중임과 외병을 두 임금이라 하였으나 잘못이다.

이 내용은 은(상)나라 초기의 왕위 계승에 관한 이야기를 알아야

● 맹자孟子
맹자孟子는 중국 전국 시대의 사람으로 공자의 사상을 이어 발전시킨 유학자이다. 《맹자》는 오경에 속하며 유교 경전인 사서의 하나로 양혜왕梁惠王, 공손추公孫丑, 등문공滕文公, 이루離婁, 만장萬章, 고자告子, 진심盡心의 7편으로 구성되었다.

● 상서尙書(=서경書經)
중국 유학 오경의 한로 중국에서 가장 오래된 역사서이다. 중국 고대의 정사에 관한 문서를 공자가 편찬하였다고 전한다.

해결이 됩니다. 사마천의 《사기》의 기록을 기준으로 이야기하면, 탕왕은 성탕으로 은을 세운 인물이라는 것은 아시죠? 그의 태자는 태정인데 즉위하기 전에 죽었고, 그의 동생인 외병이 즉위하여 2년 간 재위하였고, 또 그의 동생인 중임이 4년간 재위하였습니다. 그리고 태정의 아들 태갑이 왕위에 올라 은의 4대 임금이 됩니다. 하지만 김부식은 《사기》의 기록이 잘못되었다고 생각한 듯합니다. 김부식은, 외병은 태어난 지 2년 만에 그리고 중임은 태어난 지 4년 만에 죽었고 태갑이 탕왕의 뒤를 이어 왕위에 올랐다고 보았습니다. 그래서 〈이훈〉의 기록인, 성탕의 뒤를 태갑이 이었다는 서술이 옳은 것으로 보았습니다. 김부식은 이러한 판단으로 마지막에 다음과 같이 이야기합니다.

● 사마천司馬遷
사마천은 중국 전한 시대의 역사가로 중국 '역사의 아버지'라고 일컬어진다. 옛 신화 시대부터 전한 초기인 한 무제 때까지의 역사를 다룬 《사기》를 저술하였다. 책의 본래 명칭은 《태사공기》였으나, 후한 말기에는 현재의 이름으로 굳혀졌다.

> 전자에 따르면 앞 임금이 죽은 해에 남해 차차웅이 즉위하여 원년을 칭하였으니 옳지 않고, 후자에 따르면 곧 상나라 사람의 예법을 얻었다고 할 수 있다.

전자는 《춘추》에 의거한 유년칭원법을 말하는 것으로 그것에 의하면 남해 차차웅의 즉위를 원년으로 한 것은 잘못인데, 《춘추》 이전에 지어진 《상서》의 〈이훈〉편을 기준으로 볼 때는 타당하다고 합니다. 다시 말해 김부식은 〈이훈〉편을 근거로 즉위년칭원법 사용을 정당화하면서 상나라 사람의 예법을 얻었다고 한 것입니다.

김부식은 공자가 주장한 유년칭원법이 옳다고 한 것일까요? 아니면 즉위년칭원법이 맞다고 한 것일까요? 무엇이 옳고 그르다고 이야기할 수 없을 것 같습니다. 본문의 내용을 보면 '유년칭원법이 기본이나 즉위년칭원법도 틀리지 않다'는 의미로 읽히며, 이것은 나아가 신라에서 사용한 즉위년칭원법을 옹호하려는 의도가 있다고 생각됩니다. 김부식의 이러한 태도는 《삼국사기》 곳곳에서 보입니다. 그 이유는 바로 편찬자들이 기록을 중시하고 직서주의直書主義를 표방했음을 반영한 까닭입니다. 역사를 있는 대로 기록하고 그렇게 기록하더라도 큰 무리가 없음을 밝힌 것입니다. 만약 김부식 등 《삼국사기》 편찬자들이 즉위년칭원법이 잘못된 것이라고 생각하였다면, 모두 유년칭원법으로 바꾸어 놓았을 것입니다.

● 직서주의
사실을 가감없이 그대로 기록하는 서술방법.

왕위 계승의 정통성 03

첨해 이사금 (재위 247~261)

 신라의 시조인 박혁거세

부터 12대 첨해 이사금까지 왕위가 어떻게 이어졌을까요? 궁금해

서 다음과 같은 계보도를 그려보았습니다.

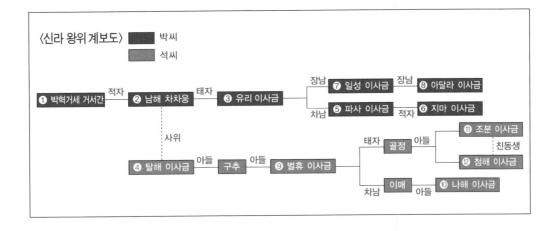

〈신라 왕위 계보도〉 ■ 박씨
■ 석씨

① 박혁거세 거서간 —적자— ② 남해 차차웅 —태자— ③ 유리 이사금

장남 ⑦ 일성 이사금 —장남— ⑧ 아달라 이사금
차남 ⑤ 파사 이사금 —적자— ⑥ 지마 이사금

② 남해 차차웅 ·····사위·····

④ 탈해 이사금 —아들— 구추 —아들— ⑨ 벌휴 이사금

태자 골정 아들 ⑪ 조분 이사금
·····친동생·····
⑫ 첨해 이사금

차남 이매 —아들— ⑩ 나해 이사금

박혁거세 거서간부터 8대 아달라 이사금까지는 박씨를 중심으로 왕위가 계승되고 4대 탈해 이사금을 시작으로 9대 벌휴 이사금 까지는 석씨가 왕위를 계승하고 있습니다. 왕위가 박씨에서 석씨 다시 박씨로 왔다가 석씨에게 가고, 박씨와 삭씨 내에서도 차남이 먼저 왕위에 오르는 것 등으로 봐서 구체적인 내용은 알 수 없으나 여러 세력 간의 힘겨루기가 있었음을 알 수 있습니다.

11대 조분 이사금이 5월에 돌아가시고 왕위에 오른 첨해 이사금이 제일 먼저 한 일을 《삼국사기》에는 다음과 같이 기록하고 있습니다.

> 원년(247) 가을 7월에 시조묘에 배알하고 아버지 골정을 세신갈문왕으로 봉하였다.

첨해 이사금은 즉위하자마자 아버지를 세신갈문왕˙으로 봉하였습니다. 앞의 계보도에서 보았듯이 골정은 왕이 되지 못하고 죽었습니다. 그렇게 죽은 아버지를 왕으로 봉하였다는 것은 첨해 이사금이 골정을 계승하여 왕이 되었다는 의미로 받아들일 수 있습니다. 이렇게 한다는 것은 이전의 왕에 대한 불신이나 문제가 있을 때 나타나는 현상입니다. 조선 시대 인조가 광해군˙을 폐하고 왕이 된 후 정통성을 살리기 위해 자신의 아버지를 원종으로 추존하여 선조– 원종 – 인조로 이어지는 왕통을 정통으로 세우려 한 경우가 있었습니다.

첨해 이사금은 형인 조분 이사금을 이어서 왕위에 올랐습니다. 두

˙ 세신갈문왕
갈문왕이 어떤 존재인지에 대하여서는 정확하게 알 수 없으나 대체로 왕의 생부(골정–첨해이사금, 습 –지증왕, 입종 –진흥왕, 국반–진덕여왕)로 추증된 경우와 왕의 장인(일지, 허루, 마제, 지소례, 내음, 이칠, 복승)등의 예가 삼국사기에 보인다.

˙ 광해군 (재위 1608~1623)
광해군은 선조의 후궁 공빈 김씨의 아들로 형인 임해군 대신 1608년 왕위에 올랐다. 즉위 후 형인 임해군과 동생인 영창대군을 죽이고, 인목대비를 경희궁에 가두는 도덕적이지 못한 행동을 하였다. 광해군을 몰아내고 인조가 왕이 되는 인조반정이 일어나자, 광해군은 강화와 제주도에 유배되었고, 인조 19년(1641)에 사망했다.

이사금의 아버지는 골정이고 골정의 아버지는 벌휴 이사금으로 탈해 이사금의 손자입니다. 왕위 계승 상에 아무런 문제가 없었는데 왕이 되지 못한 아버지인 골정을 왕으로 추존했을까요? 아마도 석씨 왕통의 정당성을 확보하기 위한 것으로 생각합니다. 구체적인 기록이 없어서 알 수는 없지만 첨해 이사금 다음이 미추 이사금인데 미추 이사금의 성은 김씨입니다. 석씨에서 김씨로 잠시 왕위가 바뀌게 되었습니다. 아마도 권력 다툼이 있었을 것이고 석씨 왕통을 명확히 할 필요가 있었을 것으로 생각합니다.

이에 대하여 김부식이 한마디 하고 있습니다.

한나라 선제˙가 즉위하니 담당 관리가 아뢰었다.

"남의 뒤를 이은 사람은 그의 아들이 되는 것입니다. 그러므로 자기의 아버지와 어머니를 낮추어야 하고 제사지낼 수 없으니, 이는 조종˙을 높인다는 뜻입니다. 이런 까닭에 황제의 낳은 아버지를 친親이라 하고 시호를 도悼라 하며, 어머니를 도후悼后라 하여 제후왕에 맞게 하여야 합니다."

이는 경전의 뜻에 맞는 것으로 만세萬世의 법이 되었다. 그러므로 후한의 광무제와 송나라의 영종은 이를 본받아 그대로 행하였다. 신라는 왕의 친척에서 들어가 왕통을 이은 임금이 그 아버지를 받들어 봉하여 왕이라 일컫지 않음이 없었다. 이와 같을 뿐만 아니라 그 장인도 봉하여 역시 그러는 경우가 있었다. 이는 예의에 어긋난 일로서, 진실로 본받을 만한 것이 못 된다.

왕이 죽고 아들이 왕위를 잇는 것이 전통 시대에 가장 일반적인 일이었습니다. 하지만 왕이 아들이 없이 죽었을 경우에는 통상적으

● 선제宣宗(재위 BC74~49)
한나라 제9대 임금이다.

● 조종祖宗
시조가 되는 조상, 임금의 조상을 말한다. 또한 가장 근본적이며 주요한 것을 비유적으로 이르는 말이다.

로 동생이나 조카들이 왕위를 잇는 것이 일반적입니다. 동생이 왕위를 이었을 때는 큰 문제가 없으나 조카가 왕위를 이었을 경우에는 조상에 대한 문제가 생겨납니다. 바로 자신의 친부모를 어떻게 예우할 것인가의 문제입니다. 이때 김부식은 중국의 예로 보아 왕위에 오른 조카는 죽은 숙부(전왕)를 부모의 예로 대하고 친부모를 숙부의 예로 대하는 것이 옳다고 생각하였습니다. 하지만 신라 초기의 왕위 계승은 매우 복잡하게 진행되었고 심지어는 다른 성씨로 왕위가 넘어가는 경우도 발생하였습니다. 김부식은 '신라는 왕의 친척에서 들어가 왕통을 이은 임금이 그 아버지를 받들어 봉하여 왕이라 일컫지 않음이 없었다.'라고 할 만큼 왕위에 대한 정통성의 문제가 있었다고 보았습니다. 그렇기에 '이는 예의에 어긋난 일로써 진실로 본받을 만한 것이 못 된다.'라고 하였습니다.

김부식의 이러한 태도는 앞의 칭원법의 태도 즉, 신라에서 사용하였던 즉위년칭원법이 중국과 다르지만 이를 인정하는 태도와는 사뭇 다른 모습입니다. 왜 그랬을까요? 중국의 고사에서 적절한 것을 찾을 수 없어서일까요? 아니면 김부식이 처한 당시의 상황 때문이었을까요? 아무래도 후자인 것 같습니다. 김부식이 살았던 시대를 문벌귀족사회라고 합니다. 가문을 바탕으로 공을 쌓은 귀족들이 권력을 장악한 시대입니다. 당연히 왕권은 상대적으로 약화한 시기라고 할 수 있습니다. 고려 문벌 귀족 사회의 대표적인 가문이 경원 이씨 가문이고 이 시기의 대표적인 인물이 이자겸입니다. 인종의 외할아버지이자 장인인 이자겸은● 예종의 죽음과 인종의 즉위에 깊이 관여

되어 있었습니다. 인종은 자신의 즉위에 공이 있는 이자겸에게 특별대우를 해주고 싶었습니다. 아첨하는 신하들은 임금이 신하의 예로 대우하지 못할 자 가운데 왕후의 부모가 해당한다고 하여 파격적인 대우를 건의하였고 이자겸의 생일을 인수절로 부르자며 건의한 신하도 있었습니다.

이러한 논의에 대하여 김부식은 단호히 반대 입장을 피력하였습니다. 김부식은 이자겸이 왕권 위에 서서 왕조를 멸망시킬 수 있는 폭리暴吏로 생각하였던 것입니다. 그래서 왕 이외에 특별 대우를 할 경우 문제가 있으니 이것은 결단코 용납될 수 없는 일이라고 강력히 주장하였습니다. 김부식의 이러한 태도가 첨해왕 조의 사론에 담겨 있는 것입니다. 이는 중국의 사례가 옳으니 무조건 따라 해야 한다는 것이 아니라 고려의 현실에 비추어서 해서는 안 된다는 것을 신라의 사례를 통하여 비판하고 있는 것입니다. 이처럼 현실의 문제를 직접 비판할 수 없으면 역사적 사실을 끄집어내는 경우가 많이 있습니다. 그래서 역사서를 읽을 때는 저자가 처한 시대적 상황을 염두에 두고 살펴볼 필요가 있는 것입니다.

난 아무말도 안했어요

*역사

신라 최고의 문장가, 강수

중원경 사량부 6두품 출신으로 통일신라의 유학자이자 문장가입니다. 본래 임나가라 사람인데 신라가 대가야를 멸한 후 그 귀족 세력을 충주에 이주시키고 그곳을 중원(소)경이라고 했습니다. 그래서 강수는 중원경 출신이지만, 가문은 가야 출신입니다. 그의 어머니가 꿈에 뿔이 달린 사람을 보고 임신하여 낳았더니 머리 뒤편에 뼈가 불쑥 나와 있었다고 하자, 아버지가 이상하게 여겨 어진 사람을 찾아가 물어보니 보통 사람이 아닐 것이라 했습니다.

태종무열왕이 즉위하였을 때 당나라 사신이 와서 조서를 전해 주었는데, 이해되지 않는 부분이 있어 강수를 불러 물어보니 막힘없이 해석했습니다. 왕이 기뻐하며 이름을 물어보니, "신은 본래 임나가라 사람으로 이름은 우두입니다" 했습니다. 이에 왕이 "그대의 두골을 보니 강수선생이라 불러야겠다."며 기뻐했고, 당나라 황제에게 감사의 답서를 쓰게 했습니다. 강수는 뛰어난 문장 실력으로 중국과 고구려, 백제와의 외교 문서를 도맡아 작성했습니다. 그리고 당나라와 신라의 전쟁 당시 당나라가 문무왕의 동생 김인문을 옥에 가두자 석방하여 줄 것을 요청하는 글을 써서 보냈더니 그 문장을 읽은 당나라 고종이 감탄했다고 했습니다. 문무왕 11년조에 실린 〈답설인귀서答薛仁貴書〉도 그가 지은 것입니다.

그가 신문왕 때에 죽어 장사 지내는 비용을 나라에서 지급하고, 옷가지와 물품을 더욱 많이 주었는데, 강수의 아내는 그것을 모두 불사에 바쳤습니다. 또한, 식량이 궁핍해져 고향으로 돌아가려고 하자, 이를 들은 왕이 조 100섬을 주게 했으나, 강수의 아내(부곡의 대장장이 딸)는 "저는 천한 사람입니다. 입고 먹는 것은 남편을 따랐으므로 나라의 은혜를 받음이 많았는데, 지금 이미 홀로 되었으니 어찌 감히 거듭 후한 하사를 받을 수 있겠습니까?"며 돌아갔습니다.

왕위 계승의 정통성

나물 이사금 (재위 356~402)

 나물 이사금은 신라의 제17대 임금입니다.

나물 이사금˚(또는 나밀이라고도 하였다.)이 왕위에 올랐다. 성은 김씨로, 구도 갈문왕의 손자이고 아버지는 말구 각간이다. 어머니는 김씨 휴례부인이고 왕비는 김씨로 미추왕의 딸이다.˚ 흘해왕이 죽고 아들이 없었으므로 나물이 왕위를 이었다(말구와 미추 이사금은 형제이다).

나물 이사금은 미추 이사금에 이어 김씨로서 두 번째 왕이 되었습니다. 이후에는 종전과 같이 3성(박, 석, 김)이 교대로 왕위를 계승하는 것이 없어지고 김씨가 왕위를 세습하였습니다. 그리고 나물 이사금 때 두 차례에 걸쳐 전진˚에 사신을 파견하면서 신라가 발전하였던 시기라고 할 수 있습니다. 김씨가 처음으로 신라의 왕

● 나물 이사금과 나물 마립간 《삼국사기》에서는 나물을 '이사금'이라 하였으나 《삼국유사》 〈왕력〉편에서는 이 왕대부터 마립간이라 칭하였다. 그래서 나물왕의 칭호는 이사금이 아니라 마립간이라 해야 한다는 주장이 제기되기도 하였다.

● 《삼국사기》 권3 〈신라 본기〉 눌지 마립간 즉위 조에서는 나물왕의 왕비를 '보반부인' 혹은 '내례길포'라 하였고 《삼국유사》 〈왕력〉편에서는 '예희부인 禮希夫人'이라 하였다. 한편 이를 미추왕의 딸이라 하였으나 미추왕과 나물왕의 재위 연대상의 차이로 미루어 보아 미추왕의 딸이 나물왕의 왕비가 될 가능성은 희박하다.

● 전진前秦
중국의 5호16국 중 하나로
351년부터 394까지 존립한 국
가이다.

이 된 것은 미추 이사금 때인데 미추 이사금 본기는 다음과 같이
시작되고 있습니다.

● 미추 이사금(재위 262~284)
제3대 왕 김씨로 임금이 된 첫
째이다. 267년과 283에 백제
의 공격을 격퇴했다. 또한 농
업과 민생에도 깊이 관심을
기울여 가난한 자들을 위문 ·
구제하였고 농사에 방해되는
일은 모두 금하라는 칙령을
내렸다.

> 미추 이사금이 왕위에 올랐다.(미추를 또는 미조라고도 하였다.) 성은 김씨이
> 다. 어머니는 박씨로 갈문왕 이칠의 딸이고, 왕비는 석씨 광명부인으로 조
> 분왕의 딸이다. 그의 선조 알지는 계림에서 났는데, 탈해왕이 데려다가 궁
> 중에서 키워 후에 대보로 삼았다. 알지는 세한을 낳고 세한은 아도를 낳았
> 으며, 아도는 수류를 낳고 수류는 욱보를 낳았다. 그리고 욱보는 구도를 낳
> 았는데, 구도는 곧 미추왕의 아버지이다. 첨해는 아들이 없었으므로 나라
> 사람들이 미추를 왕으로 세웠다. 이것이 김씨가 나라를 갖게 된 시초이다.
>
> — 미추 이사금 조 —

이 기사를 통하여 김씨 왕의 혈통을 보면 '알지→ 세한→ 아도→
수류→ 욱보→ 구도→ 미추' 임을 알 수 있습니다. 또한 구도의 다
른 아들인 말구의 아들이 나물이라고 《삼국사기》에는 기록되어 있
습니다. 한편 《삼국유사》 〈왕력王曆〉편에서는 "나물 마립간은 김씨
이며 아버지는 구도갈문왕 혹은 미조왕의 동생[말구]각간이다."라
고 기록되어 있습니다. 이 내용은 나물이 구도갈문왕의 아들 혹은
말구 각간의 아들이라는 두 가지 설을 알려주고 있습니다. 구도갈
문왕의 아들이면 미추와 형제지간이 되고 말구 각간의 아들이면 미
추와는 삼촌과 조카지간이 됩니다. 미추와 나물의 나이 차이와 《삼
국사기》를 고려해 보면 나물은 미추의 조카가 되는 것이 타당합니다.

그런데 혈통이나 계보를 떠나 김부식이 문제 삼은 것은 바로 '근

금궤도金櫃圖
경주 김씨의 시조인 김알지의
탄생 설화를 담고 있는 그림
이다. 조선 중기의 화가 조속
의 작품이다.

친혼'입니다. 나물 이사금이 김씨인데 어머니도 김씨이고 부인도 김씨입니다. 실제 신라왕실에서는 근친혼은 얼마나 이뤄졌을까요? 제7대 일성 이사금이 같은 박씨의 비를 맞이하였고 제8대 아달라 이사금도 박씨를 비로 맞이하였습니다. 아달라 이사금과 비妃인 박씨의 관계는 어떠했을까요? 박씨는 지마 이사금의 딸로 기록되어 있습니다. 그러면 지마 이사금과 아달라 이사금의 관계는 무슨 관계일까요? 아달라 이사금의 아버지는 일성 이사금으로 유리 이사금의 장남이고 지마 이사금의 아버지인 파사 이사금은 유리 이사금의 차남입니다. 즉 아달라 이사금과 지마 이사금은 사촌 관계입니다. 사촌의 딸은 오촌 조카인 셈이지요. 아달라 이사금은 바로 오촌 조카와 결혼하였습니다. 제10대 나해 이사금과 제11대 조분 이사금은 모두 석씨로 같은 석씨의 아내를 맞이하였습니다. 그런데 이 둘 과의 관계가 복잡합니다. 나해 이사금의 비는 조분 이사금의 동생이고 조분 이사금의 아내는 나해 이사금의 딸입니다. 그러니까 나해 이사금과 조분 이사금은 처남·매부인 동시에 장인과 사위 관계가 되는 것입니다. 이러한 근친혼은 그 뒤에도 신라 왕실에서 계속되었고, 고려 초 광종도 조카와 결혼하는 사례를 보여 줍니다.

그러면 근친혼을 하는 이유는 무엇일까요? 제4대 탈해 이사금은 석씨인데 박씨와 결혼하였다는 것은 남해 차차웅이 새롭게 떠오르는 세력인 석씨 일파와 제휴한 것을 의미하고, 제5대 파사 이사금과 제6대 지마 이사금의 비가 김씨인 것은 점차 강

처남…
아니, 매부!

장인어른…
아니, 사위!

미추왕릉
죽현릉 혹은 죽장릉이라고도 하는데 이 능에서 대나무 잎을 귀에 꽂은 죽엽군이 나와 외적의 침입을 막았다고 한 데서 연유되었다. 경북 경주시 황남동 소재

력한 세력으로 성장하는 김씨와 박씨 간의 제휴를 뜻합니다. 이러한 현상은 당시에 유력한 세력과 혼인 관계를 통하여 권력을 유지하려는 의도가 있었다고 생각됩니다. 같은 성씨 내에서의 결혼도 같은 의도입니다. 김씨면 김씨, 석씨면 석씨들이 권력을 독점하기 위하여 근친혼을 한 것으로 이해할 수 있습니다. 또 하나 더 생각할 수 있는 것은 왕실 혈통의 순수성입니다. 왕실의 혈통은 일반인과는 다른 특별한 혈통으로 그들만의 혼인 관계를 통하여 특별하고 순수한 혈통을 이어가려는 의도가 있습니다. 그래야 그들의 우월성을 드러낼 수 있기 때문입니다. 이에 대하여 김부식이 한마디합니다.

> 아내를 맞이함에 같은 성씨를 취하지 않는 것은 분별을 두터이 하기 때문이다. 이러한 까닭에 노공*이 오나라에 장가들고 진후*가(동성의) 사희를 취한 것을 진나라의 사패*와 정나라의 자산*이 그것을 매우 나무랬다.* 신라의 경우에는 같은 성씨를 아내로 맞이할 뿐만 아니라, 형제의 자식과 고종·이종 자매까지도 모두 맞이하여 아내로 삼았다. 비록 외국은 각기 그 습속이 다르다고 하나 중국의 예속으로 따진다면 도리에 크게 어긋났다고 하겠다. 흉노*에서 그 어머니와 아들이 상간(남녀가 도리를 어겨 사사로이 정을 통함)하는 경우는 이보다 더욱 심하다.*

고사성어를 사용하여 말하고 있어 내용이 어려우니, 하나씩 풀어 보도록 하지요. '아내를 맞이함에 같은 성씨를 취하지 않는 것은 분별을 두터이 하기 때문이다.'라는 말은 《예기》 〈곡례 상〉에 나오는 말입니다. 이처럼 자신의 주장을 내세울 때 권위 있는 경전의 말을

● 노공
노나라 소공을 가리킨다. 양공의 아들로 이름은 조이고, 33년간 재위하였다.

● 진후晉侯
주나라 무왕의 아들인 당숙우의 아들 섭을 말한다.

● 사패司敗
형벌을 맡은 관직으로 진·초나라에만 있었다.

● 자산子産
정나라의 대부로 이름은 공손교인데 자산은 그의 아들이다. 정나라 간공, 정공, 헌공 3조에 걸쳐 국정에 참여하여 진, 초의 침략을 막고 선정을 베풀었다.

● 진나라의 사패가 노공을 나무란 것은 《논어》 〈술이〉편에 실려 있고 정나라 자산이 나무란 사실은 《춘추좌씨전》 소공 원년 조에 실려 있다.

● 아랫사람이 윗사람을 간음하는 것을 '증'이라 하고 윗사람이 아랫사람과 상간하는 것을 '보'라 한다. 즉 《공총자》 〈소이야〉 광의에 '상음왈증 하음왈보' 한 것이 그것이다. 《사기》 권109 〈흉노 열전〉에 '아비가 죽으면 그 후처를 아들이 아내로 삼고 형제가 죽으면 그 아내를 남아 있는 형이나 아우가 차지한다.'라고 하였다.

먼저 함으로써 논리의 정당성을 확보하고 있습니다.

'이러한 까닭에 노공이 오나라에 장가들고 진후가 사희를 취한 것'은 모두 근친혼을 일컫는 것입니다. 노나라와 오나라는 모두 성姓이 희씨였는데 소공이 오나라 여자를 아내로 삼았기 때문에 동성과 혼인한 셈이 되고, 진후는 성이 주나라 왕실의 성이 희씨였음에도 주나라 왕실의 여자를 아내로 맞이하였으므로 동성간에 혼인한 셈이 됩니다.

그런데 마지막 구절이 재미있습니다. '비록 외국은 각기 그 습속이 다르다고 하나 중국의 예속으로 따진다면 도리에 크게 어긋났다고 하겠다. 흉노에서 그 어머니와 아들이 상간하는 경우는 이보다 더욱 심하다.' 여기에서 흉노 앞에 빠졌을 것으로 짐작되는 구절은 무엇일까요? 아마도 '그러나' 정도일 것이라고 생각됩니다. '그러나'를 넣고 글을 읽으면 묘한 뉘앙스가 풍겨지는 부분입니다. '근친혼은 잘못된 것이다. 그러나 흉노보다는 낫다.' 김부식은 유교주의에 입각하여 근친혼을 반대하고 싶었지만, 겉으로는 그럴 수 없었을 것입니다. 왜냐하면 그가 처한 당시의 상황 때문이었습니다. 고려 시대에도 왕실에 근친혼이 있었고, 예종을 이은 인종은 모후의 친자매들을 비로 맞이하였습니다. 쉽게 이야기하면 이모와 결혼한 것입니다. 그래서 중국의 예를 보아서는 예에 어긋난 것이지만 흉노의 풍속보다는 괜찮다는 애매한 태도를 보이고 있는 것입니다.

흉노匈奴
몽골고원·만리장성 지대를 중심으로 활약한 유목 민족이다. 흉노의 인종에 관해서는 투르크계·몽골계·아리아계 등의 설이 있는데, 특히 투르크계 설이 유력하다. 흉노 민족에 대한 기록은 중국의 사료에만 있기 때문에, 현재 중국어로 음역된 일부 지명이나 이름들을 제외하고는 흉노어의 재구성은 거의 불가능하다.

● 모후母后
임금의 어머니라는 뜻으로 여기에서는 인종의 아버지인 예종의 비를 말한다.

05 신라 왕 칭호의 변천사

지증 마립간 (재위 500~514)

● 습보갈문왕習寶葛文王
신라의 왕족으로 성은 김씨이
다. 신라 제17대 나물 마립간
의 손자이며, 제22대 지증왕의
아버지이다. 500년 아들 지대
로(지증왕)가 왕위에 오르자 갈
문왕에 추봉追封되었다.

● 소지왕(재위 479~500)
신라 제21대 왕으로 성은 김씨
이며, 일명 비처 마립간이라고
도 한다. 자비 마립간의 장자로
서 어려서부터 효행이 있었으
며, 스스로 겸손하고 공손하였
으므로 사람들이 모두 감복하였
다고 한다.

● 눌지왕(재위 417~458)
신라 제19대 왕으로 성은 김씨
이다. 아버지는 나물 마립간이
고, 어머니는 미추 이사금의 딸
인 보반부인이며, 비는 실성이
사금의 딸이다. 《삼국사기》에
의하면 최초로 마립간이라는 왕
호를 사용한 것으로 되어 있다.

《삼국사기》 권4 〈신라 본기〉 지증 마립간 조는 다음과 같이 시작합니다.

> 지증 마립간이 왕위에 올랐다. 성은 김씨이고 이름은 지대로이다.(지도로智度路 혹은 지철로智哲老라고도 하였다.) 나물왕의 증손으로 습보갈문왕 ●의 아들이고 소지왕 ●의 재종(육촌이 되는 관계) 동생이다. 어머니는 김씨 조생부인으로 눌지왕 ●의 딸이다. 왕비는 박씨 연제부인으로 이찬 등흔의 딸이다. 왕은 체격이 매우 컸고 담력이 남보다 뛰어났다. 전왕이 아들 없이 죽었으므로 왕위를 이어 받았다. 당시 나이는 64세였다.

지증 마립간은 15년의 재위 기간 동안 지증 마립간은 영토의 확장, 국호 및 왕호의 개칭, 우경의 실시, 순장 금지, 군현의 설치 등 신라 국가 발전의 기틀을 조성하였습니다. 〈본기〉의 내용으로 살펴봅시다.

> 3년(502) 봄 2월에 명을 내려 순장˚을 금하였다. 전에는 국왕이 죽으면 남녀 각 다섯 명씩을 순장했는데, 이때 이르러 금한 것이다. 왕이 몸소 신궁에 제사지냈다. 3월에 주주와 군주에게 각각 명하여 농사를 권장케 하였고, 처음으로 소를 부려 논밭갈이를 하였다.

순장殉葬
고대에 왕이나 귀족이 죽었을 때 처와 노비를 경우에 따라 가축과 함께 매장한 풍습. 왕이 죽으면 시녀나 내관을 함께 매장하기도 했다. 이러한 장례는 조상숭배 신앙과 연결되는 것으로 그들은 조상의 영혼이 현세의 후손들과 항상 밀접한 관계를 가지고 있는 것으로 믿었다. 고대의 순장과 달리 후대에 가면 사람을 닮은 인형을 나무나 흙으로 만들어 넣기도 한다. 대표적인 것이 진시황릉의 병마용이다.

지증 마립간 3년 조의 기사는 2가지를 말하고 있습니다. 하나는 순장을 금지하는 것입니다. 순장에 대한 기록은 《삼국지》 권30 〈위서 동이전〉 부여 조에 처음으로 기록되어 있습니다. 순장은 청동기 시대 이후 지배층의 세력이 강화되면서 영원히 산다는 영생사상과 죽은 자를 수호한다는 사자수호사상死者守護思想 등이 반영되어 나타난 것입니다. 이러한 순장을 금지한 이유는 농업의 발전에 따라 노동력이 중시되었고 불교의 전래에 따른 살생금지 사상 등이 영향을 주었다고 생각됩니다. 또 하나는 우경牛耕에 관한 것입니다. 우경이란 소를 이용하여 밭을 가는 것을 말합니다. 우경이 중국에서 일반화 된 것은 서기전 3세기경이라고 추정합니다. 이것은 신라와 무려 800여 년의 차이가 납니다. 아마도 지증 마립간 때보다 훨씬 먼저 시작되었을 것으로 추정할 수 있고˚ 이때에 이르러 적극적으로 국가적 차원에서 장려했다고 할 수 있습니다.

˚《삼국유사》 권1 〈기이〉편 노례왕 조에 우경과 밀접한 관련이 있는 쟁기와 보습이 노례왕 때 제작되었다는 기록이 있다.

4년(503) 겨울 10월에 여러 신하들이 아뢰었다.

● 영일 냉수리비
신라 시대에 세워진 가장 오래
된 비석으로, 지증왕 때 세운
것으로 추정된다. 비문에 옛
이름인 '사라'가 처음으로 등
장하고, 관등명도 나타나 신라
시대 연구에 중요한 사료이다.

● 울진 봉평비
법흥왕 11년(524)에 건립되었
다. 모즉지매금왕(법흥왕)을 비
롯한 14명의 6부 귀족들이 회
의를 열어서 어떤 죄를 지은
'거벌모라 남미지촌' 주민들을
처벌하고, 지방의 몇몇 지배자
들을 곤장 60대와 100대씩 때
릴 것을 판결한 내용들이 새겨
져 있다.

"시조께서 나라를 세우신 이래 나라 이름을 정하지 않아 '사라'라고도 하고 혹은 '사로' 또는 '신라'라고도 칭하였습니다. 신 등의 생각으로는, '신新'은 '덕업이 날로 새로워진다.'라는 뜻이고 '나羅'는 '사방을 망라한다.'라는 뜻이므로 이를 나라 이름으로 삼는 것이 마땅하다고 여겨집니다. 또 살펴보건대 예부터 국가를 가진 이는 모두 '제帝'나 '왕王'을 칭하였는데, 우리 시조께서 나라를 세운 지 지금 22대에 이르기까지 단지 방언方言만을 칭하고 높이는 호칭을 정하지 못하였으니, 이제 뭇 신하가 한마음으로 삼가 '신라국왕新羅國王'이라는 칭호를 올립니다."

왕이 이에 따랐다.

이 기사에서 보면 신라에서는 여러 가지 국호가 쓰였던 것을 알 수 있습니다. 《삼국사기》 권1 〈신라 본기〉 혁거세 거서간 조를 보면 국호를 '서나벌'이라고 하였다고 되어 있습니다. 이후 '사라', '사로' 등의 국호를 쓰다가 지증 마립간 때에 와서야 '신라'라는 국호를 정식으로 쓰기 시작하였다는 것을 알 수 있습니다. 또한 세워진 시기가 지증 마립간 4년 9월로 명시된 영일 냉수리비에 지증 마립간을 '지도로갈문왕'이라고 기록되어 있는 것을 보면, 그 한 달 뒤에 신라 국왕이라는 명칭을 공식적으로 사용한 것이라고 볼 수 있습니다. 하지만 또 다른 신라의 비석인 울진 봉평비에 법흥왕을 '모즉지매금왕'으로 표현한 것을 보면 한동안 왕의 명칭이 혼용되어 사용된 것으로 추정됩니다.

지증 마립간의 기사를 한 가지 더 살펴 더 보도록 합시다.

13년(512) 여름 6월에 우산국이 항복하여 해마다 토산물을 바쳤다. 우산국은 명주의 정동쪽 바다에 있는 섬으로 혹은 울릉도라고도 한다. 땅은 사방 100리인데, 지세가 험한 것을 믿고 항복하지 않았다. 이찬 이사부*가 하슬라주 군주가 되어 말하기를 "우산국 사람은 어리석고도 사나워서 힘으로 복속시키기는 어려우나 꾀로는 복속시킬 수 있다." 하고, 이에 나무 사자를 많이 만들어 전함에 나누어 싣고 그 나라 해안에 이르러 거짓으로 "너희가 만약 항복하지 않으면 이 사나운 짐승을 풀어 밟아 죽이겠다."고 말하자, 그 나라 사람들이 두려워 곧 항복하였다.

* 이사부異斯夫
신라 때의 장군이다. 지증왕 13년(512)에 가야와 우산국을 정벌하였고, 진흥왕 11년(524)에는 고구려의 여러 지방을 공격하여 신라의 영토를 크게 넓혔다.

일본과 독도 문제가 발생할 때마다 울려 퍼지는 오래된 노래가 있습니다. '독도는 우리 땅'이라는 노래입니다. 그 노래 가사 중에 '지증왕 13년 섬나라 우산국, 《세종실록지리지》 오십 페이지 셋째 줄…… 하와이는 미국 땅, 대마도는 일본 땅, 독도는 우리 땅! 우리 땅!' 이 가사의 출전이 바로 《삼국사기》 권4 〈신라 본기〉 지증 마립간 조입니다. 울릉도와 독도 사이의 거리는 약 80킬로미터입니다. 매우 멀다면 먼 것 같지만 실제로는 그렇지 않습니다. 울릉도에서 가장 높은 산인 성인봉 중턱에 있는 정자에서 바라보면 독도가 보입니다. 육안으로 보인다는 것은 울릉도에 살던 사람들이 독도까지 가서 어로 활동을 했다고 할 수 있습니다.

울릉도(우산국)
우산국은 삼국 시대 때 지금의 울릉도에 있었던 소국이다. 지증 마립간 때 신라에 복속되었다.

이렇듯 우리는 역사서 속에서 순장이 언제 폐지가 되었고, 우경은 언제부터 시작되었고,

신라라는 국호는 언제부터 사용되었고, 울릉도와 독도는 언제부터 우리가 관할하였는가를 알 수 있는 것입니다. 이렇듯 현재의 입장에서 과거를 알 수 있는 역사서를 기록하는 사람의 자세는 어떠해야 할까요? 여기에 대해서 김부식은 다음과 같은 의견을 제시하였습니다.

> 신라 왕으로서 거서간이라 칭한 이가 한 사람, 차차웅이라 칭한 이가 한 사람, 이사금이라 칭한 이가 열여섯 사람, 마립간이라 칭한 이가 네 사람이었다. 신라 말의 이름난 유학자 최치원이 지은 《제왕연대력》에서는 모두를 아무 왕이라 칭하고 거서간 등의 칭호는 쓰지 않았으니, 혹시 그 말이 촌스러워 칭할 만한 것이 못된다고 여겨서일까? 《좌전佐傳》과 《한서漢書》는 중국의 역사책인데도 오히려 초나라 말인 곡오도, 흉노 말인 탱리고도 등을 그대로 보존하였다. 지금 신라의 사실을 기록함에 그 방언을 그대로 쓰는 것이 또한 마땅하다.

여기에서 김부식이 역사를 기록하는 태도를 알 수 있습니다. 김부식은 최치원이 대대로 전하는 신라 왕의 명칭을 사용하지 않고 모두 왕이라고 표현한 것에 대하여 완곡히 비판하고 있습니다. 역사 서술의 기본은 있던 그대로를 기록하는 것입니다. 이것을 '직서주의' 또는 '술이부작述而不作'이라고 합니다.(서술은 하되 지어내지는 않는다는 뜻) 시조 박혁거세 때에는 왕이 아니라 거서간이라고 불렀고 제2대 남해는 당시에 차차웅이라고 불렀고 제3대 유리는 이사금이라 불렀으므로, 혁거세 거서간, 남해 차차웅, 유리 이사금이라고 기록한 것입니다. 만약 유리왕이라고 기록하였다면 왕의 순우리말인 임금이라는 것이 어디에서부터 파생되었는지를 알 수 없었을 것입니다.

  이렇듯 있었던 일을 그대로 기록하는 것이 역사 서술의 기본자세입니다. 일단 사실을 그대로 기록해 놓고 그 일이 마음에 들지 않는다면 역사가가 평가를 하여 덧붙여 놓으면 되는 것입니다. 앞에서처럼 신라왕들의 근친혼은 있었던 그대로 기록하고 '중국의 예로 보면 어긋나는 것이지만 현실을 감안하여 흉노보다는 낫다.'라고 한 것이나, 〈신라 본기〉를 기록하면서 '왕이라는 칭호를 사용하지 않고 거서간, 차차웅, 이사금, 마립간이라는 칭호를 사용한 것도 이런 이유에서이다.'라고 하는 태도입니다. 그런데 좀 아쉬운 것은 마지막에 '중국의 역사책인……'이라고 한 부분입니다. 물론 자신의 주장에 대한 근거를 제시하는 것으로 권위 있는 또는 기준이 될 만한 것을 인용하는 것이 지식인들의 버릇이자 병폐인 것으로 치부하면 그만이지만, 당당히 누가 뭐래도 나는 이렇게 생각한다고 밝혔으면 좀 더 좋지 않았나 생각합니다.

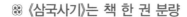 쉬어가기

✿ 《삼국사기》는 책 한 권 분량

《삼국사기》의 분량은 얼마나 될까요? 《삼국사기》는 〈본기〉 28권, 〈연표〉 3권, 〈잡지〉 9권, 〈열전〉 10권으로 총 50권입니다. 50권! 50권 이라는 말만 들어도 숨이 막히고 머리가 아파서 나오는 거리가 먼 책 이라고 생각하고 싶어질 것입니다. 그런데 서점에 가서 《삼국사기》를 찾아 보면 원문과 번역문을 모두 합쳐 보통 상하 두 권으로 되어 있습 니다. 왜 그럴까요? 사람들은 자기가 살고 있는 시대의 자기중심적인 눈으로 사물을 판단합니다. '책 한 권'이라고 하면 유치원 아동은 자기 가 보는 10쪽 내외의 이야기책을 생각할 것이고, 대학생은 500쪽 내외 의 전공 서적을 생각할 것입니다. 그렇듯이 학생들은 《삼국사기》라는 책이 케케묵은 역사책인 데다 교과서에도 많이 언급되어 있고 대학 교 수들이 머리를 싸매고 보는 책이기 때문에 양이 무척 많을 것이라고 짐작할 것입니다.

《삼국사기》는 현재 우리가 보는 일반적인 책의 분량으로 얼마나 될 까요? 한 글자 한 글자 다 세어 보지는 않았지만 대략 한 줄의 평균 글 자수와 각 권의 줄 수를 계산해 보니, 《삼국사기》 각 권은 평균적으로 4,000자 내외가 됩니다. 연표는 표라서 제외하였습니다. 그러면 지금 여러분이 보시는 이 책은 한 쪽에 몇 자나 들어가 있을까요? 그림을 빼 고 본문만 넣을 경우 500자 내외가 들어갑니다. 그러면 《삼국사기》 한 권의 분량은 8쪽 정도가 됩니다. 〈표〉 세 권을 빼고 총 47권 곱하기 8 을 하면 370쪽 정도 되는 양입니다. 〈표〉까지 표현할 경우 400쪽 내외 의 책이 될 것입니다. 《삼국사기》는 요즈음 우리가 보는 책으로는 약간 두껍다고 느껴지는 정도의 분량입니다.

필자가 중학교에 다닐 때 도덕 선생님께서 '남자는 모름지기 다섯 수레의 책을 읽어야 한다.'라고 《논어》에 나오는 구절을 말씀하시면서 책을 많이 읽어야 한다고 하셨습니다. '다섯 수레의 책'이라는 말에 '내가 평생을 읽어도 다 못 읽을 책의 양이구나.' 하고 군자가 되는 것을 포기하였습니다. 그런데 가만히 생각해 보면, 공자가 살았을 당시의 책은 목간으로 만들었을 것입니다. 종이가 발명되기 전에 나무나 대나무를 손바닥 절반 정도의 폭과 20에서 25센티미터 정도의 길이로 만든 것이 목간 또는 죽간입니다. 이런 목간을 가죽으로 묶어서 책으로 만들었으니 책 한 권의 부피가 매우 컸겠지요. 그런 부피로 다섯 수레 정도면 양이 그리 많지 않았을 것입니다. 당시 유교 경전을 모두 모아야 그 정도가 되었을 것이므로, 우리 모두 이미 공자가 읽으라고 한 양의 책을 읽었을 수도 있습니다.

《삼국사기》를 읽는다는 것은, 고려 시대에 김부식 등으로 구성된 사관들이 기록해 놓은 삼국 시대의 이야기를 읽는다는 뜻입니다. 이것은 다른 말로 하면 그저 삼국 시대에 발생한 사실을 읽는 것이 아니라, 고려 시대 사람의 눈으로 본 삼국 시대의 사실을 읽는다는 뜻입니다. 그러므로 역사서를 읽을 때는 먼저 저자가 누구인지를 알아야 합니다. 저자가 어떠한 입장을 갖고 사실을 기록하였는지를 파악해야 역사서를 올바르게 읽을 수 있습니다. 그러고 난 뒤에 현재의 입장에서 저자의 입장, 곧 사관을 비판해야 합니다. 저자는 자신이 살던 시대의 입장에서 서술했을 것인데, 그것을 읽는 사람이 현재의 개념으로 읽어 버리면 서로의 뜻이 통하지 않을 수 있기 때문입니다. 마치 공자가 말한 다섯 수레의 책처럼 말입니다.

06 선덕왕의 사신과 당 태종의 대화

선덕(여)왕 (재위 632~647)

　　　　2009년 선덕여왕이라는 드라마가 대유행을 하였습니다. 우리 역사상 최초의 여왕인 선덕여왕에 대한 관심과 신라를 배경으로 한 역사 드라마라는 것이 관심을 끌었던 것 같습니다. 그런데 이 드라마 내용의 반 이상에서 선덕여왕이 주인공이 아니라 미실이라는 인물이 주인공이었습니다. 미실 역을 맡은 배우의 카리스마 있는 연기 덕분에 시청률이 많이 올라갔지요. 그런데 미실이라는 인물이 《삼국사기》나 《삼국유사》에 등장하지 않고 《화랑세기》에만 기록된 인물이라 주변의 많은 선생님들이 질문을 해서 난감하던 기억이 있습니다.

신라에는 세 분의 여왕이 있었습니다. 선덕여왕, 진덕여왕, 진성여왕입니다. 우리는 습관적으로 이 세 분을 모두 '여왕'이라고 호칭하지만, 《삼국사기》에서는 특별히 '여왕'이라는 호칭을 사용하지 않고 선덕왕*, 진덕왕*, 진성왕*으로 기록하고 있습니다.

　이러한 왕들에 대해 김부식은 어떤 태도를 가지고 있었을까요? 먼저 선덕왕에 대한 김부식의 태도를 보도록 합시다.

　신이 듣기에 옛날에 여와* 씨가 있었는데, 이는 바로 천자가 아니라 복희*를 도와 9주九州를 다스렸을 뿐이다. 여치*와 무조 같은 이에 이르러서는 어리고 나약한 임금을 만나 조정에 임하여 천자처럼 정치를 행하였으나, 역사서에서는 공공연하게 왕이라 일컫지 않고 단지 고황후 여씨나 측천황후 무씨라고 썼다. 하늘의 이치로 말하면 양은 굳세고 음은 부드러우며, 사람으로 말하면 남자는 존귀하고 여자는 비천하거늘 어찌 늙은 할멈이 안방에서 나와 나라의 정사를 처리할 수 있겠는가? 신라는 여자를 세워 왕위에 있게 하였으니, 진실로 어지러운 세상의 일이다. 나라가 망하지 않은 것이 다행이라 하겠다. 《서경》에 말하기를 '암탉이 새벽을 알린다.' 하였고, 《역경》에 '파리한 돼지가 껑충껑충 뛰려한다.'고 하였으니, 그것은 경계할 일이 아니겠는가!

　이 내용은 김부식이 선덕(여)왕 조에 붙인 사론입니다. 중국의 예를 보아도 여자가 황제가 된 경우가 없고 음양의 이치를 따져도 여자가 황제가 되어서는 안 된다는 것입니다. 하지만 위 글에서 예를 든 측천황후 무씨는 나라 이름을 당에서 주周(689~705)로 고치고 실제로 황제가 된 여성입니다. 그녀는 태종의 후궁으로 있다가 태종이 죽자 비구니가 되었고, 태종의 아들인 고종의 눈에 띄어 고종의 궁정으로 들어와 황후가 되고 다시 황제가 되어 15년간 대제국을

● 진성(여)왕(재위 887~897)
신라 제51대 왕이다. 성은 김씨이고 이름은 만曼이다. 정강왕이 후사 없이 죽자 그 뒤를 이어 왕위에 올랐다. 문란한 행실과 실정으로 국가재정을 위태롭게 하고 민심을 동요시켰으며 이로 인해 전국적인 농민반란이 일어났다. 헌강왕의 서자 요嶢를 태자로 책립하였으며 실정에 대한 책임을 지고 태자에게 왕권을 양위하였다.

● 여와女媧
중국 고대 전설상의 황제이다. 일반적으로 여와를 삼황에 포함시키지 않으나, 일설에는 삼황 가운데 하나로 간주하기도 한다. 여와는 복희의 누이로서, 머리는 사람이고 몸은 뱀이었으며, 오색의 돌을 연마하여 하늘을 돕고 자라의 다리를 잘라 사극을 돕고 갈대로 재를 쌓아 탁수를 막았다고 한다.

● 복희伏羲
중국 고대 전설상의 황제로 이른바 삼황 중의 하나이다. 사람에게 수렵·어로·목축을 가르치고, 처음으로 팔괘와 서계를 만들었으며, 진에 도읍하여 150년 간 재위하였다고 한다.

● 여치呂雉
중국 한나라 고조의 황후이다. 이름이다. 고조를 도와 천하를 정하고 혜제를 낳았으며, 혜제가 죽은 후 후궁의 아들을 취하여 소제로 삼고 조정에 관여하면서 여씨 4인을 봉하여 왕으로 삼아 '여씨의 난'의 원인을 만들었다.

● 유풍流風
예로부터 전하여 오는 풍습

● 측천무후則天武后
(재위 690~705)
중국 당나라 고종의 황후로 성
은 '무武'고 이름은 '조照'이다.
중국 역사에서 유일한 여제로
고종을 대신하여 실권을 쥐고,
두 아들을 차례로 제왕의 자리
에 오르게 하였으며, 스스로 제
왕의 자리에 올라 국호를 주로
고치고 성신 황제라 칭하였다.

통치한 여성입니다. 그녀는 황후로서 35년간 조정을 장악한 후 중국 고대의 이상 국가인 서주를 본떠 주나라를 건립하고 당 왕조를 중단시켰습니다. 그녀가 황제가 될 수 있었던 것은, 그녀의 능력이 있기도 했지만 여권이 강한 유목 민족의 유풍●이 남아 있던 당 왕조의 분위기도 크게 작용하였습니다.

이 측천무후●를 중국의 역사서에서는 황제로 기록하지 않았습니다. 예를 들어 한나라는 중간에 왕망이라는 외척이 한 왕조를 폐한 후, 신新(8~25)이라는 나라를 세워 황제 노릇을 하다가 호족들의 반발로 쫓겨나고 다시 한나라가 성립되었습니다. 이 상황을 중국 역사서는 신나라 이전의 한나라를 전한, 신나라 이후의 한나라를 후한 이라고 적고 있습니다. 이와 같이 한다면 당나라도 측천무후의 통치 기간을 전후로 '전당-주-후당'이라고 해야 할 것인데, 중국의 역사가들은 측천무후가 여자라는 이유로 인정하지 않은 것입니다. 아마 황하를 중심으로 하고 있던 농경민족인 한족의 입장에서 보면 유목민족의 유풍을 인정하고 싶지 않았을 것입니다. 이러한 생각은 유교의 입장에서 더욱 강화되어 남존여비 사상으로 정착되었고, 김부식에게도 영향을 미쳤을 것이라고 생각됩니다.

그러나 선덕(여)왕에 대한 김부식의 비판은 그 근거가 약하고 졸렬하다고 생각됩니다. 특히 '나라가 망하지 않은 것이 다행이다'고 한 것은 이해하기 어렵습니다. 차라리 진성(여)왕 조에 이런 내용이 들어갔다면 진성왕의 행적이나 당시 농민반란 등과 연관되어 김부식의 생각에 동조할 수 있겠지만, 선덕(여)왕 조의 내용들을 보면 김부식이 선덕왕에 대하여 부정적으로 생각할 근거가 거의 없다고 봅니다.

즉위한 해에 중국에서 모란꽃 그림을 보
내왔을 때 벌과 나비가 없음을 보고 향기가
없다고 판단할 만큼 일을 판단하는 식견이
명석하였던 것이나, 선덕왕 5년에 궁성 옥
문지에 개구리 떼가 모여든 것을 보고 백제
의 침입이 있을 것이라 예견하여 이를 퇴치
하였고, 9년에는 당나라에 자제들을 파견

여근곡女根谷
선덕여왕이 백제군을 섬멸한
골짜기이다. 경주 서편 부산
아래에 있다.

하여 국학에 입학시켜 공부하게 하였습니다. 또한 고구려와 백제의
압박 속에서 11년부터 14년에 걸쳐 당나라에 사신을 파견하여 당
나라와 동맹을 시도하였습니다. 그리고 14년인 645년 당 태종이 고
구려를 원정하였을 때 군사 3만을 내어 원조하였습니다. 이러한 내
용은 김부식의 입장에서 볼 때 덕이 없거나 나라를 위태롭게 하였
다고 생각하기 어려울 것 같습니다. 굳이 찾아보자면 선덕(여)왕이
여성이었기 때문에 비판적인 태도를 가졌을 것이라고 생각되는 대
목이 있습니다. 선덕(여)왕 12년인 643년 9월에 당나라에 파견된 신
라의 사신과 당 태종과의 대화입니다.

가을 9월에 당나라에 사신을 보내 다음과 같이 말하였다.

"고구려와 백제가 저희 나라를 침범하기를 여러 차례에 걸쳐 수십 개의 성
을 공격하였습니다. 두 나라가 군대를 연합하여 기필코 그것을 빼앗고자
장차 이번 9월에 크게 군사를 일으키려고 합니다. 그러면 저희 나라의 사
직은 반드시 보전될 수 없을 것이므로, 삼가 신하인 저를 보내 대국大國에 명
을 받들어 올리게 되었습니다. 바라건대 약간의 군사를 내어 구원해 주십

시오."

황제가 사신에게 말하였다.

"나는 너의 나라가 두 나라로부터 침략 받는 것을 매우 애달프게 여겨 자주 사신을 보내 너희들 세 나라가 친하게 지내도록 하였다. 그러나 고구려와 백제는 돌아서자마자 생각을 뒤집어 너희 땅을 집어삼켜 나누어 가지려고 한다. 그대 나라는 어떤 기묘한 꾀로써 망하는 것을 면하려고 하는가?"

사신이 대답하였다.

"우리 왕은 일의 형편이 궁하고 계책이 다하여 오직 대국에 위급함을 알려 온전하기를 바랄 뿐입니다."

이에 황제가 말하였다.

"내가 변방의 군대를 조금 일으켜 거란과 말갈을 거느리고 요동으로 곧장 쳐들어가면 그대 나라는 저절로 풀려 1년 정도의 포위는 느슨해질 것이다. 그러나 이후 이어지는 군대가 없음을 알면 도리어 침략을 멋대로 하여 네 나라가 함께 소란해질 것이니, 그대 나라도 편치 못할 것이다. 이것이 첫 번째 계책이다. 나는 또한 너에게 수천 개의 붉은 옷 주포朱袍과 붉은 깃발 단치 丹幟을 줄 수 있는데, 두 나라 군사가 이르렀을 때 그것을 세워 진열해 놓으면 그들이 보고서 우리 군사로 여겨 반드시 모두 도망갈 것이다. 이것이 두 번째 계책이다. 백제국은 바다의 험난함을 믿고 병기를 수리하지 않고 남녀가 어지럽게 섞여 서로 즐기며 연회만 베푸니, 내가 수십 수백 척의 배에 군사를 싣고 소리 없이 바다를 건너 곧바로 그 땅을 습격하려고 한다. 그런데 그대 나라는 여자를 임금으로 삼고 있으므로 이웃 나라의 업신여김을 받게 되고, 임금의 도리를 잃어 도둑을 불러들이게 되어 해마다 편안할 때가 없다. 내가 왕족 중의 한 사람을 보내 그대 나라의 왕으로 삼되, 자신이 혼자서는 왕 노릇을 할 수 없으니 마땅히 군사를 보내 호위케 하고, 그대 나라가 안정되기를 기다려 그대들 스스로 지키는 일을 맡기려 한다. 이것이 세 번째 계책이다. 그대는 잘 생각해 보라. 장차 어느 것을 따르겠는가?"

사신은 다만 "예."라고만 할 뿐 대답이 없었다. 황제는 그가 용렬*하여 군사를 청하고 위급함을 알리러 올 만한 인재가 아님을 탄식하였다.

분황사 석탑芬皇寺石塔
현존하는 신라 석탑 중 가장 오래됐다. 선덕(여)왕 때 분황사 창건과 함께 세워진 것으로 추측한다.

● 용렬庸劣
사람이 변변하지 못하고 졸렬함

위 글은 고구려와 백제의 침략에 시달리고 있는 신라가 당 태종에게 구원을 요청하는 사신을 파견하여 도움을 요청하는 내용입니다. 이 글에서 당 태종은 '신라의 왕이 여왕이므로 주변에서 업신여김을 받으니 당나라의 왕족 중 한 사람을 보내 신라 왕 노릇을 하면 어떻겠는가?'라고 묻고 있습니다. 이 내용만 보면 신라의 여왕이 문제가 된다고 볼 수 있습니다. 또한 앞뒤의 문맥을 보면 당 태종이 제시한 신라가 백제와 고구려를 막을 수 있는 세 가지의 방책 중에서 세 번째 방책은 매우 심하게 신라를 비꼬는 내용이라고 할 수 있습니다.

당 태종은 왜 이렇게 말했을까요? 당 황실에는 유목민인 선비족의 피가 섞여 있었습니다. 앞서서 측천무후의 예를 말했을 때 유목민의 풍습에서는 여권이 강하다고 했습니다. 이러한 분위기에서 여자가 왕이기 때문에 무시하였다고 보기는 어렵습니다.

당 태종은 처음부터 신라 사신의 태도가 마음에 들지 않았던 것 같습니다. 신라 사신은 사직을 보존하기 어려울 것 같다. 즉 나라가 망할 것 같으니 도와달라고 했습니다. 이에 당 태종은 '너희는 어

선덕왕릉
《삼국유사》에 보면 '선덕(여)왕은 죽는 날을 미리 예언하고 도리천에 장사지내 달라고 하였는데, 신하들이 이해를 못하니 도리천은 낭산 정상이라 알려 주었다.'고 전하고 있다.

● 당나라는 진덕(여)왕 원년인 647년에 사신을 파견하여 선덕왕을 광록대부로 추증하고 진덕왕을 주국낙랑군왕으로 봉하였다.

떤 방책을 가지고 있느냐?"라고 되물었습니다. 사신은 우리는 아무 대책이 없으니 무조건 당이 구해 주어야 한다고 했습니다. 이러한 사신의 태도에 당 태종은 실망하고 다시 한 번 사신을 몰아치고 싶어졌던 것 같습니다. 즉 심한 모욕을 주고 그 모욕 속에서 사신의 태도를 보고 싶었다고 생각됩니다. 한 나라를 대표한 사신이 얼마나 자기 나라에 대한 자부심과 당당한 태도를 가지고 있는가를 통해서 신라를 평가하고 싶었을 것입니다. 그리고 신라라는 동쪽의 작은 나라가 도움을 요청하였는데 과연 도와줄 필요가 있는 나라인지를 알고 싶었던 것이라고 생각됩니다. 그런데 사신의 태도는 마지막까지 탐탁치 않았습니다. 심한 모욕에 대해서도 "예."라는 말 한마디만 하고 답을 내지 못하였습니다. 이런 신라 사신의 태도에 당 태종은 매우 실망을 하였던 것입니다. 당 태종은 여왕을 폄하할 의도가 없었던 것입니다. 단지 사신의 태도를 시험해보고 싶었던 것 뿐이었습니다.

중국 연호를
사용하다

진덕(여)왕 (재위 647~654)

요즈음에 '세계화Global'와 '세계적 기준Global Standard'이라는 말이 널리 퍼지고 있습니다. 세계 10대 무역국으로 성장시키고 수출을 통해서 국가 경제를 유지시키는 등 세계 시장을 우리의 시장으로 확대해야 하는 대한민국의 현실 속에서 무엇이든지 전통만을 고집하지 말고 지구촌 안에서 공통적으로 사용될 수 있는 것을 우리 것으로 만들자라는 뜻이라고 생각됩니다. 19세기 후반 제국주의 국가들의 침략 대상이 되었고 20세기 전반기에는 식민지의 아픔을 겪었으며, 또한 동족상잔의 6·25전쟁의 폐허 속에서 급속히 빠르게 이루어진 경제 발전은 우리의 삶의 방식과 생각을 바꾸어 놓았습니다. 전통을 고집하였던 선조들과는 달리 선진국의 경제 발전을 배우고 쫓아가면서 생각과 표현방식을 그들과 맞추려 하고 그들의 방식이 우수한 것이라고 생각하는

신라 금관
신라 시대의 고분에서 출토되었으며, 이 고분은 금관이 발견되었다 해서 금관총이라 불린다. 정교한 세공 기술과 화려함이 돋보이는 금관은 5세기에서 7세기까지만 나타나는데, 신라가 중국의 문물을 대거 받아들이는 7세기 중엽 이후로는 더이상 이런 금관이 발견되지 않는다

세대들이 늘어가고 있습니다. 하지만 지구촌에 살고 있는 여러 사람들은 각자 살고 있는 자연환경에 따라 삶의 방식이 가지각색인데, 어느 한 가지를 유일한 발전 모델로 삼아 그것을 따라가는 것이 꼭 옳은 것이냐는 것입니다.

이 문제에 대한 해답의 실마리를 《삼국사기》에서 찾아볼 수 있습니다. 진덕(여)왕은 선덕(여)왕의 뒤를 이어 647년부터 654년까지 왕위에 있었습니다. 이 당시의 상황은 선덕(여)왕 말년에 비담의 난을 진압한 김춘추와 김유신의 귀족 세력이 권력을 장악하였고, 고구려와 백제의 압박이 매우 심하였던 시기였습니다. 이러한 상황을 돌파하기 위해서 신라는 당나라와 군사 동맹을 맺으려고 하였습니다. 당나라와의 동맹이 국가의 존망과 김춘추 · 김유신 세력이 권력을 유지할 수 있는 핵심 과제였습니다. 또한 당나라의 입장에서 보면, 645년 태종의 고구려 원정이 실패로 돌아간 후 신라와의 동맹에 보다 적극적인 태도를 보인 시기라고 할 수 있습니다. 이러한 상황에서 진덕(여)왕 때에는 당시의 세계적 기준이라고 할 수 있는 당나라의 제도를 신라에 적극적으로 도입하여 당나라의 환심을 살 필요가 있었습니다. 그래서 다음과 같은 일들이 일어나게 되었습니다.

3년(649) 정월에 처음으로 중국의 의관을 쓰도록 하였다.
4년(650) 4월에 왕은 진골로서 벼슬을 가진 사람은 아홀* 을

● 아홀牙笏
홀은 관직에 있는 자가 조복을 입었을 때 띠에 끼고 다니는 수판으로, 임금의 명을 받았을 때 이것에 기록해 두어 잊지 않게 하였다. 아홀은 상아로 만든 홀이다. 신하가 임금과 대면할 때 홀을 휴대하던 제도는 중국의 주대부터 시행되었는데, 당에서는 무덕 4년(621) 8월 16일의 조칙에 의거하여 5품 이상은 상아로 만든 홀, 그 이하는 대나무 혹은 목재의 홀을 사용하였으며 모양은 모두 위쪽은 둥글고 아래쪽은 네모난 형상이었다고 한다.

〈왕희도王會圖〉
당나라 화가 염립본의 〈왕희도〉에 나타난 백제, 고구려, 신라 사신들의 모습(왼쪽부터)이다.

잡도록 하였다. 6월에 당나라에 사신을 보내 백제의 무리를 깨뜨린 사실을 알렸다. 왕이 비단을 짜서 오언태평송五言太平頌을 지어, 춘추의 아들 법민을 보내 당 황제에게 바쳤다. 그 글은 다음과 같다. "대당大唐 큰 왕업을 개창하니/ 높디높은 황제의 포부 빛나도다/ 전쟁을 그치니 천하가 안정되고/ 전 임금 이어받아 문치를 닦았도다/ 하늘을 본받음에 기후_우시雨施가 순조롭고/ 만물을 다스림에 저마다 빛나도다_함장含章/ 지극한 어짊은 해 달과 짝하고/ 시운을 어루만져 태평_시강時康으로 나아가네/ 깃발들은 저다지도 번쩍거리며/ 군악 소리 어찌 그리 우렁찬가!/ 명을 어기는 자, 외방 오랑캐여/ 칼날에 엎어져 천벌을 받으리라/ 순후한 풍속 곳곳에 퍼지니/ 원근에서 다투어 상서祥瑞를 바치도다/ 사철이 옥촉玉燭처럼 고르고/ 해와 달_칠요七曜은 만방을 두루 도네/ 산악의 정기 어진 재상 내리시고/ 황제는 신하를 등용하도다/ 삼황오제三皇五帝한 덕을 이루니/ 길이길이 빛나리. 우리 당나라" 고종이 가상하게 여겨 법민을 태부경으로 삼아 돌려보냈다. 이 해에 비로소 중국의 영휘° 연호를 사용하였다.

5년(651) 정월 1일에 왕은 조원전에 나와서 백관들의 신정하례를 받았는데 하정賀正의 예가 이때에 시작되었다.

● 영휘永徽
650에서 655년 사이에 사용된 당고종 때의 연호인데, 신라 최초로 채용한 당나라 연호이다.

위와 같이 진덕왕 때에 관복과 연호°, 신년하례의 의식을 당나라와 같이 하면서 당나라의 환심을 사기 위한 행동을 본격적으로 하고 있습니다. 신라는 법흥왕 때부터 독자적인 연호를 사용하기 시작하였습니다. 536년(법흥왕 23)에 건원建元이라는 연호를 처음 제정하여 사용했습니다. 이후 551년(진흥왕 12)에 개국開國으로 고쳤고 이어 대창大昌, 홍제鴻濟, 건복建福 등의 연호를 사용하다가, 647년(진

● 연호年號
군주의 치세에 붙이는 칭호로 중국 한나라 문제 때 건원이라는 연호를 처음 사용하였다. 연호가 정식으로 사용되면서 길상의 출현, 정치적 이상, 종교적 바람 등 여러 이유로 새 연호를 제정해 사용했다. 한 왕이 여러 가지의 연호를 사용하기도 하였으나 명나라 이후에는 1대 1연호를 사용하는 것이 관례화되었다.

덕여왕 1)에 제정한 태화太和를 끝으로 독자적인 연호 사용을 하지 않고 중국의 연호를 사용하기 시작한 것입니다. 고구려에서는 광개토대왕이 영락永樂이라는 연호를 사용하였고, 이 밖에 연가延嘉, 영강永康, 건흥建興, 연수延壽 등의 연호도 사용한 것으로 추정됩니다. 백제가 사용한 독자적인 연호에 대해서는 밝혀진 것이 없습니다.

신라에서 독자적인 연호가 사용된 것은 법흥왕 때의 일입니다. 이 시기부터 신라가 비약적으로 발전하기 시작했습니다. 병부를 설치, 율령을 반포, 백관의 공복을 제정, 이차돈의 죽음을 바탕으로 불교를 공인하고 금관가야의 항복을 받아 김해 지방을 장악하였습니다. 이러한 발전은 필연적으로 왕권의 강화를 가져왔고, 법흥왕은 이 모든 것을 시행한 후에 독자적 연호인 건원을 사용하였습니다. 연호라는 것이 왕권을 강화하는 것과 밀접하게 연관되어 있는 것임을 감안하면, 아마 광개토대왕 때의 연호 사용도 이러한 목적이었을 것이라고 생각됩니다. 이처럼 독자적인 연호를 사용하는 것에 대한 김부식의 입장은 어떠했을까요?

● 삼대三代
하(상)·은·주의 세 나라를 일컫는 말이다.

● 정삭正朔
역법의 하나로 예전에 중국에서 제왕이 새로 나라를 세우면서 세수(해의 첫머리, 설)를 고쳐 신력新曆을 천하에 반포하여 실시하였다.

삼대°가 정삭°을 고치고 후대에 연호를 일컫는 것은 모두가 통일을 크게 여겨 백성들이 듣고 보는 것을 새롭게 하기 위함이다. 이러한 까닭에 때를 타고 나란히 일어나 둘이 마주 서서 천하를 다툰다든지, 간교한 사람이 틈을 타고 일어나 제왕의 자리를 엿보는 경우가 아니면 변두리의 작은 나라로서 천자의 나라에 신하로 속한 자라면 진실로 사사로이 연호를 칭할 수 없다. 신라와 같은 나라는 한결같은 마음으로 중국을 섬겨 사신의 배와 공물 바구니가 길에서 서로 마주 볼 정도로 잇달았다. 그런데도 법흥왕이 스스로 연호를 칭한 것은 알지 못할 일이다. 그 후에도 그 잘못된 허물을 이어 받아 여러 해를 지냈다. 태종의 꾸지람을 듣고도 오히려 머뭇거리다가 이 때에 와서야 당나라의 연호를 받들어 행하였다. 비록 어쩔 수 없이 한 일이라 할지라도, 이는 잘못을 저지르고 능히 허물을 고친 것이라 할 만하다.

김부식은 연호를 쓸 수 있는 것은 천자, 즉 중국의 황제밖에 없다고 생각하였습니다. 연호는 역법*과 같은 하늘의 이치, 하늘의 뜻이라고 생각한 것이지요. 하늘의 뜻을 받들 수 있는 유일한 존재인 황제, 즉 천자만이 할 수 있는 것이라고 생각하였습니다. 그래서 신라가 독자적인 연호를 사용을 중지하고 당나라의 연호를 사용한 것에 대하여 다행스럽게 생각하였습니다.

위의 김부식의 사론을 보면 '사대주의'*라는 단어가 생각이 났습니다. 우리 스스로를 '변두리의 작은 나라', '한결같은 마음으로 중국을 섬겨', '태종의 꾸지람' 등은 민족주의자들이 김부식을 사대주의자라고 비난할 수도 있습니다. 역사를 연구하는 사람들은 이런 글을 볼 때 좀 곤욕스럽습니다. 김부식을 사대주의자라고 생각하면 그만이겠지만 그렇게 단정하고 넘어가기에는 뭐가 좀 빠진 것 같고, 사대주의자가 아니라고 하기에는 드러난 글이 너무 명명백백합니다.

그래서 역사를 연구하는 사람들은 다음과 같이 설명합니다. 일단 '과거의 눈으로 과거를 보자'는 것입니다. 김부식을 위한 변명이라고 할 수도 있습니다. 김부식이 살았던 12세기는 중국에서 큰 변화

● 역법曆法
천체의 주기적 현상에 따라 시간 단위를 정해나가는 체계를 역曆이라 하고, 역을 편찬하는 원리를 역법이라 한다.

● 사대주의事大主義
자주성이 없이 세력이 강한 나라나 사람을 받들어 섬기는 태도를 이르는 말이다.

금金나라

금나라 건국 이전에 여진족들은 지금의 만주 헤이룽장 성에 거주하던 말갈족이었다. 거란족의 요나라의 지배를 받았다. 하지만 요나라의 지배가 약화되면서 여진족들은 세력을 키우기 시작했다. 결국 여진족들은 거란의 지배에서 벗어나기 시작했고, 1115년 완안아골타(금태조)라는 뛰어난 지도자가 등장해 부족을 통합하고 스스로를 황제라 칭하며 금나라를 건국했다.

* 남송은 중국의 통일왕조 송나라의 후기를 이르는 말(1127~1279)이다. 정강의 변을 피해 남쪽으로 도망한 흠종의 동생 강왕이 남중국의 임안(지금의 항주)에 도읍하여 남송을 재건하였다. 금나라와 화의하고 중국의 남부 지역을 영유하였으나, 1234년 몽골에 의하여 금나라가 멸망하자 몽골의 압박이 점점 심해졌다. 1276년 마침내 몽골군에 의해 임안이 함락되고, 1279년 애산 전투에 패배하여 9대 152년 만에 멸망하였다.

가 있었던 시기입니다. 960년에 건국한 송나라가 북방의 유목 민족인 여진이 세운 금에 멸망당하였습니다. 이 사건을 1127년에 일어난 '정강의 변'이라고 부릅니다. 그 후 송나라 흠종의 아우인 강왕이 항주(임안)를 수도로 정하고 송나라를 부활시켰습니다. 그리하여 1127년 이전의 송나라를 '북송'이라 하고 항주를 수도로 한 송나라를 '남송'이라고 합니다. 남송 시대에 황하 일대는 금나라가 차지하고 있었습니다. 이러한 중국의 변화는 고려에도 많은 영향을 끼치게 됩니다.

고려는 송나라에 대하여 사대의 예를 갖추고 있었는데, 금나라가 고려에 사대할 것을 요구하고 나섭니다. 이자겸은 금나라에 대하여 사대할 것을 주장하여 관철시키고, 묘청 등은 금나라에 대한 정벌을 주장하며 난을 일으킵니다. 이것을 '묘청의 난'(1135)이라고 합니다. 김부식은 이 묘청의 난을 진압하는 주역이었습니다. 김부식은 중국의 변화에 대하여 많은 고민을 하였을 것입니다. 그 고민의 핵심은 '고려 왕조를 어떻게 하면 무사히 유지할 수 있을 것인가?' 하는 것이었을 테지요.

그는 작은 나라가 살 수 있는 방법은 큰 나라를 거스르지 않는 것이라는 결론을 얻었던 것으로 보입니다. 여기서 큰 나라라고 함은 금나라를 의미하는 것입니다. 그동안 사대하던 송나라와 더욱 가까이 하는 것이 아니라 금나라를 자극하지 않고 금나라와 무력 충돌을 피하는 것을 염두에 두었다고 생각됩니다. 그러한 생각이 《삼국사기》 곳곳에 사론을 통하여 표현되고 있습니다.

지금까지 과거의 눈으로 과거를 보았습니다. 그 다음은 '현재의 눈으로 과거를 보자'입니다. 김부식이 처한 상황을 이해한다고 할지라도 김부식의 표현은 좀 지나친 부분이 많습니다. 금나라와의 충돌을 피하고, 고려를 보존한다 하더라도 굳이 역사서를 쓰면서 중국의 기준에 맞추려고 한 것은 누가 뭐래도 비판받을 일입니다.

김부식은 《삼국사기》를 쓰면서 이중적인 태도를 취한 경우가 있습니다. 앞에서도 이야기했지만 삼국의 왕을 기록하면서 〈본기〉라고 편찬한 것은 삼국의 역사를 황제의 역사로 기록했다는 의미가 됩니다. 지금처럼 중국을 기준으로 두지 않고, 〈세가〉가 아닌 〈본기〉로 편찬한 것과 같은 김부식의 태도가 《삼국사기》 전반에 나타났다면 우리는 김부식을 어떻게 평가했을까요? 정말 김부식의 본마음은 무엇이었을까요?

권력은 그 누구와도 나눠 가질 수 없다.
- 신문왕 -

　신라의 삼국 통일은 무력에 의하여 이루어졌습니다. 가야계의 김유신과 젊은 진골 김춘추는 혈연관계를 맺으며 같은 운명체를 형성하고 김춘추의 치밀한 외교 전략으로 당과 군사동맹을 이끌어냈습니다. 그리고는 김춘추를 왕으로 옹립하여 국내의 전권을 장악하고 군사를 동원하여 660년 백제를 멸망시키고 668년에는 고구려를 멸망시킵니다. 김춘추의 아들인 문무왕은 676년 당과의 전면전을 승리로 이끌며 신라는 완전한 삼국통일을 이루었습니다. 문무왕의 아들이자 김춘추와 김유신의 손자인 신문왕은 즉위하면서 귀족 세력을 숙청합니다. 이른바 '김흠돌의 난' 입니다. 그리고는 다음과 같이 말합니다.

　벼슬이 재능 요, 관직은 실로 은전恩典에 의하여 오른 것이다.

- 신문왕 1년 -

관직은 자기의 능력에 따라 오르는 것이 아니고 왕의 은혜에 따라 오르는 것으로 그 은혜를 생각하여 죽도록 충성해야 한다는 것입니다. 왕권에 도전할만한 세력을 제거한 후 새로운 세력을 선발할 기반을 마련합니다.

　2년(682) 봄 정월에 왕이 몸소 신궁神宮에 제사지내고 죄수를 크게 사면하였다. 여름 4월에 위화부령位和府令 2인을 두어 관리의 선발에 관한 일을 맡게 하였다. 6월에 국학國學을 세우고 경卿 1인을 두었다.

- 신문왕 조 -

그리고는 지방에 대한 정비를 단행해 9주5소경을 완성하고 지방관을 파견하여 지방에 대한 통제를 강화합니다.

> 5년(685) 봄에 완산주를 다시 설치하고 용원龍元을 총관으로 삼았다. 거열주居列州에 청주菁州를 설치하여 비로소 9주九州가 갖추어졌는데, 대아찬 복세福世를 총관으로 삼았다. 3월에 서원소경西原小京을 설치하고 아찬 원태元泰를 사신仕臣으로 삼았으며, 남원소경南原小京을 설치하고 여러 주와 군의 백성들을 옮겨 그곳에 나누어 살게 하였다.

그리고 당에 사신을 파견하여 유교적 국가 운영을 배우려 합니다.

> 6년(686) 당나라에 사신을 보내 예기禮記와 문장文章을 청하니, 측천무후則天武后가 담당 관청에 명하여 길흉요례吉凶要禮를 베끼고 문관사림文館詞林 가운데 모범으로 삼을 만한 글을 골라 50권의 책으로 만들어 주었다.

- 신문왕 조 -

감은사지感恩寺址 터
삼국통일을 이룬 문무왕이 동해로 쳐들어오던 왜구를 부처의 힘으로 막아내어 나라의 안정을 도모하고자 세운 절이다. 문무왕은 생전에 절이 완성되는 것을 보지 못했고, 그 아들인 신문왕이 아버지의 뜻을 이어받아 즉위 이듬해 인(662년)에 완공하였다. 경상북도 경주시 양북면 용당리 소재

도전하는 세력을 제거하고 새로운 관리 선발의 기준을 세우고 지방 제도를 정비하고 중국으로부터 유교적 국가 운영을 배워오면서 왕권을 강화하던 신문왕의 마지막 작업은 무엇이었을까요? 바로 귀족들이 경제적 부분을 통제하는 것이었습니다.

7년(687) 5월에 교서를 내려, 문무 관료들에게 토지를 차등있게 주었다.

9년(689) 봄 정월에 중앙과 지방관리들의 녹읍祿邑을 폐지하고 해마다 조租를 차등있게 주어 일정한 법을 삼았다.

– 신문왕 조 –

이로써 신문왕이 전제왕권을 만들어 나가는 것이 완성되었다고 할 수 있습니다.

국가의 운영은 상황에 맞게 해야 합니다. 강력한 왕권을 만드는 작업, 즉 전제 왕권을 만드는 작업은 삼국 통일 이후의 상황에서 만들어진 것입니다. 아무 시대에나 할 수 있는 것은 아닙니다. 국가를 이끌어가는 지도자는 시기적절한 정책을 써야 합니다. 아무리 자신의 생각이 옳다고 할지라도 시기에 맞지 않는 국가 정책, 그것은 왕 자신에게 돌아오는 칼날과 같은 것입니다.

배운 자를 등용하기 위한 독서삼품과

08

원성왕 (재위 785~798)

 원성왕은 785년부터 798년 까지 재위한 임금입니다. 이 시기는 신라 하대로 골품제의 모순으로 인하여 중앙에서는 왕위 쟁탈전이 발생하였습니다.

왕위 쟁탈전의 시작은 혜공왕 때부터입니다. 혜공왕 4년에 각간° 대공을 시작으로 96각간이 전국에서 각축을 시작하고, 6년에는 대아찬 김융이, 11년에는 이찬 김은거가, 그리고 이찬 염상, 시중° 정문의 반란이 있었습니다.

혜공왕 16년에 상대등° 김양상과 이찬 김경신이 정변을 일으켜 김양상은 선덕왕宣德王이 되고 김경신은 상대등이 되었습니다. 선덕왕이 죽고 무열계의 대표주자인 김주원과 김경신 사이에 왕위 쟁탈전이 전개되었습니다. 이에 김경신이 왕위에 올랐는데 이가 원성왕입니다. 김주원은 자신의 근거지인 명주 지방으로 물러나 명주군왕

● **각간角干**
신라 17관등 중 최고의 관직이다. 이벌찬·이벌간·우벌찬·서발한·서불한이라고도 부른다.

● **시중侍中**
진덕왕 5년(651)에 만들어진 집사부의 책임자로 처음에는 중시라고 했다가 경덕왕 6년에 시중이라고 하였다. '품주를 고쳐 집사부라 하고 파진찬 죽지를 집사부 중시로 삼아 기밀사무를 맡게 하였다.'라고 한 것으로 보아 왕의 측근 세력의 역할을 한 것으로 생각된다.

● **상대등上大等**
신라 귀족 회의인 화백회의의 의장 격으로 법흥왕 18년(531)에 이찬 철부를 상대등으로 삼아 국사를 총괄하게 한 것에서 시작되었다. 상대등은 귀족의 대표로 왕과 귀족 사이에서 중재하는 역할을 한 것으로 생각된다.

● 선덕왕宣德王
　(재위 780~785)
신라 제37대 왕으로 성은 김씨
이고, 이름은 양상이다. 나물왕
의 10세손이다. 왕위에 오르기
전 양상의 행적에 대해서는 많
이 알려져 있지 않다. 780년(혜
공왕 16) 2월에 왕당파였던 이
찬 김지정이 반란을 일으켜 궁
궐을 범하자, 상대등이었던 양
상이 4월에 김경신과 함께 병
사를 일으켜 지정을 죽이고 혜
공왕과 왕비를 죽인 뒤 왕위에
올랐다. 선덕왕宣德王은 신라의
37대 왕이고, 선덕(여왕)善德王
은 신라의 27대 왕이다.

으로 봉해졌습니다. 이 과정에 대해서《삼국사기》〈신라 본기〉원성
왕 조에는 다음과 같이 기록되어 있습니다.

> 선덕왕[●]이 아들이 없이 돌아갔으므로 군신들이 의논한 후에 왕의 족자인
> 주원을 세우고자 하였는데 주원의 집은 서울 북쪽 이십 리에 있었고 때마
> 침 큰비가 와서 알천의 물이 넘쳐 주원이 건너올 수 없었다. 이때 혹자가 말
> 하기를 "인군의 대위는 실로 사람들이 도모할 바가 아닙니다. 오늘의 폭우
> 는 하늘이 주원을 세우고자 하지 않는 것이 아닌지요? 지금 상대등 경신은
> 선왕의 아우로 그 덕망이 평소에 높았고 임금이 될 체모를 갖추고 있습니
> 다."하자, 이에 따라 중의는 마침내 경신을 세워 왕위를 계승하게 되었는데
> 좀 뒤에 곧 비가 그치므로 나라 사람이 모두 만세를 불렀다.

　매우 아름다운 이야기로 기록되어 있지만, 실은 김주원 세력을
이긴 김경신 세력이 화백회의를 공포의 분위기로 몰아넣고 김경신
을 왕으로 추인하는 장면이라고 할 수 있습니다. 쉽게 이야기하면
원성왕은 무력을 동원하여 정적을 제거하고 왕위에 오른 인물이라
고 할 수 있습니다. 이렇게 권력을 장악하고
난 다음에 제일 먼저 한 일은 정통성을 확보
하는 일이었으므로 자신의 직계 조상을 추존
하는 작업을 합니다. 고조인 대아찬 범선을
현성대왕으로, 증조 이찬 의관을 신영대왕으
로, 조부 이찬 위문을 흥평대왕으로, 부친 일
길찬 효양을 명덕대왕으로, 모친 박씨를 소

괘릉掛陵
《삼국유사》의 기록에 따라 신
라 제38대 원성왕의 능으로 추
정된다. 왕릉을 조성할 때 유
해를 원래 이곳에 있던 연못의
수면 위에 걸어 안장하였다고
하여 괘릉이라는 이름이 붙여
졌다. 괘릉 입구에 있는 석상
과 석주들이 조각수법이 매우
우수한 것으로 평가되어 보물
제1427호로 지정되어 있다. 경
북 경주시 외동읍 괘릉리 소재

문태후로 각각 추봉하였습니다. 그리고 성덕대왕과 개성대왕의 이묘二廟를 헐고 시조대왕, 태종대왕, 문무대왕 및 조부 흥평대왕, 부친 명덕대왕을 오묘五廟로 만들었습니다. 성덕왕은 신문왕의 둘째 아들입니다. 신문왕의 장남인 효소왕이 아들이 없이 죽으므로, 동생인 성덕왕이 왕위에 올랐습니다. 성덕왕의 차남이 효성왕이고 그의 동생이 경덕왕이고 경덕왕의 아들이 혜공왕입니다. 즉, 원성왕이 성덕왕의 묘를 헐어 버렸다고 하는 것은 혜공왕의 왕통을 부정하고 새로운 왕통을 세워 자신의 정당성을 확보하려는 의도인 것입니다.

이와 같은 예로 조선 시대 세종 때 편찬된 《용비어천가》에서도 태조 이성계의 5대조부터 '목조 → 익조 → 도조 → 환조'로 추존하여 왕의 정통성을 확보하려고 하였습니다. 이 《용비어천가》는 신하들이 태조 이성계와 그 조상에 대한 아부로 일관하고 있다고 볼 수 있습니다. 그래서 새로운 집권자에 대한 필요 이상의 칭송에 대하여 '신용비어천가'라고 말하기도 합니다.

이렇게 정통성을 확보하기 위해 노력한 원성왕은 자신을 지지해 줄 지식인들이 필요했습니다. 그래서 원성왕 4년인 788년에 독서삼품과讀書三品科를 정하여 출신하게 하였습니다.

> 《춘추》, 《좌씨전》, 《예기》, 《문선》을 읽고 그 뜻에 능통하고 겸하여 《논어》, 《효경》에 밝은 자를 상품上品으로, 《곡예》, 《논어》, 《효경》을 읽은 자를 중품中品으로, 《곡예》, 《효경》을 읽은 자를 하품下品으로 하고, 만약 오경삼사 · 제자백가서에 널리 능통하는 자는 이를 초탁超擢하였다. 이보다 먼

《좌씨전左氏傳》
공자가 편찬한 춘추시대의 역사책인 《춘추》를 해석한 책이다. 《좌전》, 《좌씨전》, 《좌씨춘추》라고도 한다. 현존하는 다른 주석서인 《춘추곡량전》, 《춘추공양전》과 함께 '삼전三傳'으로도 불린다.

《예기禮記》
중국 고대 유가의 경전인 오경의 하나로, 예법의 이론과 실제를 풀이한 책이다. 공자와 그 후학들이 지은 책들을 한나라의 제후인 헌왕이 131편으로 정리하여 엮은 것을 뒷날 유향과 대덕·대성의 형제들이 잇따라 증보하거나 간추린 것으로 전한다.

《문선文選》
중국에 현존하는 것 중 가장 오래된 시문총집이다. 남조南朝 양(502~557)의 소명태자 소통(501~531)이 편찬했다. 모두 30권으로 선진 시대로부터 양대에 이르기까지 작가 130인의 작품을 선정·수록했으며, 작품의 수는 700편을 넘는다.

《효경孝經》
유가의 주요 경전인 십삼경의 하나이다. 이 책은 효를 주된 내용으로 다루었기 때문에 《효경》이라고 하였다.

저는 궁전술弓箭術로써 인재를 뽑아 썼는데, 이때에 이르러 이 제도를 개혁하였다.

이 글을 보면 이전에는 궁전술, 즉 무술에 능통한 자를 뽑아 쓰다가 이제는 유교적 지식을 가진 자를 뽑아 쓰는 것으로 바꾸었다는 이야기가 됩니다. 그중에서도 역사(《춘추》《좌씨전》), 예의(《예기》《효경》), 문학(《문선》), 공자의 가르침(《논어》)에 능통한 자를 상품으로 하고, 고사성어를 자유로이 쓸 수 있거나(《곡예》) 공자의 가르침과 효에 밝은 자를 중품으로, 고사성어를 자유로이 쓸 수 있거나 효에 밝은 자를 하품으로 하여 인재를 쓰려고 했습니다. 그리고 오경삼사에 능통한 사람은 열외로 특별히 채용하도록 했습니다.

그러나 이러한 제도를 시행한 다음 해인 789년에 문제가 발생하였습니다.

> 9월에 자옥을 양근현 소수로 삼으니 집사 모초가 논박하여 말하였다.
> "자옥은 문적文籍으로 등용되지 않았으니 지방 관직을 맡길 수 없다." 그러자 시중이 말하였다. "비록 문적으로 등용되지는 않았지만 일찍이 당나라에 들어가 학생이 되었으니 써도 좋지 않겠는가?" 왕은 이 말을 좇았다.

자옥이라는 사람을 지방관으로 임명하려고 하는데 모초라는 사람이 자격이 없다고 하였습니다. 자격이 부족하다는 근거는 문적, 즉 학문으로 등용되지 않았다는 것입니다. 이에 시중이 그는 당에 다녀온 유학생이니 자격이 있다하였고, 왕이 그 말을 듣고 임명합

● 《논어論語》
공자와 그 제자들의 대화를 기록한 책으로 사서의 하나이다. 저자는 명확히 알려져 있지 않으나, 공자의 제자들과 그 문인들이 공동 편찬한 것으로 추정되고 있다. 공자가 제자 및 여러 사람들의 질문에 대답하고 토론한 것이 '논', 제자들에게 전해준 가르침을 '어'라고 부른다.

● 《곡예曲藝》
중국 설창문예의 통칭으로 여러 가지 형식의 말과 노래를 주요 수단으로 해서, 고사를 서술하거나 인물을 형상화하고 사회생활을 반영하여 사상과 감정을 나타내는 것을 말한다.

● 오경삼사五經三史
5경은 《시경》, 《서경》, 《주역》, 《예기》, 《춘추》이고 3사는 《사기》, 《한서》, 《후한서》이다.

● 소수小守
통일신라시대 현에 파견된 지방관으로 제수라고도 했다.

니다. 이에 대하여 김부식이 사론을 덧붙입니다.

오직 학문을 한 다음에 도리를 듣게 되고, 도리를 들은 뒤에야 사물의 근본과 말단을 밝게 알게 되는 것이다. 그러므로 학문을 배운 뒤에 벼슬을 한 사람은 일에 있어서 근본이 되는 것을 먼저 하게 되므로 말단은 저절로 바르게 된다. 비유하면 그물의 벼리 하나를 추켜들면 모든 그물의 고 록目이 따라서 모두 바르게 되는 것과 같다. 학문을 하지 못한 자는 이와 반대로 일의 선후와 본말의 순서가 있음을 알지 못하고 다만 자질구레하게 정신을 지엽말단˚에만 기울여, 백성들로부터 긁어모으는 것으로써 이익을 삼고 혹은 까다롭게 검찰하는 것으로 서로 높다고 하므로 비록 나라를 이롭게 하고 백성을 안정시키려고 하나 도리어 해가 된다. 이런 까닭에 《학기》는 '근본을 힘쓴다.'라는 말로 마쳤고, 《상서》에서는 '배우지 아니하면 담벽에 얼굴을 맞댄 것만 같아 일에 당해서는 오직 답답할 뿐이다.'라고 하였으니, 집사 모초의 한마디 말은 만대˚의 모범이 될 만하다고 하겠다.

김부식은 학문이 목적이 아니라 학문을 통해서 도리를 알아야 한다고 했습니다. 도리를 통해서 사물의 근본과 말단을 밝게 알게 된다는 것이지요. 도리를 아는 사람이 벼슬을 해야 백성이 편하고 그렇지 못한 사람이 벼슬을 하게 되면 백성에게 해가 된다고 하였습니다. 김부식의 이러한 생각은 우리에게 많은 것을 이야기해 주고 있습니다.

현재 우리는 대학을 가기 위하여 많은 지식을 쌓는 것에 열중하고 있습니다. 대학을 가더라도 취업을 위하여 이른바 '스펙' 쌓는

● 지엽말단枝葉末端
가지와 잎의 맨 끝이라는 뜻으로, 본질적이거나 중요하지 않은 부차적인 부분이라는 의미이다.

● 만대萬代
아주 오래 계속되는 세대

〈평생도平生圖〉
시험을 통해 관리를 임용한 것은 원성왕 때의 '독서삼품과'가 처음이다. 과거 시험의 효시가 되었다. 그림은 작자 미상의 〈평생도〉중 '소과응시'이다. 조선 시대 과거 시험장의 풍경을 그린 부분이다.

일에 열중하며, 후에 직장에 들어 경쟁 사회 속에서 남들보다 더 나아지기 위하여 무한히 노력합니다. 우리는 이른바 무한 경쟁의 시대에 살고 있는 것입니다. 이렇게 노력하는 것이 나쁘다는 것은 아니며, 그렇다고 해서 무조건 찬성하는 것도 아닙니다. 우리가 열심히 노력하는 것은 남들보다 사회·경제적으로 우월한 지위를 차지하려고 하기 위함일 것입니다. 그것을 비판하는 것이 아니라 '남들보다 우월한 사람이 되기 위한 마음가짐을 어떻게 해야 하는가?'에 대한 고민을 해보자는 것입니다.

김부식이 '학문을 하고 난 다음에 도리를 듣게 되고 도리를 듣게 되면 사물의 근본과 말단이 밝게 보인다.'라고 말한 의미를 다시 한번 생각해 봅시다. 우리는 배우는 것, 지식과 스펙을 쌓는 것이 학문을 한다라는 것이라면 그것 자체가 목적이 될 수는 없다는 것입니다. 그것을 통해서 도리를 알고 그 도리를 실천해 옮겨야 합니다.

김부식이 말한 도리는 옳고 그름을 판단하고 실천하는 도덕성이라고 생각됩니다. 그러한 도덕성이 없는 지식인들이 권력을 잡거나 남들보다 우월한 지위에 있으면 반드시 문제를 일으킵니다. '안철수 바이러스 연구소'를 만든 안철수 씨가 모 방송에서 한 이야기입니다.

미국의 유명 대학의 MBA(미국에서 취득한 경영학 석사학위, 또는 석사학위 취득자) 과정에서 뛰어난 성적으로 졸업한 학생들을 추적하여 보니 10여 년 뒤 대부분 감옥에 가 있었다고 합니다. 골드만삭스 사건으로 미국을 포함한 전 세계 경제를 위기로 몰아넣은 사람들이 바로 미국 유명 대학의 MBA 출신들이었다는 것입니다.

이런 현실을 보았을 때 김부식이 강조한 '도리'라는 것을 다시 한 번 되새기는 것도 좋을 듯합니다. 영국에서 공립학교는 'private school'*, 사립학교는 'public school'*이라고 하는 것처럼 말이지요.

* private school
사회생활을 하는 데 필요한 지식을 가르치는 학교로, 주로 평민을 위한 학교라는 의미이다.

* public school
개인의 배움을 사회를 위해 사용해야 한다는 의미로, 주로 귀족을 위한 학교라는 의미이다. 귀족, 즉 지배층이 가져야 할 도덕적 의무를 강조하는 의미이다.

09

칼 같은 춘추의 필법

한덕왕 (재위 809~826)

● 헌덕왕憲德王
신라의 제41대 왕이다. 성명은
김언승으로 소성왕의 동생이다.
이전에 자신의 조카 애장왕이
즉위하자 섭정을 하였으며, 난
을 일으켜 애장왕을 죽이고 즉
위한 뒤 당나라에 사신을 보내
어 신라 왕으로 책봉 받고, 이
듬해 제방을 수리하여 농사를
장려하였다. 또한 왕자 헌장憲
章을 당나라에 보내어 금·은으
로 만든 불상과 불경을 바치는
등 친당親唐정책에 힘썼다.

● 김헌창金憲昌
태종무열왕의 후손으로 상대등
김주원의 아들이다. 부친이 원
성왕과의 왕위계승 다툼에서
패한 후 중앙에서 활동하던 헌
창도 무진주도독, 청주도독, 웅
주도독 등 지방 관리로 전전하
다가 이에 불만을 품고 822년
(헌덕왕 14)에 난을 일으켰으나
실패하자 자살하였다.

 　　　　원성왕 이후에 신라의 왕권
이 안정되는 듯하였으나, 그의 손자 소성왕이 2년 만에 죽고 소성
왕의 아들이 13세에 즉위하니 이가 애장왕입니다. 하지만 애장왕
10년에 왕의 숙부인 언승과 제옹이 난을 일으켜 애장왕을 죽이고
언승이 즉위하니 이가 헌덕왕˙입니다. 헌덕왕 14년에 원성왕과 왕
위를 다투던 김주원의 아들인 김헌창˙이 난을 일으켰으나 실패하
였습니다. 2년 뒤에는 김헌창의 아들인 김범문이 난을 일으켰다가
역시 실패하였습니다.

　헌덕왕이 죽고 헌덕왕의 동생인 수종이 왕위에 오르니 이가 흥덕
왕입니다. 흥덕왕 3년(828)에는 다음과 같은 일이 있었습니다.

여름 4월에 청해대사 궁복은 성이 장씨인데(일명 '보고'라고도 하였다), 당

나라 서주에 들어가 군중소장이 되었다가 후에 본국으로 돌아와 왕을 찾아
뵙고 군사 1만 명으로 청해를 지켰다.(청해는 지금(고려)의 완도)

－흥덕왕 조－

서해의 해상권을 장악하고 국제 무역을 주도한 장보고가 등장한
것입니다.(위의 기록에 '군중소장'은 '무령군 군중소장'으로 무령군이라
는 군대의 군중소장이라는 의미) 장보고가 속해 있는 무령군의 주요 임
무는 평로치정 번수 이사도 가 이끄는 평로군을 토벌하는 것이었
습니다. 이사도 세력은 고구려 유민 출신의 이정기가 평로치정을
무력으로 장악한 후 3대에 걸쳐 55년간 산동반도 일대를 장악하였
고, 재당 신라인의 도움과 당 왕조로부터 '육운해운압신라발해양
빈등사'로 임명되어 신라와의 해상 무역을 관장하고 있었습니다.

장보고는 이런 이사도 세력을 진압하고, 신라인들의 경제적 권익
을 극대화할 수 있는 방안을 모색하여 산동반도 등주, 적산포와 회
하와 대운하가 만나는 초주를 또 하나의 거점으로 하여 신라
서남해 지반의 해양 세력을 결집하고 일본 규수를 연결하는
국제 해양 네트워크를 구축하려 하였던 것으로 추정됩니다.
이러한 활동이 가능했던 것은 당나라의 지방 세력인 번진의
절도사가 강화되어 중앙 정부의 힘이 매우 약화되었기 때문
입니다.

장보고가 당나라에서 활동을 하다가 국내로 귀국한 이유는
완도를 중심으로 국제 해양 무역 기지를 건설하기 위해서라고

● 평로치정平)盧淄青
산동 반도 일대에서 고구려 유
민 출신 이정기에 의해 세워진
당나라의 번진(藩鎭,변방에 설
치하여 군대를 거느리고 그 지
방을 다스리던 관아)이다.

● 이사도李師導
고구려 유민遺民 출신으로서
당나라 헌종때에 크게 활약하
였다. 그러나 헌종이 운주에
대한 책임을 맡겼으나 반란을
일으켜 죽음을 당했다.

● 육운해운신라발해양번등사
陸運海運新羅渤海兩番等使
외국의 사신을 받아들여 안내
하고 교역을 담당하는 관직이
다. 이사도는 발해渤海와 당의
사신 왕래와 교역을 주관했다.

장보고의 해양 네트워크

생각됩니다. 이때 신라의 상황은 헌덕왕 때 김헌창의 난으로 지방 통제력이 약화되었고, 따라서 중앙 정부가 세금을 징수하는 데 문제가 발생하였습니다. 이런 상황에서 흥덕왕과 장보고 사이에 국가 재정 타개와 청해진 설치를 교환하였다고 볼 수 있습니다. 즉 장보고는 청해진을 설치하여 국제 무역의 기지를 확보하려는 것이었고, 흥덕왕은 장보고가 무역을 통해 얻은 이익의 일부를 국가 재정으로 활용할 수 있었을 것이라고 생각할 수 있습니다. 청해를 지킨 군사 1만도 흥덕왕이 마련한 것이 아니라 장보고가 규합해 놓은 군사 기반을 추인한 것입니다. 그런데 장보고 이야기가 왜 등장하였을까요? 바로 다음의 왕위 다툼과 연관되어 있기 때문입니다. 흥덕왕이 죽은 뒤에 왕위 다툼이 발생하여 '희강왕→ 민애왕→ 신무왕'이 차례로 왕위에 오릅니다. 《삼국사기》의 내용을 살펴보도록 합시다.

> 희강왕이 왕위에 올랐다. 이름은 제륭이다.(또는 제옹이라고도 하였다.) 원성대왕의 손자 이찬 헌정(또는 초노라고도 하였다.)의 아들이고 어머니는 포도부인이다. 왕비는 문목부인인데 갈문왕 충공의 딸이다. 이보다 앞서 흥덕왕이 죽자 그의 사촌 아우 균정과 또 다른 사촌 아우의 아들 제륭이 모두 임금이 되고자 하였다. 이에 시중 김명과 아찬 이홍·배훤백 등은 제륭을 받들었고, 아찬 우징은 조카 예징 및 김양과 함께 그의 아버지 균정을 받들어 한꺼번에 궁궐로 들어가 서로 싸웠다. 김양이 화살에 맞아 우징 등과 함께 도망해 달아나고 균정은 살해되었다. 그런 다음에 제륭이 왕위에 오를 수 있었다.
>
> — 희강왕 조 —

민애왕이 왕위에 올랐다. 성은 김씨이고 이름은 명이다. 원성대왕의 증손이며 대아찬 충공의 아들이다. 여러 관직을 거쳐 상대등이 되어, 시중 이홍과 함께 왕을 핍박하여 죽이고 스스로 왕위에 올라 임금이 되었다. 죽은 아버지를 선강대왕으로 추존하고, 어머니 박씨 귀보부인을 선의태후라 하였으며, 아내 김씨를 윤용왕후라 하였다. 이찬 김귀를 상대등으로 삼고, 아찬 헌숭을 시중으로 삼았다. 　－ 민애왕 조 －

실상사實相寺
신라 흥덕왕 3년(828년) 때 증각대사가 당나라에 유학했다가 귀국해서 세운 절이라고 전해진다. 흥덕왕이 태자와 함께 이 절에 귀의할 정도로 왕실의 관심을 받은 절이라 이후 선종이 크게 일어나 실상학파를 이룰 정도가 되었다. 신라 말에 구산선문 가운데 가장 먼저 세워진 선종의 대표 사찰이다. 전라북도 남원시 산내면 소재

신무왕이 왕위에 올랐다. 이름은 우징으로, 원성대왕의 손자 상대등 균정의 아들이고 희강왕의 사촌 아우이다. 예징 등이 궁중을 깨끗이 하고 예를 갖추어 그를 맞아 왕위에 오르게 하였다. 할아버지 이찬 예영(또는 효진이라고도 하였다.)을 혜강대왕으로, 죽은 아버지를 성덕대왕으로 추존하였으며, 어머니 박씨 진교부인을 헌목태후로 삼고, 아들 경응을 태자로 삼았다. 청해진 대사 궁복을 감의군사로 봉하고 식읍 2천 호를 봉해 주었다. 이홍은 두려워 처·자식을 버리고 산속으로 도망하였는데, 왕이 기병을 보내 뒤쫓아가 잡아 죽였다. 　　　　　　　　　　　　　－ 신무왕 조 －

누가 누구인지 복잡하지요? 내용을 정리해 보면 다음과 같습니다.

흥덕왕의 당제(4촌 동생)인 김균정과 그의 아들 우징, 균정의 조카인 예징 그리고 김주원계의 김양이 한편이 되고, 김균정의 형인 헌정의 아들 제륭과 흥덕왕의 동생 충공의 아들이며 시중인 김명과 이

청해진靑海鎭
장보고는 이곳을 중심으로 해
상권을 쥐고 중국의 해적을 물
리치고, 중국과 일본 사이의
중계 무역 요충지로 만들었다.
전라남도 완도 소재

홍이 한편이 되어, 제1차 왕위 쟁탈전을 벌였습니다. 여기에서 김균정 쪽이 패하고 제륭이 왕위에 오르니 이가 희강왕입니다. 삼촌과 조카 사이에 왕위 쟁탈전을 벌여 조카가 이긴 것입니다. 제륭의 4촌인 우징과 김양은 청해진의 장보고에게 몸을 피했습니다. 그런데 재미있는 것은 왕위 쟁탈전에 패하고도 장보고의 보호 아래 무사할 수 있었다는 것입니다. 이것은 당시 그만큼 중앙 정부의 왕이라는 지위가 권위도 통제력도 없다는 것을 의미합니다.

왕위 쟁탈전에서 이긴 편 안에서 다시 권력 다툼이 벌어졌습니다. 희강왕이 즉위하는 데 공을 세운 김명과 이홍이 손을 잡고 희강왕을 살해한 후 김명이 왕위에 오르게 되는데, 이분이 민애왕입니다. 이것이 제2차 왕위 쟁탈전이었습니다.

이 상황에서 청해진에 몸을 피하고 있던 우징과 김양이 장보고의 도움을 받아 민애왕을 죽이고 우징이 왕이 되었는데, 이분이 신무왕입니다. 이렇게 제3차 왕위 쟁탈전까지 치른 후 왕위 쟁탈전은 일단락됩니다. 이 상황에 대하여 김부식이 한마디 하였습니다.

● 김균정金均貞
신라의 왕족으로 원성왕의 손
자이다. 김헌창의 난을 진압하
였으며, 흥덕왕이 아들이 없이
죽자, 종제(사촌동생)인 김헌정
의 아들 제륭(희강왕)과 왕위를
다투다가, 김명·이홍 등에게
피살되었다. 그 후 그의 아들
우징(신무왕)이 왕위에 오르자,
성덕대왕으로 추봉되었다.

구양자가 논하였다.
"노나라 환공은 은공을 죽이고 스스로 왕위에 오른 사람이고 선공은 자적을 죽이고 스스로 임금이 된 사람이며, 정나라 여공은 세자 홀을 쫓아내고 스스로 왕위에 오른 사람이고 위나라 공손표는 그의 임금 간을 내쫓고 스

스로 임금이 된 사람이다. 성인이 《춘추》에서 그들이 임금이 된 것을 하나
도 잘라 내버리지 않은 것은 각각 그 사실을 전하여, 후세 사람들로 하여금
그것을 믿도록 하기 위함이었다. 그러면 (위의) 네 임금의 죄는 사람들의
귀를 가릴 수 없는 것이 되어, 사람들이 (그런) 악한 짓을 그치기를 바란 것
이다."

신라의 언승은 애장왕을 죽이고 임금 자리에 올랐고, 김명은 희강왕을 죽
이고 왕위에 올랐으며, 우징은 민애왕을 죽이고 왕위에 올랐다. 지금 그 사
실을 모두 기록하는 것 또한 《춘추》의 뜻이다.   – 신무왕 조 –

김부식이 구양자를 끌어들여 하고 싶은 말은 '춘추의 뜻'입니다.
춘추는 공자가 자기의 고국인 노나라의 역사를 쓴 책입니다. 공자
가 춘추를 엮을 때 노나라의 사적에 대하여 간결하게 사실을 적고
그것이 선한지 악한지를 논하여 대의명분을 밝히려 하였습니다. 그
렇게 함으로써 후세 사람들에게 왕을 받드는 길을 가르쳐 천하의
질서를 유지하려 하였습니다. 공자의 이러한 정신을 '춘추필법春秋
筆法'이라고 합니다.

역사서도…
도덕적으로
써야하는 법!

춘추필법이 탄생하게 된 것은 시대적 상황과 무관하지 않습니
다. 공자가 살았던 시대를 춘추시대라고 하는데 중국인이 가장 이
상적으로 생각하는 주周나라가 무너지고 각 지역의 제후들이 서로
다투는 시대였습니다. 공자는 이러한 상황을 '혼란'이라고 판단하
였고 혼란한 이유는 주나라의 예법禮法, 즉 저마다의 자기 직분을 잃
고 있기 때문이라고 생각하였습니다. 천하의 질서를 바로잡기 위해

서는 임금은 임금, 신하는 신하, 부모는 부모, 자식을 자식다워야 하는데 이를 어떻게 강조할 수 있을까를 고민하다가 과거를 거울삼기로 한 것입니다. 사건을 기록하는 기사記事. 직분을 바로잡는 정명正名, 칭찬과 비난을 엄격히 하는 포폄褒貶의 원칙을 세워 노나라의 역사, 즉 춘추를 기록하였던 것입니다.

춘추필법의 핵심을 대의명분에 입각한 '도덕적 판단'이라고 합니다. 하지만 도덕적 판단을 위해서는 '사실'이 중요합니다. 사실이 정확하지 않으면 도덕적 판단은 의미가 없습니다. 객관적 사실을 기초로 하여 도덕적 판단을 하려고 하면 그 사실이라는 것은 특히 권력자들에게는 편안하거나 일상적인 일은 아닐 것입니다. 공자가 천하의 질서를 바로잡겠다는 의도로 춘추를 썼다면 춘추의 기사記事는 공자의 입장에서 무엇인가 잘못된 것을 고르고 골랐을 것입니다. 그리고 그 사실을 객관적으로 기록하였을 것입니다. 이것을 술이부작述而不作의 자세라고 합니다. 서술하기는 하지만 지어내지는 않는다는 것입니다. 그래서 춘추필법은 사건을 기록하는 자세인 술이부작과 사건에 대한 도덕적 평가라는 두 가지를 핵심으로 하고 있습니다.

그것을 본받으려고 한 사람 중의 한 명이 김부식입니다. 김부식은 본문을 매우 객관적으로 쓰고 있는데, 희강왕, 민애왕, 신무왕이 차례로 왕이 되는 과정을 감정의 개입 없이 쓴 부분에서 '술이부작'의 자세를 지키고 있음을 알 수 있습니다. 그러나 하고 싶은 말은 해야 하였기에 사론을 덧붙여 이러한 왕위 쟁탈전은 있어서는 안 된다고 비로소 자신의 생각을 이야기하고 있습니다.

　과거의 행적에 대한 객관적 서술과 자신의 생각을 따로 덧붙여 놓은 구성은 읽는 이로 하여금 《삼국사기》의 묘미를 느끼도록 합니다.

10 물에 빠진 자의 심정

경명왕 (재위 917~924)

 정치라는 것은 그곳에 발을 담그지 않고, 한 발짝 떨어져 지켜보면 참으로 재미있습니다. 권력을 잡은 자들이 어떻게 해서든지 자기 권력을 합리화시키려고 발버둥치는 우스꽝스런 모습을 지켜볼 수 있기 때문이죠.

현대에는 민심이 자신을 지지한다라고 내세워 권력의 정당성을 보이려고 합니다. 이 민심이라는 것은 선거에서 득표율로 나타나는데, 선거를 치르지 않는 기간에는 아전인수격으로 민심이 자기편이라고 주장하고 있습니다.

이러한 모습은 왕조 시대부터 나타납니다. 새 왕조를 연 사람들은 하늘이 자신에게 권력을 주었다고 하였습니다. 그 근거로 특별한 재능과 비범한 사건을 제시하여 권력의 정당성을 합리화시켰습니다. 그 후대의 왕들은 왕조를 연 사람의 혈통이라는 것이 합리화의 근거였고, 중간 중간에 크게 영토

무엄하다!
하늘이 나를
왕으로 세웠거늘!
??

를 확장한 인물들은 자신의 치적을 통하여 정
당성을 확보하였습니다.

이러한 인물들은 정당성을 상징하는 무엇
인가를 후대에 남기게 되는데, 이것을 보물처
럼 여기며 간직하고 있는 사람이 정통성을 갖
는 것으로 받아들여졌습니다. 특히 수세에 몰
린 경우에는 선대가 남긴 '보물'이라는 것을
통하여 정통성을 강조하려고 하였습니다.

이러한 상황이 신라 말기 경명왕 때 나타났습니다. 먼저 《삼국사
기》 경명왕 조를 보도록 합시다.

명성산鳴聲山
울음산이라고도 하며, 왕건에
게 쫓겨 피신하던 궁예가 이
곳에서 피살되었다고 전해진
다. 궁예가 망국의 슬픔을 통
곡하자 산도 따라 울었다고
하는 설과 주인을 잃은 신하
와 말이 산이 울릴 정도로 울
었다는 설이 있어 울음산이라
고 불렀다고 하는데, 지금의
산이름은 울음산을 한자로 표
기한 것이다.

2년(918) 여름 6월에 궁예 휘하에 있던 사람들의 마음이 갑자기 변하여 태
조를 추대하였으므로 궁예가 달아나다가 아랫사람에게 죽임을 당하였다.
태조가 즉위하여 원년을 일컬었다.

3년(919) 사천왕사四天王寺의 흙으로 만든 상이 쥐고 있던 활시위가 저절로
끊어지고, 벽에 그려진 개가 마치 개 짖는 것과 같은 소리를 내었다.

4년(920) 봄 정월에 왕과 태조가 서로 사람을 보내 우호를 맺었다. 2월에 강
주(지금의 진주)장군 윤웅이 태조에게 항복하였다. 겨울 10월에 후백제 왕 견
훤이 보병과 기병 1만 명을 거느리고 대야성을 쳐서 함락시키고 진례에까
지 진군하였으므로, 왕이 아찬 김률을 보내 태조에게 구원을 청하였다. 태
조는 장군에게 명하여 군사를 내어 구원하게 하니 견훤이 듣고서 돌아갔다.

경명왕은 917년부터 924년까지 약 7년간 재위한 임금입니다. 경명왕이 즉위한 다음 해인 918년에는 태봉의 궁예가 밀려나고, 새로이 왕건이 왕으로 추대되었습니다.

김부식이 '태조'라고 한 것은 바로 왕건을 일컫는 말입니다. 경명왕 4년에는 고려와 외교 관계를 맺었는데, 이는 신라가 고려에 의지한다고 해석할 수 있습니다. 그러면 강주장군 윤웅이 태조에게 항복하였다는 것은 무엇을 의미할까요?

강주는 지금의 진주로 경상남도의 요충지였습니다. 그곳이 왕건의 수하로 들어갔다는 것은, 신라가 조각조각 분해되고 있었으며 중앙 정부가 이러한 상황을 통제할 수 없었음을 의미합니다. 그리고 견훤의 침략을 받았으나 고려에 의지하여 물리쳤다는 것은 신라의 상황이 국가를 유지할 수 없는 지경에 이르렀다고 할 수 있습니다.

이러한 신라의 마지막 몸부림이 바로 '보물'에 의지하는 것이었습니다.

견훤甄萱

견훤은 후백제의 시조이다. 아자개와 상원부인의 아들로, 상주(현재 문경시 가은읍)에서 태어났다. 《삼국사기》에 따르면, 자신의 성을 이씨에서 견씨로 고쳤다고 한다. 사진은 충남 논산에 위치한 견훤왕릉비

5년(921) 봄 정월에 김률이 왕에게 아뢰었다. "제가 지난해 고려에 사신으로 갔을 때 고려 왕이 저에게 묻기를 '듣건대 신라에는 세 가지 보물三寶이 있다고 하는데, 이른바 장육존상丈六尊像과 구층탑 그리고 성대聖帶가 그것이라고 한다. 장육존상과 9층탑은 아직도 있으나 성대는 지금도 있는지 모르겠다.'라고 하였으나, 제가 대답할 수 없었습니다." 왕이 그것을 듣고

여러 신하들에게 물었다. "성대라는 것이 어떤 보물인가?" 그러나 알 수 있
는 사람이 아무도 없었다. 그때 황룡사에 나이가 90세 넘은 사람이 있어 말
하였다. "제가 일찍이 그것을 들은 적이 있습니다. 보배로운 띠는 곧 진평대
왕이 착용하던 것인데, 대대로 전해져 남쪽 창고에 보관되어 있습니다." 왕
이 마침내 창고를 열도록 하였으나 볼 수가 없었다. 그래서 다른 날에 몸과
마음을 깨끗이 하고 제사를 지낸 다음에야 그것을 보게 되었는데, 그 띠는
금과 옥으로 장식된 것으로 매우 길어서 보통 사람이 맬 수 있는 것이 아니
었다.

신라에는 대대로 보물이 세 가지 있다고 전해집니다. 황룡사의 장
육존상과 황룡사 9층탑 그리고 성대입니다.

황룡사 장육존상은 진흥왕 때 만들어졌습니다. 장육존상에서 장
丈은 한 자尺의 열 배로 3미터 정도가 됩니다. 장육이니 약 18미터
높이인데, 현재 6층 건물의 높이 정도에 해당하는 굉장히 큰 불상입
니다. 이렇듯 장육이 넘으면 대불大佛이라고 합니다.

이 황룡사 장육존상에 내려오는 전설이 있습니다. 인도 최초로 통
일한 인물은 서기전 3세기 마우리아 왕조의 아소카왕입니다. 아소
카왕은 무력으로 인도를 통일한 후 불교를 통
하여 인도를 통합하려고 노력했습니다. 그리하
여 자신을 부처의 다른 모습인 전륜성왕이라고
칭했는데, 전륜성왕은 장차무력을 사용하지 않
고 전 세계를 평정할 왕을 의미합니다. 석가모
니 부처가 탄생할 때 출가하면 부처가 될 것이

황룡사가 있던 터
황룡사는 진흥왕이 월성에 신
궁을 짓다가 황룡이 승천하는
모습을 보고 왕명을 내려 짓게
한 절이다. 신라 3대 보물 중
하나인 9층 목탑이 선덕여왕
때 세워졌다. 신라가 멸망한
뒤에도 고려 왕조의 숭앙과 보
호를 받았으나 몽골의 침입으
로 소실됐다.

흙~ 인도에서 500년만에 도착했네
에그머니!
신라

고, 속세에 있으면 전륜성왕이 될 것이라는 예언을 받았다고 합니다.

부처와 전륜성왕은 동격이라고 할 수 있습니다. 그런데 아소카왕의 발원으로 시작된 금동불 제작이 계속해서 실패하자, 왕은 이 불상이 자신과 인연이 없음을 깨닫고 재료인 황철 5만7천 근과 황금 3만 푼을 배에다 실어 띄워 보냈습니다. 인연이 있는 사람이 불상을 만들라는 뜻으로 재료와 함께 발원문과 1불 2보살의 모양도 같이 실어 보냈지요. 그 배가 바다를 떠돌다가 신라에 와 닿았고, 진흥왕에 의해 장육존상으로 완성된 것입니다.

이러한 전설은 불교의 발상지인 인도, 그 대륙을 최초로 통일한 아소카왕을 신라와 연결 지어 신라가 불교와 인연이 깊다는 불국토 사상°과 삼국통일의 꿈을 나타낸 것이라고 할 수 있습니다.

진흥왕이 이런 기운을 받았는지는 모르나, 그는 대가야를 정복하고 한강 유역을 차지하면서 신라가 발전할 수 있는 굳건한 기반을 마련하였습니다.

아마도 신라인들은 이 장육존상을 진흥왕이라고 생각했을 것입니다. 진흥왕이 신라의 영광을 맛보게 해준 것처럼 신라를 지켜줄 것이라고 생각하여 신라의 보물이라고 여겼을 것입니다.

황룡사 9층 목탑은 선덕왕 때 만들어집니다. 자장이라는 스님이 당에 유학을 갔다가 신인神人을 만나서 다음과 같은 이야기를 듣습니다.

● 불국토 사상
부처님이 계시는 국토 또는 부처님이 교화하는 국토라 한다.

● 구한九韓
신라의 이웃나라에 있었다고 생각되는 아홉 나라이다. 일본, 중화, 오월, 탁라, 응유, 말갈, 단국, 여적, 예맥을 이르는 말이다.

● 팔관회八關會
통일신라·고려 시대에, 해마다 음력 10월 15일은 개경에서, 11월 15일은 서경에서 토속신에게 제사를 지내던 의식이다. 술, 다과, 놀이로써 즐기고, 나라와 왕실의 안녕을 빌었다.

황룡사 호법룡은 곧 나의 장자長子로 범왕梵王의 명을 받아 그 절을 호호하고 있으니, 본국에 돌아가 그 절에 층탑을 이룩하면 이웃나라가 항복하고 구한°이 와서 조공하여 왕업이 길이 태평할 것이오. 탑을 세운 후에 팔관회°를 베풀고 죄인을 구하면 외적이 해치지 못할 것이며, 다시 나를 위하여 경기 남쪽에 한 정사精舍를 짓고 함께 나의 복을 빌면 나도 또한 덕을 갚으리라.

– 《삼국유사》 권3 〈탑상〉 제4 '황룡사구층탑' –

자장慈藏
신라 시대 후기의 스님으로, 출가하기 전에는 진골 출신의 귀족이었으며, 성은 '김'이며, 속명은 '선종'이다. 부모를 일찍 여의자, 처자를 버리고 원녕사를 지어 고골관古骨觀을 닦았다. 그 후 황룡사 9층 목탑의 창건을 건의하여 645년에 완성하였으며, 통도사와 금강계단을 세웠다. 전국 각처에 10여 개의 사탑을 세웠고, 중국의 제도를 본받아 신라에서는 처음으로 관복을 입게 하였다. 이어 650년 진덕여왕 때 당의 연호 사용을 건의하여 실시하게 하였다.

자장°이 이 말을 듣고 신라로 돌아와 선덕왕에게 말하고 백제에서 기술자를 초빙하여 탑을 완성하였습니다. 황룡사 9층 목탑은 추정되는 높이가 약 80미터입니다. 80미터이면 27층짜리 건물의 높이입니다. 이 어마어마한 건물이 경주 시내 한 복판에 자리 잡고 있었으면 그것을 보는 사람들은 모두 그 크기에 압도당했을 것입니다. 목탑을 세운 목적이 나라를 지키는 데 있었다면, 신라인들은 틀림없이 황룡사 9층 목탑이 신라를 지켜줄 것이라고 생각하였을 것입니다. 그래서 신라의 보물이 된 것이겠지요.

마지막 보물은 진평왕 때의 성대, 즉 보배로운 띠입니다. 《삼국유사》 권1 〈기이〉 '천사옥대' 부분에 "진평왕이 즉위한 원년에 천사가 궁전 뜰에 내려와 말하였다. '상제께서 나에게 면하여 이 옥대를 전해 주라고 하셨습니다.' 왕이 친히 무릎을 꿇고 그것을 받으니 천사가 하늘로 올라갔다. 큰 제사 때에는 언제나 이 허리띠를 매었다."라고 이야기합니다. 진평왕이 하늘로부터 옥대를 받아 착용했다는 것입니다. 진평왕은 진흥왕의 손자이고, 선덕왕의 아버지입

• 진평왕(재위 579~632)
신라 제26대 왕으로 진흥왕의 손자이다. 작은아버지인 진지왕이 화백회의에 의해 폐위되자 즉위했다. 여러 차례에 걸친 고구려의 침공에 대항, 수나라에게 공물을 바치며 수교하여 고구려의 침공을 꾀했다. 또한 관청을 신설하고 내정의 충실을 도모하였으며, 불교를 진흥시켰다.

니다. 진평왕은 54년간 재위하면서 6세기 말에서 7세기 전반기에 신라를 비교적 안정적으로 유지한 왕이므로 아마도 강성하던 신라를 상징하는 의미라고 생각됩니다.

그런데 재미있는 것은 앞서 보았듯이 경명왕이 진평왕의 성대를 찾았지만 '맞지 않았다'라고 한 부분입니다. 이 구절은 아마 《삼국사기》의 편찬자가 경명왕은 진평왕과 같은 인물일 수 없다는 의미로 쓴 것이라고 생각됩니다. 즉 경명왕이 신라의 삼보에 의지하여 무엇을 해보려고 하였으나 불가능하였다는 것을 의미하는 것입니다. 이에 대한 김부식의 사론을 살펴봅시다.

옛날에 명당에 앉아서 나라에 전해져 오는 임금의 인장˚을 쥐고 구정˚을 진열해 놓는 것을 마치 제왕의 장한 일인 것처럼 하였다. 그러나 한공은 그것을 다음과 같이 논하였다.

"하늘과 사람의 마음을 돌아오게 하고 태평한 터전을 일으키는 것은 결코 세 가지 기물_삼기三器이 할 수 있는 바가 아니다. 세 가지의 기물을 세워 놓고 소중히 여기는 것은 그것을 과시하는 사람의 말이 아닐까?"

하물며 이 신라의 이른바 세 가지 보물이라는 것도 역시 인위적인 사치에서 나왔을 따름이니, 나라를 다스림에 어찌 이것이 필수적이겠는가? 《맹자》에 이르기를 "제후의 보배는 세 가지가 있는데, 토지·인민·정사가 그것이다."라고 하였으며, 《초서》에 이르기를 "초나라는 보배로 여기는 것이 없고, 오직 선을 보배로 여긴다."라고 하였다. 만약 이것을 나라 안에서 행한다면 한 나라를 착하게 하기에 충분하고, 그것을 밖으로 옮긴다면 온 천하를 윤택하도록 하기에 충분하니 또 그 밖에 무슨 물건을 말할 것인가? 태조는 신라 사람들의 말을 듣고 그것을 물어보았을 따름이지 숭상할 만하다고 여긴 것은 아닐 것이다.

한마디로 헛된 권위에 의지하지 말고 백성들을 위한 올바른 정치를 해서 민생을 안정시키는 것이 나라를 튼튼히 하는 뜻이라는 것이지요. 이렇게 말하는 의도는 고려의 태조 왕건이 그러했다는 의미일 것입니다.

11 나라를 고려에 넘긴 신라

경순왕 (재위 927~935)

신라의 마지막 왕은 경순왕입니다. 신라 천년의 문을 닫고 나라를 고려에 바친 왕입니다. 《삼국사기》 경순왕 조를 보면 신라 영토 안에서 고려의 왕건과 후백제의 견훤이 싸운 이야기로 가득차 있습니다.

* 김상金相(?~928)
고려 태조 때의 충신이다. 928년 강주를 구하러 가다가 초팔성(지금의 합천군 초계면)의 성주 흥종에게 패하여 전사하였다.

2년(928) 봄 정월에 고려의 장군 김상*이 초팔성 도적 흥종과 싸우다 이기지 못하고 죽었다.

여름 5월에 강주 장군 유문이 견훤에게 항복하였다.

가을 8월에 견훤이 장군 관흔에게 명하여 양산에 성을 쌓게 하였다. 태조가 명지성 장군 왕충에게 명하여 군사를 이끌고 공격하여 달아나게 하였다.

3년(929) 가을 7월에 견훤이 의성부의 성을 공격하였으므로, 고려 장군 홍슬이 나아가 싸웠으나 이기지 못하고 죽었다. 순주 장군 원봉이 견훤에게 항복하였다. 태조가 그것을 듣고 노하였으나, 원봉은 일찍이 공로가 있었으므로 그를 용서해 주고 단지 순주를 고쳐 현으로 삼았다.

신라는 전혀 무시되고 왕건과 견훤의 싸움이 계속되고 있음을 볼 수 있습니다. 그리고 자세히 보면 고려가 조금 밀리고 있다는 느낌도 듭니다. 그러던 와중에 결정적인 전투가 벌어집니다.

4년(930) 봄 정월에 재암성 장군 선필*이 고려에 항복하니, 태조가 두터운 예로서 대우하고 상보尙父로 칭하였다. 일찍이 태조가 장차 신라와 우호를 통하려 할 때 선필이 그것을 인도해 주었는데, 이때 이르러 항복하였다. 그는 공로가 있었고 또한 나이가 많은 것을 염두에 둔 까닭에 그를 총애하여 포상한 것이다. 태조가 견훤과 고창군 병산 아래에서 싸워 크게 이겼는데, 죽이고 사로잡은 사람이 매우 많았다. 영안, 하곡, 직명, 송생 등 30여 군현이 차례로 이어서 태조에게 항복하였다.

* 선필善弼
신라말에 활약한 호족 출신의 재암성 장군으로 독자적인 세력권을 형성하고 있었다.

개태사 삼존석불
개태사는 고려 태조 왕건이 후백제를 무너뜨리고 후삼국을 통일한 것을 기념하기 위해 세운 사찰이다. 충남 논산군 소재

재암성은 경북 청송으로 안동과 매우 가까운 곳입니다. 이곳의 장군인 선필이 태조에게 항복하였습니다. 이 사건이 왕건이 견훤을 꺾는 데 중요한 역할을 합니다. 왜냐하면 본문에 '고창군'이 나오는데 이곳에서 태조가 크게 이겼다고 하였기 때문입니다. 고창군에서 승리한 태조는 그 뒤 '동쪽이 편안해졌다'는 의미에서 이곳의 이름을 '안동'이라고 하였습니다. 그리고 전투

에 많은 공을 세운 이 지역의 토착세력 세 사람인 김선평, 권행, 장길을 '삼태사'라고 하였습니다. 이 사람들이 안동 김씨, 안동 권씨, 안동 장씨의 시조입니다. 이 고창 전투로 왕건은 견훤을 물리치고 신라 지역에 대한 지배권을 확보할 수 있었던 것입니다. 그리고 그 다음 해에 경주로 와서 경순왕을 위로하였습니다.

● 경애왕(재위 924~927)
신라 제55대 왕으로 이때는 신라 말의 혼란기이다. 왕건과 견훤 등의 세력에 눌려 국왕다운 위엄을 펼치지 못했다. 견훤의 습격을 받고 자살했다.

안동 태사묘
태사묘는 삼태사의 사당이다. 고려 태조의 공신인 김선평, 권행, 장길을 일컬어 '삼태사'라고 한다. 삼태사는 안동 사람으로 신라 말엽에 후백제의 견훤이 경애왕을 죽이자 반드시 왕의 원수를 갚기로 맹세하고 때를 기다렸는데, 마침 태조가 이곳에서 견훤과 싸우게 되자 그를 도와 견훤의 군대를 물리치는 데 큰 공을 세웠다.

  5년(931) 봄 2월에 태조가 50여 명의 기병을 이끌고 경기京畿에 이르러 뵙기를 청하였다. 왕은 백관과 함께 교외에서 맞이하여 궁궐에 들어와 서로 대면하고 정성과 예의를 곡진하게 하였다. 임해전에서 잔치를 베풀었는데, 술이 얼근하게 취하자 왕이 말하였다. "나는 하늘의 도움을 받지 못하여 화란이 점점 닥치고, 견훤이 의롭지 못한 짓을 마음대로 행하여 우리나라를 망하게 하니 그 어떤 원통함이 이와 같을 수 있겠는가?" 그리고는 눈물을 줄줄 흘리며 우니, 좌우의 신하들이 목메어 울지 않음이 없었다. 태조 역시 눈물을 흘리며 위로하고, 수십 일을 머무르다가 수레를 돌렸다. 왕이 혈성穴城까지 전송하고 사촌 동생_당제堂弟 유렴을 볼모로 삼아 (태조의) 수레를 따라가게 하였다.

  태조 휘하의 군사는 정숙하고 공정하여 조금도 나쁜 짓을 저지르지 않았으므로, 도읍 사람들이 서로 경하해 하며 말하였다. "옛날 견씨가 왔을 때에는 마치 승냥이나 범을 만난 것 같았는데 지금 왕공이 이르러서는 마치 부모를 보는 듯하구나."

가을 8월에 태조가 사신을 보내 왕에게 채색 비단과 안장을
갖춘 말을 보내 주고, 아울러 여러 관료와 장수, 군사들에게 베
와 비단을 차등 있게 주었다.

중원 미륵리사지 터
고지대에 위치한 미륵리사지
는 석불을 보호하기 위해 만든
석굴사원으로, 현재는 석굴 터
만 남아 있다.
신라 경순왕의 아들 마의태자
가 나라가 망함을 슬퍼하며 금
강산으로 가는 도중에 이곳에
북쪽을 향하는 석굴을 지었다
고 한다.

이 장면은 매우 흥미롭습니다. 경순왕은 견훤이 경애
왕˚을 살해하고 세워 놓은 왕입니다. 그런데 자신을 왕
으로 세워준 인물 때문에 나라가 망해가고 있다고 울고 있습니다.
옆에서는 신라를 집어삼키려는 왕건도 경순왕을 위로하면서 덩달
아 눈물을 흘리고 있습니다. 한편의 코미디지요. 신라가 자기 것이
라고 확신한 왕건은 신라인의 반감을 살 필요가 없고 환심을 사기
위해 많은 선물을 주었던 것입니다. 자기가 먹을 음식에 재를 뿌리
는 법은 없지요.

드디어 경순왕은 고려에 항복할 것을 결정하였습니다.

9년(935) 겨울 10월에 왕은 사방의 토지가 모두 다른 사람의 차지가 되었
고 나라는 약하고 형세는 외롭게 되어 스스로 힘으로 안정시킬 수 없다고
여겨, 여러 신하들과 더불어 도모하여 땅을 들어 태조에게 항복하려고 하
였다. 여러 신하들이 의논하기를 어떤 사람은 그렇게 하는 것이 좋다 하고
어떤 이는 그렇게 해서는 안 된다고 하였다. 왕자가 말하였다.
"나라가 존속하고 망함에는 반드시 하늘의 명이 있습니다. 단지 충성스러
운 신하와 의로운 선비들과 더불어 합심하여 백성의 마음을 한데 모아 스
스로 지키다가 힘이 다 한 이후에 그만둘 일이지, 어찌 천 년 사직을 하루아
침에 가볍게 남에게 줄 수 있겠습니까?"

금강산
대개 금강산으로 불리며, 계절
에 따라 금강산(봄), 봉래산(여
름), 풍악산(가을), 개골산(겨
울)으로 불린다.

그러자 왕이 말하였다.

"외롭고 위태로움이 이와 같으니 형세를 보
전할 수가 없다. 이미 강해질 수도 없고 더 약
해질 것도 없으니 죄 없는 백성으로 하여금
간肝과 뇌腦를 땅에 바르도록 하는 것은 내가
차마 할 수 없는 바이다."

이에 시랑 김봉휴로 하여금 서신을 가지고 가
서 태조에게 항복을 청하게 하였다. 왕자는 울면서 왕에게 하직하고 떠나 곧
바로 개골산에 들어가 바위에 의지하여 집을 삼고 삼베옷을 입고 풀을 먹으
며 살다가 일생을 마쳤다.

하나의 나라가 망하는데 태자와 같은 인물이 하나쯤은 있어야 되
겠지요? 우리는 이 태자를 '마의태자麻衣太子'라고 합니다. 삼베옷(마
의)을 입고 평생을 살았던 태자라는 뜻입니다. 삼베옷은 보통 장례
를 치를 때 상주가 입는 옷으로 유교적 입장에서 보면 부모를 잃은
죄인이라는 의미입니다. 나라를 지키지 못한 죄인이라는 의미로 삼
베옷을 입은 것이겠지요.

11월에 태조가 왕의 글을 받고 대상 왕철 등을 보내 그를 맞이하게 하였다.
왕은 백관을 이끌고 서울에서 출발하여 태조에게 귀순하였다. 아름다운 수
레와 보배로 장식한 말들이 30여 리에 이어져 뻗쳐 길을 꽉 메웠으며, 구경
하는 사람들은 담을 두른 듯하였다. 태조가 교외에 나가 맞이하여 위로하
고 궁궐 동쪽의 가장 좋은 집 한 채를 내려 주었으며 맏딸 낙랑공주를 아내

로 삼게 하였다. 12월에 (경순왕을) 정승공으로 봉하고 지위를 태자보다 위에 있게 했으며, 봉록 1천 섬을 주었다. 시종한 관원과 장수들도 모두 등용해 썼고 신라를 경주로 고쳐 공의 식읍˚으로 삼았다.

˙ 식읍食品
나라에서 왕족·공신들에게 주던 일정한 지역이다. 조를 거둘 수 있는 권한을 가진다.

처음에 신라가 항복하자 태조가 매우 기뻐하여 두터운 예로써 대우하고 사람을 시켜 고하였다.

"지금 왕께서 나라를 나에게 주었으니 이는 큰 것을 주신 것입니다. 바라건대 (왕의) 종실과 혼인을 맺어 장인과 사위의 우호를 영원히 누렸으면 합니다."

(경순왕이) 대답하였다.

"나의 큰아버지 잡간 억렴은 지대야군사인데, 그 딸자식이 덕과 용모 모두 뛰어나니 이 사람이 아니면 집안 살림을 갖출 수가 없을 것입니다." 태조가 마침내 그를 아내로 삼아 아들을 낳으니 이가 현종의 아버지로, (후에) 안종으로 추봉되었다. 경종 헌화대왕 때 이르러 정승공의 딸을 맞아들여 왕비로 삼고 정승공을 상보령尙父令으로 봉하였다. 공은 송나라 흥국 4년 무인에 이르러 죽었는데, 시호를 경순(또는 효애)이라 하였다.

이에 대하여 김부식이 한마디 하였습니다.

신라의 박씨와 석씨는 모두 알에서 태어났고, 김씨는 금 궤짝 속에 들어 하늘에서 내려왔다. 어떤 사람은 말하기를 금수레를 타고 왔다고도 한다. 이것은 매우 괴상하여 믿을 수 없으나, 세간世間에서는 서로 전하여 그것을 사실로 여긴다. 정화 연간에 우리 조정에서 상서 이자량을 송나라에 보내 조공하였는데, 신 부식이 문한의 임무를 띠고 보좌하여 따라갔다가 우신관

• 문한文翰
문장文章에 능한 사람을 뜻하는
말로, 고려 때 임금이 명령을
글로 기초하던 관청을 문한서라
하였다.

• 옛날 중국 황제의 딸이 바다
에 떠서 진한에 이르러 아들을
낳아 해동의 시조가 되었는데,
그녀를 동신성모東神聖母라고
하였다. 그후 지선이 되었고,
선도산에 그 초상이 있었다고
한다.

에 나아가 한 집에 선녀상을 모셔둔 것을 본 적이 있다. 관반학사 왕보가 말하기를 "이는 그대들 나라의 신인데 공들은 그것을 아는가?" 하고는 마침내 일러주었다.

"옛날에 황실의 딸이 남편 없이 임신하게 되었으므로 사람들에게 의심을 받게 되었습니다. 그래서 바다 건너 진한에 이르러 아들을 낳았는데, 그가 해동의 첫 임금이 되었고, 황제의 딸은 지선地仙이 되어 오래도록 선도산에 있었으니 이것이 그의 상像입니다."

나는 또 송나라 사신 왕양의 동신성모 제문祭文을 보았는데, '어진 이를 낳아 나라를 처음 열었다.'는 구절이 있었으므로 동신東神은 곧 선도산의 신성神聖임을 알았다. 그러나 그 아들이 어느 때 왕 노릇을 했는지는 알지 못하겠다.

김부식은 여기에서 역사를 서술하는 자신의 태도를 보여 줍니다. '일어날 수 없는 괴이한 일은 믿을 수 없다.'라는 것과 그럼에도 '사람들이 그렇게 믿고 있기 때문에 일단 서술한다.'라는 것입니다. 그리고 자기 나름대로 신라의 역사가 중국에서 시작되었다고 생각하고 그것을 적고 있습니다. 그런데 그것도 '정확하지는 않다'라고 밝히고 있으니 참 모호한 태도이지만, 그 시대 사람들이 생각하고 있는 것을 모두 서술하고 판단은 읽는 사람으로 하여금 하게 한다고 생각할 수도 있습니다. 또한 신라의 역사를 독자적인 것이 아니라 중국과 연관 짓는 사대적 입장을 강하게 나타내고 있다고 생각할 수도 있습니다. 여러분들의 생각은 어떻습니까?

지금 다만 그 시초를 좇아가 보면, 위에 있는 사람은 자신을 위해서는 검소하고 남을 위해서는 관대하였으며, 관직을 설치함에는 간략하게 하고 일을 행함에는 간소하게 하였다. 지극한 정성으로 중국을 섬겨 산 넘고 바다 건너 조회하는 사신이 서로 이어져 끊이지 않았으며, 항상 자제들을 보내 (중국) 조정에 나아가 숙위 하고 국학에 들어가 배우고 익혔다. 이에 성현의 풍습과 교화를 입어 거친 습속을 변화시켜 예의가 있는 나라가 되었다. 또 황제 군사의 신령스러운 위엄에 기대어 백제와 고구려를 평정하고 그 땅을 차지하여 군현으로 삼았으니 융성하다고 이를 만하다.

그러나 불교의 법을 신봉하여 그 폐단을 알지 못하였다. 마을마다 탑과 절이 즐비하게 되도록 하고 백성들은 도망하여 승려가 되어, 병사와 농민은 점차 적어져 나라가 날로 쇠퇴해 갔으니, 어지럽게 되어 망하지 않기를 어찌 바라겠는가? 이러한 때 경애왕은 더욱이 노는 데만 빠져 궁녀와 좌우의 신하들과 함께 포석정에 나가 놀며 주연을 베풀고 즐기다가 견훤이 이르는 지도 알지 못했으니, 무릇 문밖의 한금호 와 다락 위의 장려화 와 다름이 없었다.

김부식이 신라가 융성한 것은 중국을 섬겼기 때문이며 삼국을 통일한 것도 황제의 덕이라고 서술하면서 신라가 망한 이유를 불교에서 찾고 있는 것은, 지금 우리가 보더라도 종합적 판단이 결여된 편협한 서술이라는 것을 느낄 수 있습니다. 이러한 서술은 아마 김부식이 처한 입장, 즉 금에 대한 사대의 문제를 둘러싸고 벌어진 문벌 귀족들 간의 내분에서 사대를 지지한 김부식의 입장이 반영되었다고 할 수 있습니다.

또 하나 경애왕의 입장에서 보아 그의 억울한 점은 풀고 가야 할

● 숙위宿衛
황제를 호위한다는 명목으로 속국의 왕족들이 볼모로 가서 머물던 일이나 또는 그런 지위를 말한다.

● 한금호韓擒虎
수나라 장군으로, 문제 때 500명의 병사를 이끌고 남조의 진나라 수도 금릉을 손에 넣고 후주를 사로잡았다. 여기서 한금호는 견훤을 비유한 것으로 생각된다.

● 장려화張麗華
남조 진나라 후주의 비로 매우 아름다워 후주에게 사랑을 받았다고 한다. 수나라 한금호가 금릉으로 쳐들어오자, 후주와 함께 우물 속에 숨었다가 붙잡혀 죽었다고 전해진다. 경애왕의 비와 빈을 비유한 것으로 생각된다.

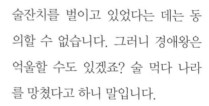

● 오월吳越은 중국 오대십국 시대 10국 중 하나로, 당나라 절도사 전류錢鏐가 현재의 항주를 중심으로 저장 지역을 지배했던 나라이다.

포석정鮑石亭

신라 시대 왕실의 아름다움을 상징하는 건축물로써, 신라 시대에 유상곡수의 연회를 행하던 곳이다. 유상곡수는 삼짇날에 술잔을 물에 띄워 두고, 왕과 귀빈을 비롯한 참석자가 물길을 따라 앉아서 술잔이 돌아오기 전에 시를 짓던 놀이를 일컫는다. 경상북도 월성군 내남면 소재

것 같습니다. 신라는 4세기 나물 마립간 이후 김씨가 왕위를 독점하다가, 912년에 효공왕이 죽자 박씨인 신덕왕이 등장합니다. 그리하여 신덕왕, 경명왕, 경애왕은 모두 박씨입니다. 경애왕이 견훤에게 죽임을 당한 때는 927년 11월입니다. 날씨가 매우 추웠을 것이라고 생각됩니다. 그런 추위에 야외에서 주연을 베풀었다는 것은 이해가 되지 않습니다. 또한 장소가 포석정 이었습니다. 포석정은 놀이장소가 맞습니다. 하지만 포석정 근처에는 박씨와 관련된 장소가 많이 있습니다. 신덕왕의 직계 조상인 일성 이사금과 아달라 이사금, 지마 이사금의 능이 근처에 있고, 박혁거세와 박씨 왕들의 무덤인 오릉이 근처에 있습니다. 또한 박혁거세의 탄생 설화가 깃들어 있는 나정도 근처에 있습니다. 포석정 뒤에는 박씨 조상에 제사 지내는 사당도 있었습니다. 이러한 상황을 놓고 보았을 때 무력한 임금이던 경애왕은 견훤이 쳐들어오자 박씨 조상을 찾아가 구해 달라는 제사를 지내고 있다가 견훤에게 당한 것으로 생각됩니다. 경애왕이 무능하다는 데는 동의하지만, 적이 쳐들어오는데 한가하게 술잔치를 벌이고 있었다는 데는 동의할 수 없습니다. 그러니 경애왕은 억울할 수도 있겠죠? 술 먹다 나라를 망쳤다고 하니 말입니다.

경순왕이 태조에게 귀순한 것은 비록 마지 못해서 한 것이지만 역시 칭찬할 만하다. 그때 만약 결사적으로 지키려고 힘써 싸워

왕의 군사에게 대항하였다가 힘은 꺾이고 세력이 다 되었다면, 반드시 그 종실은 엎어지고, 해가 죄 없는 백성에게까지 미쳤을 것이다. 그러나 명을 기다리지 않고 왕실의 창고를 봉하고 군현을 기록하여 귀순하였으니, 그것은 (고려) 조정에 공로가 있고 백성에게 덕이 있음이 매우 컸다. 옛날에 전씨가 오월의 땅[*]을 송에 바친 것을 소자첨이 그를 충신이라 일컬었는데, 지금 신라의 공덕은 그보다 훨씬 넘는다. 우리 태조의 비妃와 빈嬪이 많아 그 자손 또한 번성한데, 현종은 신라의 외손에서 나와 왕위에 올랐으며 그 후에 왕통을 이은 사람은 모두 그 자손이니 어찌 음덕陰德의 보답이 아니겠는가?

나라가 망하는 과정에서 끝까지 싸우다가 힘이 미치지 못하면 훗날을 기약할 수도 있습니다. 그러한 경우 백성들의 피해가 크지요. 그래서 신라는 이 당시 국가의 기능을 할 수 없는 지경에서 끝까지 저항을 할 수 없었을 것입니다. 저항할 수 없었던 신라가 항복한 것은 당연한 일이었습니다. 그러한 사실에 대하여 김부식은 고려의 왕통이 모두 신라의 외손에서 나왔다는 사실을 매우 강조하면서 이것이 경순왕이 고려에 항복한 음덕이라고 말하고 있습니다. 비록 신라의 종묘사직은 망하였다고 하지만 고려의 왕으로 이어지고 있으며, 고려가 신라를 계승하였다는 김부식의 생각을 반영하고 있다고 할 수 있습니다. 또한 묘청과의 싸움에서 승리하고, 북진정책보다 금에 대한 사대를 강하게 주장한 김부식의 자기합리화가 잘 나타난 부분이라고 할 수 있습니다.

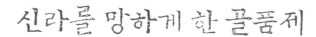

쉬어가기

신라를 망하게 한 골품제

신라 중대 이후 당으로 유학을 떠나는 사람들이 늘었습니다. 초기에는 황제를 숙위한다는 명분으로 인질적 성격을 가진 유학생들이었습니다. 김춘추의 아들인 문왕, 문무왕의 동생인 김인문, 유력 진골 김진주의 아들 풍훈 등이 이에 해당합니다. 하지만 하대로 갈수록 인질적 성격보다는 출제를 위해 당으로 유학을 떠나는 사람들이 늘었습니다. 진골 세력들이 모든 것을 차지하는 시대에 불만을 가진 6두품 세력이었고 그 중에 최치원도 있었습니다.

최치원崔致遠의 자는 고운孤雲〈또는 해운海雲이라고도 하였다.〉이며, 서울 사량부沙梁部 사람이다. 기록의 전함이 없어져 그 세계世系를 알 수 없다. 치원은 어려서부터 정밀하고 민첩하였으며, 학문을 좋아하였다. 나이 12세가 되어 장차 바다 배를 타고 당나라에 들어가 공부를 하려 할 때 그 아버지가 말하기를 "십년 안에 과거에 급제하지 못하면 내 아들이 아니니 힘써 공부하라!" 하였다.

치원이 당나라에 이르러 스승을 좇아 학문을 배우기에 게을리 하지 않았다. 건부乾符 원년 갑오(경문왕 14: 874)에 예부시랑 배찬 아래에서 한번 시험을 보아 합격하여 선주宣州 율수현위溧水縣尉에 임명되었고 그 치적의 평가에 따라 승무랑承務郎 시어사내공봉侍御史內供奉 자금어대紫金魚袋를 하사받았다. 그 무렵 황소黃巢가 반란을 일으키자 고병高駢이 제도행영병마도통諸道行營兵馬都統이 되어 이를 토벌하였는데, 치원을 불러 종사관을 삼고 서기의 임무를 맡겼다. 그가 지은 표·장·서·계表狀書啓가 지금[고려]까지 전한다. 나이 28세에 이르러 귀국할 뜻을 가지자 희종僖宗이 이를 알고 광계光啓 원년(憲康王 11: 885)에 조칙을 가지고 사신으로 보내었다. [신라 왕이] 붙들어 두려고 시독겸한림학사侍讀兼翰林學士 수병부시랑守兵部侍郎 지서서감사知瑞書監事로 삼았다.

치원이 스스로 생각하기를 서학西學하여 얻은 바가 많아 앞으로 자신의 뜻을 행하려 하였으내[왕조] 말기여서 의심과 시기가 많아 용납되지 않고 태산군太山郡 태수로 나갔다.

치원은 서쪽에서 당나라[大唐]를 섬기다가 동쪽의 고국에 돌아온 후부터 계속하여 혼란한 세상을 만나 발이 묶이고 걸핏하면 허물을 뒤집어쓰니 때를 만나지 못한 것을 스스로 가슴 아파하여 다시 관직에 나갈 뜻이 없었다. 방랑하면서 스스로 위로하였고, 산 아래와 강이나 바닷가에 정자를 짓고 소나무 대나무를 심었으며, 책을 베개로 삼아 읽고 시를 읊조렸다. 예컨대 경주의 남산, 강주剛州의 빙산氷山, 합주陝州의 청량사淸?寺, 지리산智異山의 쌍계사, 합포현合浦縣의 별장 등은 모두 그가 노닐던 곳이다. 최후에 가족을 이끌고 가야산 해인사에 숨어 살면서 친형인 승려 현준賢俊 및 정현사定玄師와 도우道友를 맺고 조용히 살다가 늙어 죽었다.

최치원崔致遠 (857년~?)
신라 말기의 문장가이며 학자이다. 자字는 고운孤雲, 해운海雲 또는 해부海夫이다. 유교儒敎·불교佛敎·도교道敎에 모두 이해가 깊었고, 유·불·선 통합 사상을 제시하였다. 수많은 시문詩文을 남겨 한문학의 발달에도 기여하였다. 경상북도 하동군 양보면 운암리의 운암영당雲岩影?堂 소재

최치원은 지금으로 보면 성공한 조기 유학생입니다. 뛰어난 능력을 가진 조기 유학생이 조국을 위해 헌신하기 위해 신라로 돌아옵니다. 하지만 그의 발목을 잡은 것이 바로 골품제도입니다. 골품제는 진골·성골의 골계와 6~4두품의 품계가 결합한 신분제도인데 단순히 신분만 아니라 정치·경제·사회의 모든 분야에서 제약을 하는 제도였습니다. 정치적으로는 1~5품까지의 최고 관직은 진골만이 차지할 수 있었고 한 부서의 최고 책임자도 역시 진골만이 할 수 있었습니다. 즉 신라 사회가 진골만을 위한 사회가 되었다는 것입니다. 이러한 골품제도가 당나라 유학의 중심 세력인 6두품들의 개혁 의지를 가로막는 요소로 작용합니다. "서학西學하여 얻은 바가 많아 앞으

로 자신의 뜻을 행하려 하였으나[왕조] 말기여서 의심과 시기가 많아 용납되지 않고", "고
국에 돌아온 후부터 계속하여 혼란한 세상을 만나 발이 묶이고 걸핏하면 허물을 뒤집어쓰
니 때를 만나지 못한 것을 스스로 가슴 아파하여"라고 표현한 것이 바로 이러한 골품제도
의 한계를 느꼈기 때문일 것입니다. 특히 진성왕 8년(894)에 시무 10조를 올렸으나 제대
로 시행되지 못하고 효공왕 2년(898) 벽서사건에 연루되자 벼슬을 버리고 자연과 벗하다
가 생을 마감하였습니다. 이렇듯 현실에 좌절한 6두품이 있지만 당나라 유학생 출신의 최
승우는 견훤을 보필하여 신라를 해체하고 새로운 나라를 세우는데 앞장을 서기도 합니다.
고인 물은 썩고 썩은 물은 갈 수 밖에 없는 것이 자연의 이치이며 동시에 사람 사는 이치
인 것 같습니다.

貊滅其國進兵
十七年夏四月
求屍不得後沸
羅於王屋頭發
辛豆谷冬十月夢。
祝爲瑠璃明王
三國史記卷第十三

"나라가 흥하는 것은 복으로 말미암는 것이고, 망하는 것은 화로 말미암는 것이다. 나라가 흥할 때에는 백성을 대하기를 자기가 상처를 입는 것같이 하니 이것이 그 복이요, 나라가 망할 때에는 백성을 흙이나 풀과 같이 보니 이것이 그 화이다."

능의 장소가 왕의 시호

고구려 본기의 구성은 신라 본기와 차이가 없습니다. 고구려 본기에서 확인할 수 있는 특이한 점은 왕의 명칭입니다. 앞에서 각 왕편의 마지막에 장례지낸 곳, 즉 능의 위치를 기록하였다고 하였는데 고구려왕은 장례지낸 곳이 왕의 시호가 되었습니다. 5대 모본왕은 모본원慕本原에 장사를 지내서 모본왕이고, 9대 고국천왕은 고국천원故國川原에 장사지내서 고국천왕입니다. 마찬가지로 10대 산상왕은 산산릉山上陵에, 12대 중천왕은 중천원中川原에, 13대 서천왕은 서천원西川原에, 14대 봉상왕은 봉산원烽山原에, 15대 미천왕은 미천원美川原에, 16대 고국원왕은 고국원故國原에, 17대 소수림왕은 소수림小獸林에, 18대 고국양왕은 고국양故國壤에 장사를 지내고 왕의 시호를 장사지낸 곳으로 하였던 것입니다. 기록되어 있지는 않지만 안원왕, 양원왕, 평원왕 등도 능의 위치가 시호가 된 것이 아닌가 합니다. 19대 광개토왕과 20대 장수왕은 우리가 짐작하듯이 광대한 영토 확장과 오래 살았기 때문에 붙여진 시호입니다.

고구려 본기와 신라 본기의 차이점은 날짜가 구체적으로 기록된 사건은 보이지 않는다는 것입니다. 또한 계절이나 달의 기록도 없이 연대만을 기술한 기사도 있습니다. 이것은 신라 본기보다 당시에 남아 있었던 고구려의 사료가 적었다고 볼 수 있습니다. 사료가 부족하였기 때문에 장수왕 후반부 이후의 기록은 거의 중국측 문헌자료를 통해 보완하였습니다. 하지만 중국 문헌에서 취한 자료 중 고구려에 관한 것을 '우리병사我兵', '우리사람吾人', '우리나라我國', '우리 사신我使者'로 표현하고 있습니다. 또한 고려 초에 편찬된 삼국사(이규보는 이 책을 구삼국사로 불렀습니다.)와 비교해볼 때 시조의 주몽설화와 유리왕에 대한 설화를 삼국사기에서는 대폭 축약되었음을 알 수 있습니다.

삼국사기 고구려 본기는 권13 ~ 권22까지 10권으로 구성되어 있으며 각 권에 수록된 왕은 다음과 같습니다.

권	수록된 왕들
13	시조 동명성왕, 유리왕
14	대무신왕, 민중왕, 모본왕
15	태조대왕, 차대왕
16	신대왕, 고국천왕, 산상왕
17	동천왕, 중천왕, 서천왕, 봉상왕, 미천왕
18	고국원왕, 소수림왕, 고국양왕, 광개토왕, 장수왕
19	문자명왕, 안장왕, 안원왕, 양원왕, 평원왕
20	영양왕, 건무왕
21	보장왕 상
22	보장왕 하, 고구려 부흥운동

01 약소국의 슬픔

유리명왕 (재위 서기전19~18)

유리명왕은 고구려의 두 번째 왕입니다. 유리명왕에 대하여 김부식은 다음과 같이 기록하였습니다.

오녀산성
주몽이 고구려를 세우고 수도로 정한 졸본성이다. 중국 요녕 소재

유리명왕이 왕위에 올랐다. 이름은 유리이다. 혹은 유류라고도 하였다. 주몽의 맏아들이고, 어머니는 예씨이다. 전에 주몽은 부여에 있을 때 예씨의 딸에게 장가들어 (그 여자가) 아이를 배었는데, 주몽이 떠난 뒤에 아이를 낳았으니 이 아이가 유리이다. (유리는) 어릴 적에 길거리에서 놀다가 참새를 쏜다는 것이 잘못하여 물을 긷는 부인의 항아리를 깨뜨렸다. 부인이 꾸짖어 말하기를 "이 아이가 아비가 없어서 이처럼 고약하구나."라고 하였다. 유리는 부끄러워 돌아와서 어머니에게 "나의 아버지

는 어떤 사람입니까? 지금 어디에 계십니까?"라고 물었다. 어머니가 대답하였다. "너의 아버지는 범상치 않은 사람이다. 나라에 용납되지 못해서 남쪽 땅으로 도망하여 나라를 세우고 왕을 칭하였다. 갈 적에 나에게 말하기를 '당신이 아들을 낳으면 (그 아이에게) 내가 물건을 남겨두었는데 일곱 모가 난 돌 위의 소나무 아래에 감추어 두었다고 말하시오. 만약 이것을 찾는다면 (그 아이는) 곧 나의 아들이요'라고 하셨다."

유리는 이 말을 듣고 산골짜기로 가서 찾았으나 얻지 못하고 피곤하여 돌아왔는데, 어느 날 아침 마루 위에 있을 때 주춧돌 틈에서 소리가 들리는 것 같아 다가가서 보니 주춧돌에 일곱 모서리가 있었다. 그래서 기둥 밑에서 부러진 칼 한 쪽을 찾아냈다. 마침내 그것을 가지고 옥지·구추·도조 세 사람과 함께 떠나 졸본*에 이르렀다. 부왕을 뵙고 부러진 칼을 바치자, 왕이 자기가 가지고 있던 부러진 칼을 꺼내어 합쳐 보니 이어져 하나의 칼이 되었다. 왕은 기뻐하고 그를 태자로 삼았는데, 이때에 이르러 왕위를 이었다.

* 졸본卒本
고구려의 시조 동명성왕이 나라를 세울 때 도읍한 곳이다. 고구려의 다섯 부족 가운데 계루부가 있던 곳으로, 《삼국사기》의 〈고구려 본기〉에 전한다. 《광개토왕 비문》에는 '홀본忽本'으로 전하며 유리왕 22년에 국내성으로 옮기기 전까지의 도읍이었다.

〈고구려 본기〉 동명왕 조에는 없지만, 〈백제 본기〉 온조왕 조에는 고구려 시조인 주몽이 나라를 세우는 과정에서 졸본부여 왕의 도움을 받고 그의 둘째 딸과 결혼하여 두 아이를 낳았는데 그들이 비류와 온조라고 기록되어 있습니다. 그런데 주몽은 부여에서 이미 결혼을 하였고, 임신한 부인을 남겨두고 새로운 나라를 만들겠다며 떠나온 상태였습니다. 예씨 부인의 입장에서 보면 환장할 노릇

동명성왕릉
평양에 조성된 고구려 시조 주몽의 능이다.

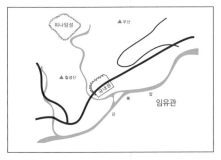

국내성國內城 위치
고구려의 두번째 수도로 지금의 어느 곳에 해당되는지에 대해 의견이 분분했지만, 중국의 지린성吉林省지안현에 있는 성터라는 설이 가장 유력하다. 평지에 있는 국내성이 공격을 받을 경우에는 위나암성尉那巖城으로 피난하여 대적하였다.

이며, 주몽은 무책임한 남자의 전형이지요. 주몽이 남겨두고 온 아들 유리가 장성하여 마침내 과제를 모두 수행했습니다. 그리고 왕자로 인정받아 태자가 되었으며, 주몽의 뒤를 이어 고구려의 왕이 될 수 있었습니다. 그 와중에 유리로 대표되는 부여계와 비류와 온조로 대표되는 졸본계의 세력 다툼이 있었을 것이므로, 과정은 그리 순탄하지 않았던 것으로 추측됩니다.

나라를 새로 세운 초기에는 국가의 힘이 강하지 못했을 것입니다. 특히 고구려는 부여계가 갈라져 나와 졸본 지역 토착 세력의 도움을 받아 세워진 국가인데, 유리명왕의 등장에 반발한 토착 세력이 남쪽으로 내려가 새로운 나라인 백제를 세웠다는 것은 유리명왕 시대에 아직 고구려가 안정적이지 못했음을 보여 줍니다. 이처럼 불안정한 상황에서 벗어나기 위한 가장 손쉬운 방법은 주변 국가와의 결혼이었습니다.

2년(서기전 18) 가을 7월에 다물후多勿侯 송양의 딸을 맞이하여 왕비로 삼았다.

3년(서기전 17) 가을 7월에 골천鶻川에 별궁을 지었다. 겨울 10월에 왕비 송씨가 죽자, 왕은 다시 두 여자에게 장가들어 (이들을) 후처로 삼았다. 하나는 화희인데 골천인의 딸이고, 또 하나는 치희인데 한나라 사람의 딸이다. 두 여자가 사랑을 받으려고 서로 다투며 화목하지 않았으므로, 왕은 양곡凉谷에 동·서 2궁을 지어 각각 살게 하였다. 그 후에 왕이 기산으로 사냥 나가 7일 동안 돌아오지 않자, 두 여자가 서로 다투었다. 화희가 치희를 꾸짖어

"너는 한나라 사람 집의 천한 첩으로 어찌 무례함이 심할 수 있는가?"라고 하였다. 치희가 부끄럽고 한스러워 도망쳐 돌아갔다. 왕은 그 말을 듣고 말을 채찍질하여 쫓아갔으나 치희는 성을 내며 돌아오지 않았다. 왕은 어느 날 나무 밑에서 쉬다가 꾀꼬리_황조黃鳥가 날아와 모여드는 것을 보고 감탄하여 노래하였다.

"훨훨 나는 꾀꼬리는 암수가 서로 의지하는데, 외로운 이내 몸은 누구와 더불어 돌아갈 것인가?"

송양은 비류국의 왕으로 주몽이 고구려를 세울 때 주몽과 겨루었으나 패한 후, 항복한 사람입니다. 주몽은 그 땅을 다물부라 부르고, 송양을 다물후로 삼았습니다. 그리고 고구려를 유지하는 데 주요한 세력이었으므로, 유리명왕은 그 딸과 혼인을 하였습니다. 또한 골천 지역에 별궁을 세우고 그 지역 토착 세력의 딸인 화희를 후처로 삼고 한인 계열인 치희 후처로 삼았습니다. 세력 간의 동맹˚을 확인하는 것이라고 할 수 있습니다. 그런데 화희와 치희 사이에 싸움이 벌어졌고, 치희가 집으로 돌아갔다는 것은 유리명왕에게 매우 난처한 일이 됩니다. 한인과 맺은 화친이 깨질 수도 있는 상황이었으니 말입니다. 유리명왕이 쫓아가나 잡지 못하는데, 이는 한인과 우호 관계를 유지하는 데 실패했다는 의미가 됩니다. 그리하여 외로운 마음을 시로 한 수 읊습니다. 외롭다는 표현에는 아마도 정치적 의미가 내포되어 있었을 것입니다.

이렇듯 유리명왕은 미약한 고구려를 지키기 위해 많은 노력을 했으며, 그 과정에서 국내성으로 천도를 합니다. 이 천도 과정에 관한

• 고구려 건국 초기에 왕권 강화라는 과제를 안고 있던 유리왕이 한군현漢郡縣의 외래 세력과 골천인으로 대표되는 농경민 중심의 토착 세력 간 정치적 대립과 충돌을 견제하고 조정하려고 노력하였다.

재미있는 일화가 있습니다. 한번은 제사에 희생으로 쓸 돼지가 없어져서 찾아보니 국내성의 한 사람이 키우고 있었다고 합니다. 그래서 그 땅을 살펴보니 도읍이 될 만한 곳이라고 여겨 유리명왕 22년(3)에 국내성으로 천도하게 된 이야기입니다. '제사에 쓸 돼지'가 인도했다는 것은 하늘의 뜻이라고 해석할 수 있는 것이지요. 그런데 유리명왕에게 뜻하지 않는 사건이 하나 발생합니다.

● 무용武勇
무예와 용맹함을 아울러 이르는 말이다.

● 황룡국黃龍國
삼국시대 이전에 평안남도 용강군 지역에 있었던 부족 국가이다. 후에 고구려에 합병되었다.

27년(8) 봄 정월에 왕태자 해명이 옛 도읍에 있었는데, 힘이 세고 무용을 좋아하였으므로, 황룡국의 왕이 그 말을 듣고 사신을 보내 강한 활을 선물로 주었다. 해명은 그 사신 앞에서 (활을) 당겨 부러뜨리며 "내가 힘이 세기 때문이 아니라 활이 강하지 못한 탓이다."라고 말하였다. 황룡국 왕이 (이 말을 듣고) 부끄럽게 여겼다. 왕은 이것을 듣고 성을 내며 황룡국 왕에게 "해명이 자식으로서 불효하니 과인을 위해서 (해명을) 죽여 줄 것을 청합니다."라고 말하였다. 3월에 황룡국 왕이 사신을 보내 태자와 만나기를 청하였으므로, 태자가 가려고 하자 어떤 사람이 "지금 이웃 나라가 이유 없이 만나기를 청하니 그 뜻을 헤아릴 수 없습니다."라고 간하였다. 태자는 "하늘이 나를 죽이려고 하지 않는데, 황룡국 왕인들 나를 어떻게 하겠느냐?" 하고는 마침내 갔다. 황룡국 왕이 처음에 그를 죽이려 하였으나, 그를 보고는 감히 해치지 못하고 예를 갖추어 보냈다.

태자 해명이 사고를 치고 말았습니다. 주변국과 싸우기보다는 외교력으로 초기의 미약한 국가를 유지하려던 유리명왕의 입장에서 보면 매우 난감한 일이었습니다. 따라서 주변국과 외교적 마찰을 일으킨 태자를 그냥 둘 수는 없었을 것입니다. 근심하며 고민하던 유리명왕은 황룡국 왕에게 해명을 죽여 달라고 요청합니다. 황룡국 왕이 태자를 죽이지 않으면 황룡국과 전처럼 관계가 유지될 것이고, 태자를 죽이면 내부적으로 단결을 유도할 수 있다는 정치적 의도가 깔려 있었다고 볼 수 있지요. 그러나 황룡국 왕도 바보는 아니었던지 태자를 죽이면 고구려 사람들에게 반감을 살 것이라는 외교적 부담감을 고려하여 그냥 되돌려 보냈습니다. 유리명왕 손으로 해결하라는 것이지요.

28년(9) 봄 3월에 왕은 사람을 보내 해명에게 말하였다. "내가 천도한 것은 백성을 편안하게 하고 나라를 튼튼하게 하려는 것이다. 너는 나를 따르지 않고 힘센 것을 믿고 이웃 나라와 원한을 맺었으니, 자식 된 도리가 이럴 수 있느냐?" 그리고 칼을 주어 스스로 목숨을 끊게 하였다. 태자가 곧 자살하려 하자, 한 사람이 말리며 말하였다. "대왕의 맏아들이 이미 죽어 태자께서 마땅히 뒤를 이어야 하는데, 이제 (왕의) 사자가 한 번 온 것으로 자살한다면, 그것이 속임수가 아님을 어떻게 알 수 있습니까?" 태자는 말하였다. "지난번 황룡국 왕이 강한 활을 보냈을 때, 나는 그것이 우리나라를 가볍게 본 것이 아닌가하여 활을 당겨 부러뜨려서 보복한 것인데, 뜻밖에 부왕으로부터 책망을 들었다. 지금 부왕께서 나를 불효하다고 하여 칼을 주어 스스로 목숨을 끊게 하니 아버지의 명령을 어떻게 피할 수 있겠는가?" 마침내 여진礪津의 동쪽 벌판으로 가서 창을 땅에 꽂고 말을 타고 달려 찔려 죽었다. 그때 나이가 21세였다. 태자의 예로써 동쪽 들_동원東原에 장사지내고, 사당 을 세워 그곳을 불러 창원槍原이라고 하였다.

● 사당祠堂
조상의 신주神主를 모시는 곳으로 가묘家廟라고도 한다.

결국 유리명왕은 이 문제를 자신의 손으로 해결할 수밖에 없었습니다. 태자인 해명에게 죽음을 명하고 해명은 자결했습니다. 이렇듯 주변국과 마찰을 피하면서 초기의 미약한 나라를 유지하려한 유리명왕의 노력은 태자 해명이 죽은 뒤에도 이어집니다.

28년(9년) 가을 8월에 부여 왕 대소의 사신이 와서 왕을 꾸짖으며 말하였다. "우리 선왕과 당신의 선군인 동명왕은 서로 좋은 사이였는데, (동명왕이) 우리 신하들을 꾀어내어 도망쳐 이곳에 와서 성을 수리하고 백성을 모아 나라를 세우려고 하였다. 대개 나라에는 크고 작음이 있고, 사람에게는 어른과 아이가 있다. 작은 나라가 큰 나라를 섬기는 것이 예이며, 어린아이가 어른을 섬기는 것이 순리이다. 지금 왕이 만약 예와 순리로써 나를 섬기면 하늘이 반드시 도와서 나라의 운수가 오래 보존될 것이나, 그렇지 않으면 사직을 보존하려고 해도 어려울 것이다." 이에 왕은 스스로 생각하였다. '나라를 세운 지 얼마 되지 않아 백성과 군사가 약하니, 이런 정세에는 부끄러움을 참고 굴복하여, 뒷날의 성공을 도모하는 것이 합당하다.' 그리고 군신들과 상의하고 (부여 왕에게) 회답하였다. "과인은 바닷가에 치우쳐 있어서 예의를 알지 못합니다. 지금 대왕의 가르침을 받고 보니 감히 명령을 따르지 않을 수 없습니다."

이렇듯 유리명왕은 주변국과 외교적 마찰을 피하고 주몽으로부터 물려받은 창업의 기틀을 튼튼하게 하려는 정책을 추진했습니다. 반면에 태자 해명은 고구려도 약한 나라가 아님을 보여 주려는 의도를 가지고 있었습니다. 두 정치적 입장의 충돌에서 결정권을 가진 국왕이 이긴 것입니다. 또한 여기서 권력의 무서움도 알 수 있습

● 부여扶餘
서기전 2세기경부터 494년까지 존속한 예맥족계로 삼국시대 한국의 고대국가로 여겨지는 초기 연맹 국가들 중 하나이다. 지금의 만주 일대를 지배한 것으로 알려져 있다. 고구려와 백제가 부여로부터 기원한 국가로 추정된다. 부여의 주위에는 서쪽으로 선비와 오환, 동쪽에는 읍루, 남쪽으로는 고구려와 한나라의 현도군玄菟郡이 인접해 있었다. 해부루왕 때 가섭원迦葉原으로 수도를 옮긴 후부터는 동부여라고 칭하였다. 후에 동부여의 땅은 모두 고구려의 영토가 되었다.

니다. 아무리 불가피한 상황이었다
지만, 일반인들과 달리 자식의 목숨
보다 정치적 입장이 우선일 수 있다
는 사실입니다. 김부식이 한마디 합
니다.

효자가 부모를 섬길 때는 마땅히 곁을
떠나지 않고 효를 다하여야 하는데, 문
왕이 세자였을 때와 같이 하여야 한다. 해명이 따로 떨어진 도읍에 있으면
서 무용을 좋아한 것으로 이름났으니 죄를 얻게 된 것은 당연하다. 또 들으
니 《좌전》에 말하기를 "자식을 사랑하거든 의로운 방도로 가르쳐서, 그릇
된 데에 빠지지 않게 하여야 한다."고 하였다. 지금 왕은 처음부터 미리 가
르치지 않다가 악하게 되자, 몹시 미워하여 죽이고 말았다. (이것은) 아비가
아비답지 못하고, 자식이 자식답지 못한 것이라고 할 수 있다.

김부식은 위의 사론에서 이 사건을 정치적 해석이 아닌 '효'라는
관점에서 이야기하고 있습니다. 해명이 무용으로 이름이 났다는 것
은 유리명왕의 정치적 입장과 다른 생각을 가지고 있다는 것을 의
미한다고 생각됩니다. 김부식은 이 부분을 자식이 지은 죄라고 하
였습니다. 하지만 부모와 생각이 달라서 마찰이 일어나거나, 부모
의 마음을 아프게 하고 곤경에 빠뜨리는 일은 종종 있습니다. 이런
현상은 자식의 성장 과정에서 흔히 일어날 수 있는 일입니다. 그럴
때 부모는 자식의 잘못된 것을 바르게 고쳐 주어야 하는 의무가 있

는 것입니다. 김부식은 이런 입장에서 유리명왕과 태자 해명의 일을 부모와 자식이 모두 잘못하였다고 비판하고 있습니다. 김부식은 이 내용을 좀더 보완하여 다음 이야기에 또 한번 '효'에 관련된 사건을 기록했습니다.

권력에 이용당한 호동 왕자

대무신왕 (재위 18~44)

유리명왕의 뒤를 이어 셋째 아들인 무휼이 왕위에 올라 대무신왕이라 칭하였습니다. 어머니는 다물국 왕 송양의 딸로 되어 있습니다. 다물국은 주몽이 가장 먼저 통합한 비류국이므로, 고구려를 건국한 초기 세력의 뒷받침을 받아 왕위에 오른 것으로 생각됩니다. 그런데 이 대무신왕의 나이가 좀 의심스럽습니다. 유리명왕 33년(14)에 태자가 되었고, 37년(17)에 11세의 나이로 왕위에 올랐습니다. 그런데 그의 형 해명이 죽던 해인 유리명왕 28년(9)에 대무신왕이 부여의 사신을 꾸짖는 기록에서 이상한 점이 보입니다. 유리명왕 28년이면 무휼의 나이 세 살 때입니다. 말이 안 되는 일이지요. 세 살 먹은 어린아이가 부여의 사신을 불러 꾸짖고, 유리명왕이 일곱 살 먹은 아이를 태자로 삼아 군국 정사를 맡겼다는 이야기가 됩니다. 이러한 기록은 아마 대무신왕을

부여의 기저귀는
너무 비싸오!!

왕자님 진짜
3살이세요…?

높이기 위한 것이 아닌가 생각됩니다.

● 묘사廟司
임금이나 성인의 신위를 모신
사당이다.

대무신왕은 3년(20)에 시조인 동명왕의 묘사●를 세워 내부적으로 단결을 꾀하였고 유리명왕 때와 달리 적극적으로 영토를 넓히고자 노력했습니다. 부여에서 갈라져 나온 고구려에게 가장 큰 적은 역시 부여였으므로, 두 나라는 치열한 경쟁을 벌였습니다. 이와 관련된 두 가지 기록이 있습니다. 먼저 유리명왕 때의 기록입니다.

29년(10) 여름 6월에 모천 가에서 검은 개구리가 붉은 개구리와 무리 져서 싸웠는데, 검은 개구리가 이기지 못하고 죽었다. 논의하던 (어떤) 사람이 "검은 색은 북방색이다. 북부여가 파멸할 징조이다."고 말하였다.

– 유리명왕 조 –

다음은 대무신왕 때의 기록입니다.

3년(20) 겨울 10월에 부여왕 대소가 사신을 보내 붉은 까마귀를 보내왔는데 머리 하나에 몸이 둘이었다. 처음에 부여 사람이 이 까마귀를 얻어 왕에게 바쳤는데 어떤 사람이 말하였다. "까마귀는 (본래) 검은 것입니다. 지금 변해서 붉은 색이 되었고, 또 머리 하나에 몸이 둘이니, 두 나라를 아우를 징조입니다. 왕께서 고구려를 겸하여 차지할 것입니다." 대소가 기뻐서 그것을 보내고 아울러 그 어떤 사람의 말도 알려 주었다. 왕(대무신왕)은 여러 신하들과 의논하니 (신하들이) 대답하였다. "검은 것은 북방의 색인데 지금 변해서 남방의 색이 되었습니다. 또 붉은 까마귀는 상서로운 물건인데 (부여) 왕이 얻어서는 가지지 않고 우리에게 보내었으니 양국의 존망은 아직 알

삼족오三足烏
중국을 비롯한 동아시아 지역
에서는 태양 속에 세 발 달린
까마귀가 살고 있다는 믿음이
있었다. 태양의 흑점을 까마귀
로 본 것이다.

수 없습니다." (부여왕)대소가 그 말을 듣자 놀라고 후회하였다.

어떤 현상에 대하여 자신에게 유리한 방향으로 해석하려는
것은 예나 지금이나 변함이 없습니다. 도교에서는 동서남북중
의 5방을 색으로 표현합니다. 동쪽은 푸른색, 서쪽은 하얀색,
남쪽은 붉은색, 북쪽은 검은색, 가운데는 노란색입니다. 그래
서 왕이나 황제의 색이 황색이 되는 것입니다. 이것을 사신도
로 표현하면 좌청룡, 우백호, 남주작, 북현무가 되는 것입니
다. 왕이 북쪽을 등지고 앉아 바라보니 왼쪽이 동쪽, 오른쪽이
서쪽이 되는 것입니다. 그래서 고구려는 부여의 남쪽에 있으
니 붉은 색이고 부여는 고구려의 북쪽에 있으니 검은색이 됩
니다. 그리고 위의 기록에서 붉은 색이 검은 색을 이기는 것으
로 되어 있는 것으로 보아 부여와 고구려의 싸움은 점점 고구
려에게 유리한 방향으로 진행되고 있었음을 알 수 있습니다.

드디어 대무신왕 5년(22) 2월에 부여왕 대소를 전투 중에 죽
이고, 7월에는 부여왕의 동생뻘 되는 이가 항복하여 왔습니
다. 9년(26)에는 개마국을 정벌하고 구다국왕으로부터 항복
을 받아 내었습니다. 이렇게 성장한 고구려는 드디어 한나라
와 대립을 시작하게 됩니다.

11년(28) 가을 7월에 한나라의 요동 태수가 군사를 거느리고 쳐들어
왔다. 왕은 여러 신하를 모아 싸우거나 지키는 계책을 물었다. ……
좌보 을두지가 말하였다. "작은 적은 강해도, 큰 적에게 잡히는 법입

사신도四神圖
사신도는 4방위를 맡은 신을
그린 그림이다.

동쪽의 청룡

서쪽의 백호

북쪽의 현무

남쪽의 주작

● 개마국蓋馬國
고구려 초기에 개마고원 일대
에 자리 잡고 있었던 나라이
다. 고구려 대무신왕 9년(26)
에 고구려에 의해 망하였다.

● 을두지乙豆智
고구려 대무신왕 때의 재상이
다. 대무신왕 8(25)년에 우보右
輔에 임명되어 군국軍國의 사무
를 맡아보았으며, 27년에는 좌
보左輔에 임명되었다. 28년 후
한의 요동태수가 침입해오자 성
을 지키면서 지구전을 전개할
것을 주장하였으며, 또한 계책
을 마련하여 후한군으로 하여금
스스로 물러나게 하였다.

● 예봉銳鋒
날카롭게 공격하는 기세를 뜻
한다.

● 위나암성尉那巖城
유리왕 때 고구려가 국내성으
로 수도를 천도하면서 적의 공
격에 대비하기 위해 국내성에
서 가까운 산에 축조한 산성이
다. 이후 이름이 환도산으로
바뀌면서 현재는 환도산성으로
도 불린다. 《삼국사기》에는 위
나암성 또는 위나야성으로 기
록되어 전한다.

니다. 신은 대왕의 군사와 한나라의 군사를 비교하여 어느 쪽이 더 많을지 생각해 봅니다. (그들을) 꾀로는 칠 수 있지만, 힘으로는 이길 수 없습니다." 왕은 "꾀로 친다는 것은 어떻게 하는 것인가?"라고 물었다. (을두지가) 대답하였다. "지금 한나라의 군사들이 멀리 와서 싸우므로 그 예봉을 당할 수 없습니다. 대왕께서는 성을 닫고 굳게 지키다가 그 군사들이 피로해지기를 기다려, 나가서 공격하면 될 것입니다." 왕은 그렇게 여기고 위나암성으로 들어가 수십 일 동안 굳게 지켰다. 한나라 군사들이 포위하여 풀어주지 않았다. 왕은 힘이 다하고 병사들이 피로하므로 을두지에게 "형편이 지칠 수 없게 되어가니 어찌하면 좋은가?" 하고 물었다. (을)두지가 대답하였다. "한나라 사람들은 우리 땅이 돌로 되어서 물 나는 샘이 없다고 말합니다. 그 때문에 오래 포위하고 우리가 곤핍해지기를 기다리는 것입니다. 연못의 잉어를 잡아 수초에 싸서 맛있는 술 약간과 함께 한나라 군사들에게 보내 먹이는 것이 좋을 것입니다." ……한나라 장수는 성안에 물이 있으므로 단번에 함락시킬 수 없다고 생각하고, ……마침내 군사를 이끌고 물러갔다.

머리를 써서 적을 물러나게 한 것으로 보아 이때에는 한나라와 전면전을 펼칠 수 있는 상황이 아니었던 것 같습니다. 그러나 점차 주변 국가를 정벌해 나가면서 국력을 확대시켜 나갔습니다. 이렇게 고구려를 성장시키는 데 공을 세운 사람 중에는 대무신왕의 아들인 호동이 있었습니다.

15년(32) 여름 4월에 왕자 호동이 옥저로 놀러 갔을 때 낙랑 왕 최리가 나왔다가 그를 보고서 묻기를 "그대의 안색을 보니 비상한 사람이구나. 어찌 북 국 신왕神王의 아들이 아니겠느냐?" 하고는, 마침내 함께 돌아와 딸을 아내 로 삼게 하였다. 후에 호동은 귀국하여 몰래 사람을 보내 최씨 딸에게 말하 였다. "만약 너의 나라의 무기고에 들어가 북과 뿔피리를 찢고 부수면 내가 예로써 맞이할 것이지만, 그렇지 않으면 거절할 것이다." 이에 앞서 낙랑에 는 북과 뿔피리가 있어서 적의 군사가 침입하면 저절로 울었으므로 명령을 내려 격파하였다. 이리하여 최씨 딸이 날선 칼을 가지고 몰래 창고에 들어 가 북의 (가죽)면과 뿔피리의 주둥이를 찢고 호동에게 알렸다. 호동은 왕에 게 권하여 낙랑을 치게 하였다. 최리는 북과 뿔피리가 울리지 않았으므로 대비하지 않다가, 우리 군사가 갑자기 성 밑에 다다른 연후에 북과 뿔피리 가 모두 부서진 것을 알고 마침내 딸을 죽이고는 나와서 항복하였다.(다른 기록에는 이렇게 쓰여 있다. "(대무신왕이) 낙랑을 멸하려고 혼인을 청해서 그 딸을 데려 다 며느리로 삼은 후에, 본국으로 돌아가서 무기를 부수게 하였다.")

이 이야기가 그 유명한 '호동 왕자와 낙랑 공주'입니다. 사랑을 위해 자신의 나라를 배반한 낙랑 공주와 자신의 나라를 위해 여인 을 이용한 호동 왕자의 사랑 이야기는 그러나 낙랑 공주의 죽음으 로 끝이 납니다. 그런데 호동도 그 해 겨울 자살을 합니다.

겨울 11월에 왕자 호동은 자살하였다. 호동은 왕의 둘째 부인인 갈사왕의 손녀가 낳은 사람이다. 얼굴 모습이 아름다워 왕이 심히 사랑하여 호동이 라고 이름 지었다. 첫째 왕비는 (그가) 계승권을 빼앗아 태자가 될까 염려하 여 왕에게 "호동이 저를 예로써 대접하지 않으니 아마 저에게 음행을 하려

낙랑樂浪
1세기 중엽에 있었던 고대 정 권으로 32년 또는 37년에 고 구려에 의해 멸망한 나라이다. 신라 측의 기록에 따르면 낙랑 이 멸망한 때는 37년으로, 대 무신왕에게 멸망당한 후 낙랑 의 백성 5천여 명이 신라로 와 서 투항하였다고 한다. 고구려 의 기록에도 32년에 낙랑을 멸 망시킨 기록이 있어 이에 대한 해석이 달라지기도 한다. 32년 부터 시작된 낙랑과의 전쟁이 37년에 종결된 것으로 보기도 하며, 37년에 멸망한 낙랑을 한사군漢四郡의 하나인 낙랑군 樂浪郡으로 보기도 한다. 《삼 국사기》에서는 낙랑과 낙랑군 을 같은 것으로 파악하였다.

는 것 같습니다."고 참언하였다. 왕은 "당신은 남의 아이라고 해서 미워하는 것이오?"라고 하였다. 왕비는 왕이 믿지 않는 것을 알고, 화가 장차 자신에게 미칠까 염려하여 울면서 "청컨대 대왕께서는 몰래 살펴 주십시오. 만약 이런 일이 없다면 첩이 스스로 죄를 받겠습니다."라고 고하였다. 이리하여 왕은 의심하지 않을 수 없어 (호동에게) 죄주려 하였다. 어떤 사람이 호동에게 "당신은 왜 스스로 변명하지 않느냐?" 하고 물었다. (호동은) 대답하였다. "내가 만약 변명을 하면 이것은 어머니의 악함을 드러내어 왕께 근심을 끼치는 것이니, (이것을) 어떻게 효도라고 할 수 있겠습니까?" 그러고는 칼에 엎어져 죽었다.

호동의 죽음은 권력 갈등의 결과라고 볼 수 있습니다. 낙랑국을 멸망시킨 공으로 대무신왕의 후계자로서 상당한 위치를 차지했습니다. 그런데 기록을 보면 호동은 장자가 아니었던 것 같습니다. 장자가 아닌 호동이 공을 세웠다는 이런 권력 갈등 구조가 호동을 죽음으로 몰아간 것입니다. 여기에 대하여 김부식은 이렇게 덧붙입니다.

이제 왕이 참소하는 말을 믿고 사랑하는 아들을 죄 없이 죽였으니, 그가 어질지 못한 것은 족히 말할 것도 없다. 그러나 호동도 죄가 없다고 할 수 없다. 왜냐하면 아들이 아버지로부터 꾸지람을 들을 때에는 마땅히 순舜이 고수瞽瞍에게 하듯이 하여, 회초리는 맞고 몽둥이면 달아나서, 아버지가 불의에 빠지지 않도록 하여야 한다. 호동이 이렇게 할 줄 모르고 마땅하지 않은 데서 죽었으니, 작은 일을 삼가는 데 집착하여 대의에 어두웠다고 할 수 있다. 그것은 공자 신생에게 비유할 만하다.

● 고수
《맹자》에 나오는 이야기이다. 고수는 순의 아버지로 '눈먼 늙은이' 또는 '어리석은 늙은이'라는 뜻이라고 한다. 후처와 후처의 아들인 상과 더불어 순을 여러 번 죽이려 하였다. '순에게 창고 지붕을 고치게 하고 고수가 아래로 내려와 사다리를 치우고 창고를 불 지르니, 순이 두 개의 삿갓으로 자신을 방위하여 내려가 죽지 아니하고, 후에 또 순에게 우물을 파라 하니, 순이 우물을 뚫다가 숨을 구멍을 파 곁으로 나왔다. 순이 이미 깊은 데 들어가니 고수가 상과 함께 흙을 내려 우물을 채우나 순이 숨을 구멍을 따라 나아갔다.'

김부식은 앞에서, 유리명왕의 아들 해명은 아버지의 뜻을 따르지 않아서 효가 아니라 하였고, 유리명왕도 아들을 잘못 가르쳐서 허물이 있다고 했습니다. 그리고 여기에서는 대무신왕이 잘못된 말을 믿고 아들을 죽였으니 대무신왕의 잘못이라고 했습니다. 하지만 호동도 아버지를 잘못하게 만들었으니 허물이 있다고 했습니다. 중국 전설상의 임금인 순은 어릴 때 계모의 이간질 때문에 아버지로부터 죽음을 당할 고비를 여러 번 넘겼습니다. 호동의 말처럼 '어머니의 악함을 드러내지' 않으면서도 순이 고수에게 하듯 작은 매는 맞고 큰 매는 일단 피함으로써, 아버지가 잘못된 일을 하지 않도록 슬기롭게 대처했어야 한다는 것이지요. 그러므로 김부식은, 호동이 어머니의 악함을 드러내는 작은 일에 집착하였고 아버지가 잘못을 저지르는 대의에 늘 어두웠기 때문에 잘못했다는 것입니다.

김부식은 부모의 뜻을 거스르지 말아야 하며 부모가 잘못된 결정을 내리지 않도록 하는 것이 효라고 하였습니다. 자식 노릇 하기 참 어렵습니다.

● 신생申生
춘추시대 진나라 헌공의 아들입니다. 헌공이 태자로 삼았으나 헌공의 총애를 받던 여희가 자신의 아들을 태자로 삼으려 해서 그를 핍박하였고 신생은 자결합니다.

순舜 임금
순은 명군으로 알려진 중국의 신화 속 군주의 이름으로, 중국의 삼황오제 신화 가운데 오제의 마지막 군주이다. 주로 선대의 요堯와 함께 성군의 대명사로 일컬어지며 '요순'과 같이 함께 묶어 많이 사용한다. 이 말은 주로 뛰어난 군주를 찬양하거나 먼 옛날의 이상적인 군주를 지칭하는 표현으로 쓰인다. 현재까지 순의 역사적 실존성은 정확히 밝혀진 바는 없다.

03 힘이 빠진 늙은 호랑이

태조대왕 (재위 53~146)

차대왕 (재위 146~165)

● 광개토왕(재위 391~412)
고구려 제19대 왕이며, 고국양왕의 태자로 이름은 담덕이다. 소수림왕의 정치적 안정을 바탕으로 고구려 최대의 영토를 확장한 정복 군주로서 그의 완전한 묘호廟號는 국강상 광개토경 평안호태왕이며, 생존 시의 칭호는 영락대왕이었다. 광개토왕은 약칭이며, 영락은 광개토왕의 연호로 우리나라에 알려진 최초의 연호이다. 그의 왕릉의 위치에 대해서는 여러 논의가 있으나, 장수왕이 그를 기념하기 위해 세운 〈광개토왕비〉가 현재까지도 만주 봉천성 집안현에 있어, 그의 업적을 자세히 볼 수 있다.

고구려에서 가장 오랜 기간 왕으로 재위한 임금은 누구일까요? 흔히 장수왕이라고 대답합니다. 광개토왕 3년(394) 쯤에 태어나 광개토왕 18년(409)에 태자가 되었고, 412년에 왕이 되어 80년간 재위하다가 491년에 98세의 나이로 돌아가셨으니, '장수長壽'한 임금이지요. 하지만 장수왕보다 더 오래 재위한 임금이 있었습니다. 바로 태조왕입니다. 유리명왕의 손자로 일곱 살의 나이로 왕위에 올랐고, 태조왕 94년(146)에 동생인 수성에게 왕위를 양위한 후, 차대왕 20년(156)에 119세의 나이로 세상을 떠났습니다.

이 태조왕이 왕이 되는 과정은 어땠을까요? 대무신왕 이후 고구려 왕위 계승은 불안정한 상태가 지속되었습니다. 대무신왕이 아들인 해우를 태자로 삼았으나, 대무신왕이 죽은 뒤 태자 해우 대신 그의 아우가 왕위에 올랐습니다.

> 민중왕은 이름이 해색주이고 대무신왕[*]의 아
> 우이다. 대무신왕이 죽었으나, 태자가 어려서
> 정사를 맡아볼 수 없었다. 이리하여 나라 사람
> 들이 (그를) 추대하여 (왕으로) 세웠다.
>
>   - 민중왕 조 -

장수왕長壽王(재위 413~491)
고구려 제20대 왕이다. 도읍을
국내성에서 평양으로 천도하
고, 적극적으로 남하정책을 추
진하여 광활한 영토를 차지하
였다. 장수왕은 광개토대왕의
아들로 선대의 업적을 이어받
아 영토를 점점 확장시켜 남쪽
은 아산만에서 죽령에 이르고,
서북쪽은 요하에서 만주의 대
부분을 포함한 큰 나라를 건설
하여 전성기를 이루었다. 위의
사진은 장수왕의 무덤으로 추
정되는 능이다. 중국 지린성
지안현에 있다.

민중왕이 재위 5년 만에 돌아가시고, 이어 모본왕이 왕위에 올랐습
니다. 그러나 모본왕도 백성들의 원성을 받으며 재위 6년 만에 시해
당했습니다.

> 모본왕은 이름이 해우(또는 해애루라고도 하였다)이고, 대무신왕의 맏아
> 들이다. 민중왕이 죽자, 이어 왕위에 올랐다. 사람 됨됨이가 사납고 어질지
> 못하며 국사에 힘쓰지 않았으므로 백성들이 원망하였다.
> 6년(53) 겨울 11월에 두로가 임금을 죽였다.
>
>   - 모본왕 조 -

이 과정에서 태조왕이 왕위에 올랐습니다.

> 태조대왕 (혹은 국조왕이라고도 하였다)의 이름은 궁이다. 어렸을 때의 이
> 름은 어수이며, 유리왕의 아들 고추가(고구려의 왕족이나 귀족에 대한 칭
> 호이다) 재사의 아들이다. 어머니 태후는 부여 사람이다. 모본왕이 죽었을
> 때 태자가 불초하여 사직을 주관하기에 부족하였으므로, 나라 사람들이 궁

[*] 대무신왕大武神王
   (재위 18~44)
시호가 대무신왕인 것은 재위
중에 주위의 많은 나라를 공략
하여 무공을 세웠기 때문이다.

을 맞이하여 뒤를 이어 왕위에 오르게 하였다. 왕은 나면서부터 눈을 떠서 볼 수 있었고, 어려서도 (남보다) 뛰어났다. (즉위할 때) 나이가 7살이었으므로 태후가 수렴청정* 하였다.

● 수렴청정垂簾聽政
임금이 어린 나이로 즉위하였을 때, 왕실의 여자 어른이 어린 임금을 도와 정사를 돌보던 일을 말한다. 왕대비가 신하를 접견할 때 그 앞에 발簾을 늘인 데서 유래하였다.

모본왕이 죽은 다음에 왕위 계승과 관련된 대립이 있었음을 알 수 있습니다. 태후가 부여 사람이고 수렴청정을 했다는 것으로 보아, 부여계가 어린 태조왕을 내세우고 권력을 장악하였다고 볼 수도 있습니다. 태조왕에 대하여 고등학교 한국사 교과서에는 '1세기 후반 태조왕 때에 이르러 정복 활동을 활발히 전개하였다. 이러한 정복 활동 과정에서 커진 군사력과 경제력을 토대로 왕권이 안정되어 왕위가 독점적으로 세습되었고……'라고 되어 있습니다. 이 말이 맞는지 《삼국사기》를 검토해 보겠습니다.

● 동옥저東沃沮
중국에서 '옥저沃沮'를 달리 부르던 말로 고구려의 동쪽에 있다는 뜻이다.

● 갈사국曷思國
고구려 대무신왕 5년(22)에 고구려의 침입으로 부여 왕 대소가 죽자 위기를 느낀 대소의 아우가 남하하여 압록강 부근에 도읍을 정하고 세운 소국이다.

● 우태優台
고구려 초기의 관직 체계에서 여섯째 등급의 벼슬이다.

4년(56) 가을 7월에 동옥저*를 정벌하고 그 땅을 빼앗아 성읍으로 삼았다. 영토를 개척하여 동쪽으로 창해까지 이르렀고 남쪽으로 살수까지 이르렀다. ……16년(68) 가을 8월에 갈사국* 왕의 손자 도두가 나라를 들어 항복하여 왔다. 도두를 우태*로 삼았다. …… 20년(72) 봄 2월에 관나부 패자(국정을 두루 맡아보던 벼슬이다) 달가를 보내 조나를 정벌하고, 그 왕을 사로잡았다. ……22년(74) 겨울 10월에 왕은 환나부 패자 설유를 보내 주나를 정벌하고, 그 왕자 을음을 사로잡아 고추가로 삼았다. ……53년(105) 왕은 장수를 보내 한나라의 요동에 들어가 여섯 현을 약탈하였다.

66년(118) 여름 6월에 왕은 예맥*과 함께 한나라의 현도를 치고 화려성을 공격하였다.

이렇듯 활발하게 정복 활동을 펴 나가던 태조왕 69년에 중요한 인물이 등장합니다.

69년(121) 봄에 한나라의 유주 자사 풍환, 현도 태수 요광, 요동 태수 채풍 등이 군사를 거느리고 침략해 와서 예맥의 우두머리를 쳐서 죽이고, 병마와 재물을 모두 빼앗아 갔다. 왕은 이에 아우 수성遂成을 보내 군사 2천여 명을 거느리고 풍환, 요광 등을 역습하게 하였다. 수성은 ……현도·요동 두 군을 공격하여 성곽을 불사르고 2천여 명을 죽이거나 사로잡았다.

겨울 10월에 왕은 부여로 행차하여 태후묘에 제사 지내고, 백성으로 곤궁한 자들을 위문하고 물건을 차등 있게 내려 주었다. 숙신肅愼 사신이 와서 자주색 여우 가죽 옷과 흰매, 흰말을 바쳤다. 왕은 잔치를 베풀어 위로하고 돌려보냈다. 11월에 왕은 부여로부터 돌아왔다. 왕은 수성이 군무와 정사를 통괄하게 하였다.

태조왕의 강력한 정치적 라이벌인 동생 '수성'이 바로 그 인물입니다. 수성은 69년 봄에 유주, 현도, 요동 등 중국 세력을 무찌르는 데 공을 세웠습니다. 그리하여 태조왕은 그로 하여금 군무와 정사를 통괄하게 했습니다. 그런데 그 사이에 태조왕은 부여로 가서 태후묘에 제사를 지내고 한 달여 만에 돌아옵니다. 왜 그랬을까요? 무엇인가 결단이 필요했다고 보여집니다. 그 결단이 무엇인지는 잘

• 오부五部
초기 고구려 국가를 구성한 수도의 행정구역을 다섯 개로 나눈 것이다. 오부의 이름은 계루부·비류부·연나부·관나부·환나부이다. 이는 강이나 냇가의 평야 또는 그러한 지역의 세력 집단을 뜻하는 말이다. 《삼국사기》에는 위 오부 외에도 주나朱那·조나漢那 등 나那라는 지역명이 나타난다. 이는 처음에 압록강 유역의 각 지역에서 여러 나那가 생겨나고, 이들이 점차 서로 통합하는 과정을 거쳐 다섯 개의 집단으로 정리되었으며, 다시 이들 다섯 집단이 곧 고구려 오부가 되었음을 말해준다. 그리하여 태조왕 때에는 이들 오부를 중심으로 하는 고구려 국가 체제가 성립되었다.

• 예맥濊貊
중국의 동북부와 한반도 북부 지역에 거주한 민족으로, 예濊족과 맥貊족을 통틀어 이르는 말이다.

• 숙신肅愼
고조선 때, 지금의 만주와 연해주 지방에 살던 퉁구스 족이다. 고구려 서천왕 때에 일부가 복속되었고 광개토 대왕 8년(398)에 완전 병합되었다.

모르겠으나, 이후 태조왕의 기록은 수성을 중심으로 되어 있는 것으로 보아 왕위 계승과 관련된 것으로 생각됩니다.

80년(132) 가을 7월에 수성은 왜산에서 사냥하고 주위 사람들과 함께 잔치를 열었다. 이때 관나 우태 미유, 환나 우태 어지류, 비류나 조의˚ 양신 등이 은밀히 수성에게 말하였다. "이전에 모본왕이 죽었을 때 태자가 불초하여 여러 신하들이 왕자 재사를 세우려 하였으나, 재사가 자신이 늙었다고 하여 아들에게 양보한 것은, 형이 늙으면 아우가 잇게 하기 위한 것입니다. 지금 왕이 이미 늙었는데도 양보할 뜻이 없으니 당신은 헤아려 보는 것이 좋겠습니다." 수성은 말하였다. "뒤를 잇는 것은 반드시 맏아들이 하는 것이 천하의 떳떳한 도리이다. 왕이 지금 비록 늙었으나 적자가 있으니 어찌 감히 엿보겠느냐?" 미유가 말하였다. "아우가 어질면 형의 뒤를 잇는 것이 옛적에도 있었으니 당신은 의심하지 마십시오." 이로써 좌보˚ 패자 목도루는 수성이 다른 마음이 있는 것을 알고, 병을 칭하여 벼슬에 나아가지 않았다.

기록이 불충분하여 왜 태조왕의 왕권이 약해지고, 수성을 중심으로 새로운 권력이 강해졌는가를 알 수는 없지만, 시간이 지나감에 따라 수성은 교만해졌고, 왕이 되기를 원한다는 것과 주변에서도 수성을 왕으로 옹립하려는 움직임이 있었다는 것을 알 수 있습니다. 기다리다 지친 수성은 드디어 다음과 같은 말을 하게 됩니다.

94년(146) 가을 7월에 수성은 왜산 밑에서 사냥하면서 주위 사람들에게 말하였다. "대왕이 늙도록 죽지 않고 내 나이도 장차 저물어 가니 기다릴 수

˚ 조의皁衣
고구려 초기에 중앙에 둔 전체 10등급 가운데 제9등급인 벼슬이다.

˚ 좌보左輔, 우보右輔
고구려 초기에 병마兵馬를 총관하는 일을 맡아보던 벼슬이다. 신대왕 2년(166)에 국상國相으로 고쳤다.

없다. 주위에서 나를 위하여 꾀를 내어라." 주위 사람들은 모두 "삼가 명을 좇겠습니다."라고 하였다

태조왕도 더는 버티지 못하고 다음과 같이 말했습니다.

12월에 왕은 수성에게 말하였다.

"나는 이미 늙어 모든 정사에 싫증이 났다. 하늘의 운수는 너의 몸에 있다. 더욱이 너는 안으로 국정에 참여하고, 밖으로 군사를 총괄하여 사직을 오래 보존한 공이 있고, 신하와 백성들의 소망을 채워 주었다. 내가 맡기는 이유는 사람을 얻었다고 말할 수 있기 때문이니, 너는 왕위에 올라 영원히 신의를 얻어 경사를 누려라."

그리고 왕위를 물려주고 별궁으로 물러나, 태조대왕이라고 칭하였다.

이렇게 하여 수성이 76세에 왕위에 오르니 이가 차대왕입니다. 그러나 차대왕에 대한 《삼국사기》의 기록은 매우 부정적입니다.

차대왕次大王의 …… 용감하고 굳세며 위엄이 있었으나 인자함이 적었다. 2년(147) 3월에 우보 고복장을 죽였다. …… 환나 우태 어지류를 좌보로 임명하고 작위를 더하여 대주부 로 삼았다. 겨울 10월에 비류나 양신을 중외대부 로 임명하고 작위를 더하여 우태로 삼았다. 모두 왕의 오랜 친구들이다. 3년(148) 여름 4월에 왕은 사람을 시켜 태조대왕의 맏아들 막근을 죽였다. 그 아우 막덕은 화가 연이어 미칠까 두려워 스스로 목을 매었다.

– 차대왕 조 –

• 대주부大主簿
신라의 왕족으로 성은 김씨이다. 신라 제17대 나물 마립간의 손자이며, 제22대 지증왕의 아버지이다. 500년 아들 지대로(지증왕)가 왕위에 오르자 갈문왕에 추봉追封되었다.

• 중외대부中畏大夫
고구려 때에 둔 국상國相 다음가는 벼슬이다.

이런 상황을 기록하면서 김부식은 자신의 생각을 한마디 덧붙였습니다.

> 옛날 송나라의 선공은 그 아들 여이를 세우지 않고 동생 목공을 세웠으니, 작은 것을 참지 못하여 큰 뜻을 어지럽게 하여 여러 대의 환난을 가져왔다. 그래서 《춘추》에서는 '정도에 안정함을 숭상한다.'라고 하였다. 지금 태조왕이 의를 알지 못하고 왕위를 가벼이 여겨 어질지 못한 동생에게 줌으로써, 화禍가 한 충신과 두 사랑하는 아들에게 미치게 하였으니 한탄하지 않을 수 없다.
>
> — 차대왕 조 —

《춘추》에서 말하는 '정도正道'라는 것은 장자에게 왕위를 계승하는 것이라고 생각됩니다. 그래야 안정이 된다라는 의미겠지요. 이것을 '옳음_의義'이라고 하였습니다. 잘못된 왕위 계승, 즉 옳지 않은 일을 택함으로 충성된 신하와 아들을 죽게 하였으니, 태조왕의 잘못이 크다고 지적하였습니다. 우리는 태조왕이 동생에게 왕위를 양위한 이유를 여러 가지로 생각해 볼 수 있습니다. 나이가 너무 많이 들어서 치매로 인해 올바른 판단을 할 수 없었다거나, 동생인 수성이 정복 전쟁에서 계속 승리를 이끌어 신하들의 충성이 수성에게로 옮겨 갔기 때문에 어쩔 수 없었을 수도 있습니다. 전자의 상황이라면 미리 대비하지 못한 태조왕의 허물이 크다고 할 수 있을 것이며, 후자라고 한다면 권력의 누수 현상은 막을 수 없었을 것입니다. 그러나 양쪽 모두 태조왕의 책임이 있다고 할 수 있습니다. 그런데 충신과 아들이 죽어갈 때 태조왕은 별궁에 유폐된 채로 살아 있었습니다. 이 소식을 접했다면, 그리고 온건한 정신을 가지고 있었다면 견디기 힘들었을 것입니다.

형의 왕위를 빼앗은 차대왕의 마지막은 어떻게 되었을까요?

20년(165) 3월에 태조대왕이 별궁에서 죽었다. 나이가 119세였다. 겨울 10월에 연나 조의 명림답부 가 백성들이 견디지 못하므로 (차대왕)왕을 죽였다.

— 차대왕 조 —

● 명림답부明臨答夫
고구려의 재상이다. 7대 차대왕이 포학하므로 이를 죽이고 왕의 아우 백고(신대왕)를 추대하여 벼슬이 패자에 올랐다. 신대왕 8(172)년에 농성 작전을 써서 한나라의 침공을 막아 크게 이겼다.

04 인재를 알아본 왕과 충신

고국천왕 (재위 179~197)

차대왕의 뒤를 이어 왕위에 오른 신대왕●은 차대왕을 시해한 명림답부의 도움으로 15년간 재위하다가 명림답부가 죽은 해에 죽었습니다. 그리고 뒤이어 고국천왕이 왕위에 오르나, 이 과정도 매끄럽지 못합니다. 고국천왕의 이름은 '남무'이며 신대왕의 둘째 아들로서 큰 아들 발기를 제치고 왕위에 오르게 되는데, 이에 불만을 품은 발기가 무리를 이끌고 중국 지역으로 투항하였습니다.

> 고국천왕이 왕위에 올랐다. 고국천왕의 이름은 남무男武이다. (혹은 이이모伊夷謨라고도 하였다.) 신대왕 백고의 둘째 아들이다. 백고가 죽자, 나라 사람들은 맏아들 발기拔奇가 불초하였으므로, 함께 이이모를 세워 왕으로 삼았다. 한나라 헌제 건안 초에 발기가 형으로서 왕이 되지 못한 것을 원망하여

소노가와 함께 각각 하호下戶, 가난한백성 3만여 명을 거느리고 공손강에게 가서 항복하고, 돌아와 비류수 가에 머물렀다.

이때 고구려의 왕위 계승에는 내부의 세력 관계가 작용하였습니다. 고국천왕은 즉위 다음 해에 제나부 우소의 딸을 왕후로 맞아들였는데, 이는 제나부가 고국천왕을 지원해 주는 역할을 하였다고 볼 수 있습니다.

이 고국천왕 때 큰 전쟁이 한 차례 일어났습니다.

6년(184) 한나라 요동 태수가 군대를 일으켜 우리를 쳤다. 왕은 왕자 계수須臾를 보내 막았으나 이기지 못하였다. 왕은 친히 날랜 기병을 거느리고 가서 한나라 군대와 좌원에서 싸워서 이겨 벤 머리가 산처럼 쌓였다.

고국천왕은 자신의 동생인 왕자 계수를 전쟁에 내보냈는데 패했다고 하였습니다. 그래서 왕이 직접 나가게 됨으로 이때 동원된 세력이 제나부의 세력이었던 것으로 생각됩니다. 그리고 제나부의 도움으로 전쟁에서 이긴 것으로 추측됩니다. 다음의 기록이 이를 뒷받침해 주고 있습니다.

12년(190) 가을 9월에 서울에 눈이 여섯 자나 내렸다. 중외대부 패자 어비류, 평자 좌가려가 모두 왕후의 친척으로서 나라의 권력을 잡고 있었는데, 그 자제들이 모두 세력을 믿고 교만하고 사치하였으며 남의 자녀와 전택을 빼앗았으므로, 나라 사람들이 원망하고 분하게 여겼다. 왕은 이것을 듣고 노하여 죽이려고 하니, 좌가려 등이 4연나(고구려의 오부 중에 연나부 내의 세력이다)와 더불어 반란을 꾀하였다.

고국천왕 6년에 한나라와 치른 전쟁은 고국천왕 때 기록된 유일한 전쟁입니다. 이 기록에서 전쟁을 대승으로 이끈 제나부 세력이 권력을 이용하여 부정과 부패를 저지르고 있었다는 것을 알 수 있습니다. 그러자 고국천왕도 더는 참을 수 없었으며, 당연히 그들을 제거하려고 하였습니다. 권력이라는 것이 그런 것으로, 어제의 동지가 오늘의 적이 되는 것이지요. 결국 제나부 세력은 반란을 일으킵니다. 결과는 어떻게 되었을까요?

● 기내畿內
나라의 수도를 중심으로 하여 사방으로 뻗어 나간 가까운 행정 구역의 안이다.

13년(191) 여름 4월에 좌가려 등이 무리를 모아 왕도를 공격하였다. 왕은 기내畿內 의 군사를 동원하여 평정하였다.

고국천왕이 기내의 군사를 동원하였다는 것으로 보아 고국천왕 6년 이후에 제나부 세력을 제압할 수 있는 또 다른 기반을 만들었다고 볼 수 있습니다. 왕권이 좀 더 강화되었다는 것을 알 수 있습니다. 그리고 고국천왕은 널리 인재를 구하는 명을 내립니다. 이것은 새로운 세력을 찾아 왕권을 강화하려는 의도라는 것으로 읽을 수 있습니다. 처음에는 4부가 함께 동부의 안류라는 사람을 천거하였습니다. 그러자 안류가 다음과 같이 고하였습니다.

미천한 신은 용렬하고 어리석어 본래 큰 정치에 참여하기에 부족합니다.

서압록곡 좌물촌의 을파소 라는 사람은 유리왕 때의 대신 을소의 손자로
서, 성질이 굳세고 지혜와 사려가 깊으나, 세상에서 쓰이지 못하고 힘들여
농사지어 자급합니다. 대왕께서 만약 나라를 다스리려 하신다면 이 사람이
아니고는 할 수 없습니다.

왕은 사람을 보내 공손히 을파소를 청하고 벼슬을 내립니다. 여
기에서 왕과 을파소의 줄다리기가 있었습니다.

왕은 사신을 보내 겸손한 말과 두터운 예로써 모셔, 중외대부로 임명하고
작위를 더하여 우태로 삼고 말하였다. "내가 외람되이 선왕의 업을 이어 신
민民의 위에 있으나, 덕이 부족하고 재주가 짧아 정치에 익숙하지 못하오.
선생은 능력을 감추고 지혜를 나타내지 않으면서 궁색하게 시골에서 지낸
지 오래되었소. 이제 (당신이) 나를 버리지 않고 마음을 바꾸어 왔으니, (이
것은) 나의 기쁨과 다행일 뿐만 아니라, 사직과 백성의 복이오. 가르침을 받
으려 하니 공은 마음을 다하기를 바라오."

(을)파소가 뜻은 비록 나라에 허락하였으나 받는 관직이 일을 다스리기에 부족하다고 생각하고 대답하였다. "신의 둔하고 느린 것으로는 엄명을 감당할 수 없습니다. 원컨대 대왕께서는 어질고 착한 사람을 뽑아 높은 관직을 주어서 대업을 이루십시오."

을파소는 왜 벼슬이 낮다는 이유로 왕의 청을 거절하려고 했을까요? 관직에 대한 욕심이 많아서였을까요? 그 이유는 다음 구절에서 알 수가 있습니다.

왕은 그 뜻을 알고 곧 국상으로 임명하고 정사를 맡게 하였다. 이리하여 조정의 신하와 왕실의 친척들이 (을파)소가 신진으로서 구신舊臣들을 이간한다고 하며 미워하였다. 왕은 교서를 내려 "귀천을 막론하고 국상을 따르지 않는 자는 멸족시키겠다."라고 말하였다. (을파)소가 물러나와 사람에게 말하였다. "때를 만나지 못하면 숨고 때를 만나면 벼슬하는 것이, 선비의 마땅한 도리이다. 지금 임금께서 나를 후의로써 대하니 이전에 숨어 지내던 것을 어찌 다시 생각할 수 있겠느냐?" 그러고는 지성으로 나라를 받들고 정교政敎를 밝게 하고 상벌을 신중히 하니, 인민이 편안하고 안팎이 무사하였다.

이것도 벼슬은 얻어야 내 뜻을 펼칠수 있다구!

을파소가 신진이라고 하는 것은 당시 주류 세력이 아니라는 의미입니다. 그렇다면 당연히 주류 세력의 반발이 있을 것이고, 을파소의 입장에서는 최고의 권력이 아니면 자기의 생각을 제대로 펼 수 없을 것이었습니다. 그래서 국왕에게 최고의 지위를 요구한 것입니다. 을파소는 자신의 뜻을 알아준 고국천왕에 대해서 마음을 다하여 충성을 함으로써 은혜를 갚았습니다.

자, 그러면 고국천왕은 누구에게 감사했을까요?

> 겨울 10월에 왕은 안류에게 말하였다. "만약 그대의 한마디 말이 없었다면 나는 (을)파소를 얻어 함께 다스리지 못하였을 것이다. 지금 많은 공적이 쌓인 것은 그대의 공이다." 그러고는 (안류를)대사자大使者로 삼았다.

여기에 대한 김부식의 생각을 들어 봅시다.

> 옛날의 밝은 임금이 어진 이를 대할 때, 등용하는 데에 구애됨이 없고 등용하면 의심하지 않았다. 은나라 고종의 부열에 대한 것이나, 촉나라 선주의 공명에 대한 것이나, 진나라 부견의 왕맹에 대한 것이 그와 같다. 그런 후에야 어진 사람이 자리에 앉고 능력 있는 사람이 직분을 맡아 정교가 밝게 닦아져서 나라를 보전할 수 있는 것이다. 지금 왕이 결연히 홀로 결단하여 (을)파소를 바닷가에서 뽑아 여러 사람의 입놀림에도 흔들리지 않고 모든 관료의 윗자리에 두었으며, 또 천거한 자에게도 상을 주었으니 선왕의 법을 얻었다고 할 수 있다.

김부식의 말에 대하여 군더더기를 붙일 필요가 없겠지만 김부식은 고국천왕과 을파소의 이야기를 통해 인종에게 무한한 감사를 표하고 있다고 할 수 있습니다. 자신을 알아주고 죽을 때까지 믿어 준 인종에 대한 구구절절한 마음을 표현한 것입니다.

● 대사자大使者
고구려 때의 십사 관등 가운데 여섯째 등급이다. 지방에 파견되어 조세나 공물을 징수하는 일을 맡아보았다.

● 부열傅說(說은 悅로 읽는다)
중국 은나라 고종 때의 재상. 토목 공사의 일꾼이었는데, 재상으로 등용되어 중흥의 대업을 이루었다.

● 왕맹王猛
중국 오호십육국 시대 전진의 승상이자 대장군이며 저명한 정치가, 군사가로서 명성을 떨쳤다. 왕맹과 부견은 이야기를 나누자 서로 뜻이 맞았고, 부견은 그를 삼국 시대 제갈량에 비견한다고 하며 자신은 유비의 심정을 알겠다고 말했다. 부견의 정책과 전략의 대부분은 왕맹에게서 나왔다.

제갈량諸葛亮
촉나라 선주는 유비이고 공명은 제갈량입니다. 유비가 제갈공명을 얻기 위하여 그의 초가집을 세 번 방문한 정성에 감복하여 유비와 그의 아들 유선을 섬겼습니다.(삼고초려三顧草廬)

쉬어가기

사료와 금석문
- 광개토왕 -

광개토왕의 업적으로 가장 많이 언급되는 것이 신라에 침입한 왜를 격퇴하여 한반도 남부까지 영향력을 행사하였다는 것입니다. 이러한 내용을 어디에서 확인할 수 있을까요?

> 4년(394) 가을 8월에 왕은 패수沮水 가에서 백제와 싸워 크게 이기고 8천여 명을 사로잡았다.
>
> – 《삼국사기》 권18 〈고구려 본기〉 광개토왕 –

> 6년 병진(396) 왕이 군사를 거느리고 잔국殘國[백제]을 토벌하였다. 고리성(여기에 대략 40여 성城의 이름이 나옴) 등을 [함락시켰으나] 잔殘[백제]이 항복하지 않고 감히 맞서니 왕이 노하여 아리수(한강)을 건너 이에 잔주(殘主-백제왕)가 곤욕스러워 하며 남녀노비 천명과 세포細布 천필을 바치고 스스로 서약하기를 지금 이후로 영원한 노객이 되기를 맹세하였다. 이 때 오십 팔성 칠백 촌을 얻고 백제왕의 동생과 대신 10인을 데리고 돌아왔다.
>
> –광개토왕릉비◉ –

> 6년(397) 여름 5월에 왕이 왜국倭國과 우호를 맺고 태자 전지腆支를 볼모로 보냈다.

> 8년(399) 가을 8월에 왕이 고구려를 치고자 하여 군사와 말들을 크게 징발하였다. 백성들은 전역戰役에 시달려 신라로 많이 도망하니 호구가 줄었다.
>
> –《삼국사기》 권25 〈백제 본기〉 아신왕 –

9년 기해(399) 백잔이 서약을 어기고 왜와 화통함으로 왕이 평양으로 순수해 내려
왔다. 신라가 사신을 보내 왕께 아뢰기를 왜인이 그 국경에 가득차서 성과 못을 부수
니 노객은 백성으로써 왕에게 의지하여 명을 청하옵니다고 하였다. 왕이 그 충성을
가여히 여겨 계책을 주어 보냈다. 10년(400) 경자에 (광개토대왕) 보병과 기병 50,000
을 보내 신라를 구원하게 했다. 남거성으로부터 신라성에 이르기까지 그 사이에 왜적
이 가득 했다. (고구려) 관군이 도착하자 왜적이 도망가므로 급히 뒤쫓았다. 임나가라
의 종발성에 이르자 성이 곧 귀순하여 복종하므로 신라인 수비병을 안치하였다.

- 광개토왕릉비②-

삼국사기 고구려 본기 광개토왕조의 백제에 관한 기록은 왕4년(394)년까지만 있고 신라
에 관한 기록은 전혀 보이지 않습니다. 왕6년(396)과 왕9년의 광개토왕비에 기록된 내용
은 고구려, 백제, 신라 본기 그 어디에도 없습니다. 하지만 삼국사기의 기록과 광개토왕의
비문 내용이 퍼즐의 조각 같이 서로 연관되어 하나의 사실을 구성하고 있습니다. 이러하
듯 모든 역사적 기록 즉, 사료史料에는 한계를 가지고 있는 것이지요. 왜냐하면 역사가의
사관이 개입되었기 때문입니다. 사관이 개입되니 사실의 선택에 영향을 미치는 것이지요.
그래서 사료의 부족함을 채워주는 것이 다른 사료나 금석문金石文입니다. 금석문은 금속이
나 돌 등에 새긴 글씨나 그림을 말합니다. 보통 청동기나 돌로 만든 비석 등에 새겨진 명
문을 뜻하나 넓은 의미로는 갑골문③·새인璽印④·전폐문자錢幣文字⑤·봉니封泥⑥·목간木
簡⑦·죽간竹簡⑧ 등의 글씨까지 포함하는 의미로 쓰입니다. 금석문은 역사 연구의 보배입
니다. 왜냐하면 대부분의 금석문은 사건이 발생한 바로 그 순간입니다. 광개토왕릉비는
광개토왕이 죽은 지 2년 후에 세워진 것입니다. 생선으로 치면 살아서 팔딱팔딱 뛰는 놈
입니다. 그놈이 시간과 공간을 초월하여 우리에게 귀중하고 신선한 내용을 전달해주고 있
는 것이지요. 사료와 사료, 사료와 금석문, 금석문과 금석문 사이를 헤엄치며 퍼즐 맞추듯
사실史實을 재구성하는 재미. 이것이 역사를 연구하는 묘미인 것입니다.

❶ 광개토왕의 시호는?

우리가 흔히 부르는 광개토왕은 삼국사기 고구려본기에 보이는 왕명입니다. 광개토왕비문에 보이는 광개토왕의 시호명은 '국강상 광개토경 평안 호태왕' 이고 경주에서 발견된 청동 호우에는 '국강상 광개토지 호태왕' 이고 집안의 모두루총의 묵서에는 '국강상 대개토지 호태성왕' 으로 나옵니다. 국강상은 왕의 무덤이 위치한 지명에서 따왔고 '광개토지' '광개토경' '대개토지' 는 영토를 널리 개척한 업적을 기리는 의미입니다. '평안' 은 왕의 태평성대에 대한 칭송이고 '호태왕' '호태성왕' 은 위대한 업적을 쌓은 왕에 대한 최대한의 존칭으로 볼 수 있습니다.

❷ 고구려가 초기 400여 년 동안 수도로 삼은 곳은 국내성입니다. 현재 중국 길림성 집안시입니다. 이곳에 가면 초기 고구려의 많은 유적들을 볼 수 있고 그 중에 광개토왕비가 있습니다. 높이는 6.39미터이고 너비는 1.3~2.0미터로 윗면에서 아래면으로 약간 넓고 허리 부분이 약간 좁은 형태입니다. 네모 반듯하게 다듬지 않았지만 자연석 그대로의 웅장함이 살아 있는 모습입니다. 여기에 4면 모두에 글씨가 새겨져 있는데 1면에 11행 449자, 2면 10행 387자, 3면 14행 574자, 4면 9행 369자로 총 44행 1775자가 있습니다. 이중 150여자가 훼손되어 현재 읽을 수 없습니다. 내용은 크게 세 부분으로 나누어져 있습니다. 1부는 시조 추모왕의 건국설화로 시작하여 광개토왕의 업적에 대한 칭송으로 마무리합니다. 2부는 광개토왕의 정복활동을 담은 훈적을 연대순으로 기록하고 있으며 3부는 왕의 능을 지키는 수묘인에 대한 기록으로 되어 있습니다.

❸ 중국 은나라 때 거북의 배껍질이나 소의 정강이 뼈에 새겨진 글자이다.

❹ 도장에 새겨진 글자이다.

❺ 화폐에 새겨지거나 쓰여진 글자이다.

❻ 점토에 새겨진 글자이다.

❼ 나무를 쪼개서 글을 쓰는데 사용된 것. 우리나라에서는 물건을 운반할 때 꼬리표로 많이 사용되었다.

❽ 대나무를 목간같이 사용한 것이다.

연개소문의 등장

05

당과의 전쟁1

고구려는 4세기 백제와의 힘겨루기에서 고국원왕이 패한 이후 그의 아들인 소수림왕이 태학을 설립하고 불교를 수용하고 율령을 반포하는 등 국가의 체제를 안정적으로 다져 놓습니다. 소수림왕과 그의 동생인 고국양왕의 국가 안정 노력은 고국양왕의 아들인 광개토왕 때 빛나게 되었습니다.

광개토왕은 만주 지역에 대한 대규모 정복 사업을 단행하였고, 신라에 침입한 왜를 격퇴함으로써 한반도 남부 지역에까지 영향력을 끼쳤습니다. 그 뒤를 이은 장수왕도 흥안령 일대의 초원 지대를 장악하였고, 평양으로 도읍을 옮긴 후 백제의 수도 한성을 함락하였습니다. 이로써 한강 전 지역을 포함하여 죽령 일대에서 남양만을 연결하는 선까지 그 판도를 넓히게 되었습니다.

13군 태수 하례도
덕흥리 고구려 고분 벽화이다. 13군 태수들이 광개토대왕의 부하 유주 자사에게 하례하는 장면이다. 광개토대왕 때 고구려가 중국 화북 지방까지 점령했음을 증명해 주고 있다.

5세기 고구려 전성기

하지만 고구려는 6세기에 들어와 장수왕의 장기집권의 영향으로 귀족 사이의 내분이 일어나게 되자, 제 22대 안장왕이 피살되고(531), 제 23대 안원왕 말년에 귀족들 사이에 왕위 계승 문제로 대립하는 모습이 나타났습니다. 이러한 상황에 놓인 고구려를 백제와 신라가 협공하여 신라가 한강 유역을 장악하였습니다. 이후 고구려는 제25대 평원왕과 제26대 영양왕 때 국력을 회복하여 한강 유역을 되찾기 위하여 끊임없는 전쟁을 벌이게 됩니다. 이 시기에 공을 세우다 전사한 인물이 바로 평원왕의 사위인 온달입니다.

● 551년 신라에게 빼앗긴 고현 등 10여 성을 말한다.

영양왕이 즉위하자 온달이 아뢰었다.

"신라가 우리 한강 이북의 땅을 빼앗아 군현을 삼았으니, 백성들이 심히 한탄하여 일찍이 부모의 나라를 잊은 적이 없습니다. 원컨대 대왕께서는 어리석은 이 신하를 불초하다 하지 마시고 군사를 주신다면 한번 가서 반드시 우리 땅을 도로 찾아오겠습니다."

왕이 허락하였다. 떠날 때 맹세하기를 "계립현과 죽령 이서의 땅●을 우리에게 귀속시키지 않으면 돌아오지 않겠다" 하고, 나가 신라 군사들과 아단성 아래에서 싸우다가 (신라군의) 흐르는 화살_유시流矢에 맞아 넘어져서 죽었다. 장사를 행하려 하였는데 상여가 움직이지 아니하므로 공주가 와서 관을 어루만지면서 말하기를 "죽고 사는 것이 이미 결정되었으니, 아아 돌아갑시다!"하였다. 드디어 들어서 장사지냈는데, 대왕이 듣고 몹시 슬퍼하였다."

– 온달전 –

신라가 소백산맥의 죽령을 넘어 남한강 유역으로 진출하여 고구려의 땅을 빼앗자 그것을 되찾으려는 고구려의 노력이 보입니다. 또한 온달의 관이 떠나지 않았다는 것은 고구려 사람들이 한강 유역에 대한 애착을 보여 주고 있다고 할 수 있습니다.

고구려가 신라에 빼앗긴 한강 유역을 되찾기 위한 노력을 하고 있을 때 중국에서도 커다란 변화가 일어났습니다. 분열된 중국에 통일 왕조가 들어선 것입니다. 3세기 초에 분열되기 시작한 중국이 유목 민족들의 침입과 이동으로 화북 지역에서 5호16국 시대가 열리고, 이어서 황하 일대에 유목민의 왕조가 들어섭니다. 이를 북조北朝라 하였습니다. 그리고 북방의 유목민을 피하여 양쯔 강 지역으로 내려간 한인들이 왕조를 열었는데, 이를 남조南朝라 하였습다. 이 시기를 남북조 시대라고 불렀지요. 이러한 분열을 통합한 나라가 '수隋(589~618)'입니다. 여러분들이 한국사 시간에 배웠듯이 이 수나라가 고구려를 침입하였고, 이 침략을 막아낸 것이 을지문덕의 살수 대첩입니다(612). 수나라의 고구려에 대한 대규모 원정은 수 왕조의 몰락을 가져왔고, '당唐'이 성립하게 되었습니다. 당나라가 성립되는 시점(618)에 고구려에서는 영양왕이 죽었고, 그의 동생인 영류왕이 즉위하였습니다. 영류왕 때에는 당나라에 대한 화친 정책으로 일관하는 모습을 보여 주고 있습니다.

> 2년(619) 봄 2월에 사신을 당나라에 보내 조공하였다.
> 4년(621) 가을 7월에 사신을 당나라에 보내 조공하였다.

온달의 죽음
고구려 평원왕平原王의 사위 온달이 신라가 침입해 오자 분전하다가 전사하였다고 한다. 이 성을 '온달산성'이라 불렸다. 아단성阿旦城아래에서 전사하였다는 기록에 따라 온달산성이라 불렀다. 그러나 서울시 광진구 광장동의 아차산성阿且山城이라는 견해도 있다.

◦ 5호16국 시대
 五胡十六國時代
서진西晉이 멸망한 후, 5개의 비한족계 북방 이민족들이 비롯한 중국 북방에서 16개 나라를 세우며 난립하던 시대를 말한다. 5호五胡는 흉노匈奴, 선비鮮卑, 저氐, 갈羯, 강羌 등 다섯 가지의 오랑캐를 가리키는 말이고, 16국은 북위 말엽의 사관 최홍崔鴻이 쓴 《십육국춘추十六國春秋》에서 유래하였으며, 실제로 이 시기에 세워진 나라의 숫자는 16개가 넘는다.

고구려 고분 벽화
고구려 때는 도교가 성행하여 고분벽화에서도 나타난다. 고분벽화 〈오회분〉에서 날개가 솟은 선인의 모습을 통해 도교의 신선사상과 불교가 결합된 고구려인의 사후세계관을 볼 수 있다.

● **봉역도封城圖**
고구려의 강역도이다. 당시 고구려의 강역을 알 수 있는 자료이나 현재 전하지 않는다. 다만 고구려 영류왕 11년(628) 9월 이것을 당나라에 보냈다고 하였고, 지도뿐만 아니라 지리지의 성격을 갖는 책으로 보여진다.

천리장성千里長城
고구려가 당나라의 침입을 막기 위해 서쪽 변경(오늘날의 요동 지방)에 쌓은 장성이다. 축조기간은 631년부터 646년까지 총 16년에 걸쳐 완성되었다.

5년(622)에 사신을 당나라에 보내 조공하였다.

6년(623) 겨울 12월에 사신을 당나라에 보내 조공하였다.

7년(624) 봄 2월에 왕은 사신을 당나라에 보내 책력을 반포해 줄 것을 청하였다.

8년(625)에 왕은 사람을 당나라에 보내 불교와 도교의 교법을 배워 오기를 구하니 황제가 허락하였다.

9년(626)에 신라와 백제가 사신을 당나라에 보내 "고구려가 길을 막아 입조하지 못하게 하고 또 거듭 침략합니다."라고 말하였다. 황제가 산기시랑 주자사를 보내 절부를 가지고 화친을 권하게 하였다. 왕은 표를 올려 사죄하고 두 나라와 화평할 것을 청하였다.

11년(628) 가을 9월에 사신을 당나라에 보내, 태종이 돌궐의 힐리가한을 사로잡은 것을 축하하고, 겸하여 봉역도封城圖°를 바쳤다

12년(629) 9월에 사신을 당나라에 보내 조공하였다.

23년(640) 봄 2월에 세자 환권을 당나라에 보내 조공하였다. 태종이 위로하고 선물을 특별히 후하게 주었다. 왕은 자제를 당나라에 보내 국학에 입학할 것을 청하였다.

– 영류왕 조 –

영류왕 즉위 초에는 매년 당나라에 조공 사절을 보냈고, 신라와 백제를 상대로 전투를 벌인 것에 대해 당나라가 한마디 하자, 즉시 잘못했다고 했습니다. 급기야는 태

자를 당나라에 보내 인질이 되게 하는 등 낮은 자세를 취하고 있었습니다. 이러한 상황은 고구려의 입장에서 보면 당나라와의 전쟁을 피하고자 하였다는 것을 느낄 수 있습니다. 그리고 다른 한편으로는 당나라를 막을 수 있는 장성을 건설하기 시작하였습니다.

> 14년(631) 봄 2월에 왕은 많은 사람들을 동원하여 장성을 쌓았는데, 동북쪽으로 부여성으로부터 동남쪽으로 바다에까지 이르러 천여 리나 되었다. 무릇 16년 만에 공사를 마쳤다.
>   - 영류왕 조 -

이 장성 공사의 책임자로 영류왕 24년(642)에 연개소문이 보내졌습니다. 연개소문에 대한 《삼국사기》의 기록에는 유독 '잔인하다, 잔인하고 포악하다, 잔인무도하다' 등의 부정적 표현이 많이 등장합니다. 이러한 표현이 왜 나타나고 있는 걸까요? 아마 이 시기의 상황과 연관되어 있다고 생각됩니다. 영류왕 시절 당나라에 대하여 조공으로 일관하고 있는 것은 고구려 지배층의 중심이 당나라에 대한 화친 정책을 주장하고 있었다고 생각됩니다. 하지만 연개소문은 당나라에 대하여 강경한 정책을 추진하는 세력이었다고 여겨집니다. 그래서 당시 고구려의 지배층은 연개소문을 제거하려고 하였습니다.

> 그 아버지는 동부대인 또는 서부라고도 하였다 대대로°로 죽으니 개소문이 마땅히 계승하여야 하였으나 나라 사람들이 그의 성격이 잔인하고 포악하다고 하여 미워하였으므로 그 자리에 오를 수 없었다. 그러나 흉악하고 잔인함

● 대대로大對盧
고구려 국정을 관리하는 최고 관등으로 오늘날의 총리와 같은 직책이다.

이 이루 말할 수 없을 정도여서 여러 대인이 왕과 더불어 그를 죽이기로 몰래 의논하였다.

– 영류왕 조 –

연개소문을 장성의 역사를 감독하게 한 것은 중앙에서 연개소문을 제거하기 위한 조치였을 것으로 생각됩니다. 이에 연개소문은 먼저 영류왕과 대당 화친론자들을 제거하고 보장왕을 세웠습니다. 그 내용이 〈고구려 본기〉에 다음과 같이 짤막하게 기록되어 있습니다.

24년(642) 10월에 개소문이 왕을 시해하였다.

– 영류왕 조 –

하지만 열전에는 다음과 같이 기록되어 있습니다.

소문이 자기 부의 군사를 모두 소집하여 장차 열병할 것처럼 하여 술과 음식을 성의 남쪽에 성대히 차려놓고 여러 대신을 불러 함께 보자고 하였다. 손들이 이르자 모두 죽이니 무릇 그 수가 100여 명에 달하였다. 이어서 궁궐로 달려 들어가 왕[영류왕]을 죽여 여러 토막으로 잘라 도랑에 버리고 왕 동생의 아들 장臧을 왕으로 세우고 스스로 막리지가 되었다. 그 관직은 당나라의 병부상서 겸 중서령의 관직과 같았다.

– 영류왕 조 –

연개소문은 스스로 막리지 자리에 올랐습니다. 막리지˚는 고구려 수상인 대대로의 다른 말로, 비상시에 쓰는 명칭이라고 전해집니다. 당나라와의 관직과 비교했을 때 병부상서 겸 중서령이라는 것은 군사를 총괄하는 자리라는 의미입니다. 대대로가 아니라 막리

˚ 막리지莫離支
고구려 때 군사와 정치를 도맡아 보던 우두머리의 벼슬이다.

지라는 명칭을 쓴 것으로 보아 당나라와 전쟁을 염두에 두고 있는
듯합니다.

06 당 태종의 야욕

당과의 전쟁2

 보장왕을 세우고 막리지가 된 연개소문은 일단 당나라의 동정을 살피기 위하여 화친 정책을 유지하였습니다. 당나라에 조공 사신을 보내기도 하고, 도교를 받아들이기 위하여 사신을 파견하기도 하였습니다. 한편 당나라의 황제 태종은 영류왕 때 이미 고구려의 허실을 탐지하였으므로 고구려를 침입하기 위한 준비를 하고 있었던 것으로 생각됩니다.

24년(641)에 황제는 우리 태자가 입조하였으므로, 직방낭중[●] 진대덕陳大德을 보내 노고에 보답하였다. (진)대덕이 국경으로 들어와서 이르는 성읍마다 관리들에게 비단을 후하게 주면서, "내가 산수山水를 좋

아하는데 이곳에 경치가 뛰어난 곳이 있으면 보고 싶다."라고 말하였다. 관리들은 기꺼이 그를 인도하여 놀러 돌아다니며 가지 않는 곳이 없었으며, 이로 말미암아 그 세세한 곳을 다 알게 되었다. 중국 사람으로 수나라 말년에 군대에 나갔다가 숨어서 남게 된 사람들을 보면, 친척들의 생사를 말해주어 사람들마다 눈물을 흘렸다. 그리하여 가는 곳마다 남녀가 좌우에서 그를 보았으며 왕은 군대의 호위를 성대하게 하여 사신을 맞이하였다. (진)대덕이 사신으로 온 것을 기회로 나라의 허실을 엿보았으나 우리나라 사람들은 알지 못하였다.

― 영류왕 조 ―

진대덕을 통하여 고구려를 정탐한 당 태종은 고구려를 칠 계획을 세웠습니다. 하지만 기록에 보면 당 태종은 아직 준비가 덜 것 같습니다.

"당 태종"

"고구려는 본래 사군*의 땅이다. 내가 군사 수만 명을 내어 요동을 공격하면 저들은 필시 나라의 모든 힘을 들여 구하려고 할 것이다. 따로 수군을 보내 동래에서 출병하여 바닷길로 평양으로 가서 수군과 육군이 합세하면, 그 나라를 빼앗는 것은 어렵지 않다. 다만 산둥의 주현이 피폐하여 회복되지 않았으므로 나는 그들을 괴롭히지 않으려 할 뿐이다."

― 영류왕 조 ―

고구려를 칠 준비를 하고 있던 당 태종에게 필요한 것은 전쟁의 명분이었습니다. 그 명분으로 먼저 내세운 것이, 연개소문이 임금을 시해하고 국정을 마음대로 한다는 것이었습니다.

● 사군四郡
한사군이라고도 한다. 서기전 108년에 중국 전한의 무제가 위만 조선을 멸망시키고 그 땅에 설치한 낙랑, 임둔, 현도, 진번의 네 개의 행정 구역을 말한다.

2년(643) 윤 6월 "(연)개소문이 그 임금을 죽이고 국정을 제멋대로 하니 진실로 참을 수 없다. 지금의 병력으로도 고구려를 빼앗는 것은 어렵지 않으나 다만 백성들을 수고롭게 하지 않으려고, 나는 거란과 말갈을 시켜 그들(의 버릇)을 길들이려고 하는데, 어떤가?"

장손무기가 아뢰었다.

"(연개)소문은 스스로 죄가 큰 것을 알고 대국이 토벌할 것을 두려워하여 수비를 엄하게 하였습니다. 폐하께서 아직 (그 계획을) 나타내지 않고 참고 계시면, 저들은 스스로 편안하게 여기고 반드시 다시 교만하고 게을러져서 그 악을 더욱 멋대로 행할 것이므로, 그 후에 토벌하여도 늦지 않을 것입니다."

– 보장왕 조 –

● 공취攻取
적의 성이나 진지를 공격하여 차지하다.

'고구려를 빼앗는 것은 어렵지 않다.' 당 태종의 오만함을 볼 수 있지요. 하지만 실제 내용으로 봐서는 무엇인가 명분이 부족하고 준비도 아직은 덜 된 듯 느껴집니다. 이런 상황에서 당 태종에게 충분한 명분을 쌓아준 것은 누구였을까요? 바로 신라였습니다.

2년(643) 가을 9월에 신라가 사신을 당나라에 보내 "백제가 우리나라의 40여 성을 공격하여 빼앗고, 다시 고구려와 군사를 연합하여 입조하는 길을 끊으려 합니다."라고 말하고, 군사를 보내 구원해 주기를 청하였다.

– 보장왕 조 –

● 당항성黨項城
삼국 시대의 석축 산성으로 당성이라고도 한다. 당성은 나당 연합과 양국의 교류에 중요한 역할을 한 항구에 위치한 성곽이었다. 경기도 화성군 서신면 상안리 구봉산에 위치.

선덕왕 11년(643) 7월에 백제 의자왕이 크게 군사를 일으켜 쳐들어와서 나라 서쪽 지방의 사십여 성을 공취˚하였다. 8월에 백제는 또다시 고구려와 더불어 군사를 일으켜 당항성˚을 공취하여 신라가 당나라로 통하는 길을 끊어 버리려 함으로 왕은 사신을 당 태종에게 파견하여 위급한 사실을 알리었다.

– 선덕왕 조 –

보장왕 2년의 내용과 〈신라 본기〉 선덕(여)왕 11년(643)의 내용이 유사합니다. 연도의 차이가 있는 것은 《삼국사기》의 편찬자가 혼동한 것으로 생각됩니다. 여기서 말하는 당항성은 6세기 진흥왕 때 한강 유역을 차지하고 서해안 남양만에 설치한 항구로 당나라와 신라를 연결하는 중요한 거점이었습니다. 이 중요한 지역을 백제와 고구려가 빼앗으려 하자, 신라는 매우 급했던 것입니다.

신라의 구원 요청을 받은 당 태종은 몹시 기뻐하였습니다. 고구려를 칠 수 있는 또 하나의 명분이 마련되었기 때문이었지요. 하지만 즉시 공격을 하지는 않았습니다. 먼저 고구려에 사신을 보내 엄중히 경고하였습니다.

3년(644) 봄 정월에 사신을 당나라에 보내 조공하였다. (당나라) 황제가 사농승˚ 상리현장에게 명하여 조서를 가지고 와서 왕에게 내렸다. "신라는 우리 왕조에 충성을 다짐하여 조공을 그치지 않으니, 너희와 백제는 마땅히 군사를 거두어야 한다. 만약 다시 신라를 공격하면 명년에 군사를 내어 너희 나라를 칠 것이다."

(상리)현장이 국경에 들어왔을 때 (연)개소문은 이미 군사를 거느리고 신라

˚사농승司農丞
중국 당나라 때 전곡(錢穀), 돈과 곡식을 맡은 장관을 가리킨다.

를 쳐서 두 성을 깨뜨렸는데, 왕은 사람을 시켜 불러들여서 (연개소문이) 돌아왔다. (상리)현장이 신라를 침략하지 말라고 타일렀다.

개소문은 (상리)현장에게 말하였다. "우리는 신라와 원한으로 틈이 벌어진 지가 이미 오래되었다. 이전에 수나라 사람이 쳐들어왔을 때 신라가 틈을 타서 우리 땅 백리를 빼앗고, 그 성읍을 모두 차지하였다. (신라가) 스스로 우리의 빼앗긴 땅을 돌려주지 않는다면 아마 전쟁은 그치지 않을 것이다."

(상리)현장이 말하였다. "기왕의 일을 어찌 추구하여 논의하겠느냐? 지금 요동의 여러 성은 본래 모두 중국의 군현이었지만, 중국은 오히려 (이것을) 말하지 않는데, 고구려만 어찌 옛 땅을 반드시 찾을 수 있겠느냐?" 막리지는 마침내 듣지 않았다.

– 보장왕 조 –

연개소문이 호락호락 당나라의 말을 들을 리가 없겠지요. 신라와 우리는 원한이 오래되었다고 확실하게 선을 그었습니다. 그 원한이 란 한강 유역 차지를 둘러싼 전쟁이었습니다. 우리는 한국사 공부를 하면서 막연히 6세기 진흥왕이 한강 유역을 차지한 후, 신라가 계속 이 땅을 유지하고 있었을 것이라고 생각해 왔습니다. 하지만 이 기록으로 한강 유역의 주인이 계속 바뀌었음을 알 수 있습니다. 이전에 고구려가 수나라와의 전쟁 와중에 신라가 한강 유역의 일부를 차지하였고, 이 시점에서 고구려가 그것을 회복하기 위하여 전쟁을 하게 된 것입니다.

당 태종은 연개소문이 말을 듣지 않을 것이라고 예상했을 것입니다. 그럼에도 불구하고 사신을 파견한 것은 명분을 쌓기 위함이었을 것이고, 이제 명분과 준비가 갖추어졌다 판단한 후, 드디어 전쟁을 선포하게 되었습니다.

> (상리) 현장이 돌아가 그 실상을 갖추어 말하니, 태종이 말하였다.
> "(연)개소문이 그 임금을 죽이고 대신들을 해치고 백성들을 잔인하게 학대하고, 지금은 또 나의 명령을 어기니 토벌하지 않을 수 없다." — 보장왕 조 —

전쟁의 준비는 양쯔강 지역에서 군량을 징발하고 북쪽 지역에서 군사를 징발하는 방법을 택하였습니다. 또 북쪽 지역의 거란·해·말갈의 군사도 동원하게 하였습니다. 그런데 당 태종은 10월에 수도인 장안을 출발하여 11월에 뤄양에 이르렀을 때, 이곳에서 고구려 정복을 말리는 사람을 만나게 됩니다.

> 전 의주자사 정천숙이 이미 벼슬을 그만 두었으나, 황제는 그가 일찍이 수나라 양제를 따라 고구려를 정벌하였으므로 행재소[●]로 불러서 물으니, 그가 "요동의 길은 멀어서 군량을 옮기는 것이 어렵고, 동이東夷[●]는 성을 잘 지키므로 갑자기 함락시킬 수 없습니다."라고 대답하였다. 황제는 "지금은 수나라 때에 비할 것이 아니다. 공은 다만 따르기만 하라."라고 말하였다.

> (황제가) 또 말하였다. "예전에 수나라 양제는 부하들에게 잔인하고 포악하였는데, 고구려 왕은 그 백성들을 인자하게 사랑하였다. 반란을 생각하는 군사로 편안하고 화목한 백성들을 쳤기 때문에 성공할 수 없었다. 지금 대략 말해서, 필승의 길은 다섯 가지가 있다. 첫째는 큰 것으로 작은 것을 치는 것이고, 둘째는 순리로 반역을 치는 것이고, 셋째는 다스려진 형세로써 어

● 행재소行在所
임금이 궁을 떠나 멀리 나들이 할 때 머무르던 곳

● 동이
중국에서 동쪽의 오랑캐라는 뜻으로 동쪽에 사는 민족을 낮잡아 이르던 말로, 한국·일본·만주 등의 민족을 가리키는 말

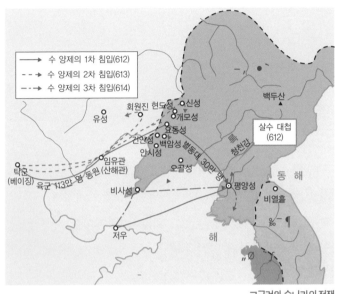

고구려와 수나라의 전쟁

● 자제
남을 높여 그의 아들 또는 그 집안의 젊은이를 이르는 말

지러운 틈을 타는 것이고, 넷째는 편안함으로 피로한 것에 대적하는 것이고, 다섯째는 기쁨으로 원망에 맞서는 것이다. 어찌 이기지 못할 것을 두려워 할 것이냐? 백성들에게 포고하니 의심하거나 두려워하지 말라."

4년(645) 봄 정월에 이세적의 군대가 유주에 이르렀다. 3월에 [당나라] 황제가 정주에 이르러 시중하는 신하들에게 말하였다.

"요동은 본래 중국의 땅인데, 수나라가 네 번이나 출병하였으나 얻을 수 없었다. 짐이 지금 동쪽으로 정벌하는 것은, 중국을 위해서는 자제子弟●들의 원수를 갚으려고 하는 것이고, 고구려를 위해서는 임금의 치욕을 씻어 주려고 하는 것뿐이다. 또 사방이 대체로 평정되었는데 오직 이곳만 평정되지 않았기 때문에, 내가 아직 늙지 않았을 때 사대부들의 남은 힘으로써 이것을 빼앗으려고 하는 것이다."

– 보장왕 조 –

그래! 내가 괜히 고구려를 침략하고 싶어하는게 아니라고!

난 천재가 아닐까?

당 태종은 정주에 이르러 명분을 또 추가하였습니다. 수나라가 고구려를 침략하였을 때 죽은 사람들의 원수를 갚는다는 것이지요. 그리고 "다른 곳은 모두 평정하였는데 고구려만 못했다. 그래서 고구려를 꼭 정복해야겠다."라고 말함으로써 속마음을 드러내었습니다. 당 태종은 왜 이런 생각을 하였을까요? 그는 630년에 돌궐을 멸망시킨 것을 계기로 서북방의 여러 이민족 추장으로부터 '천가한天可汗'이라는 칭호를 얻었습니다. '천가한'의 '천'은 중국의 천자라는 의미이고, '가한'은 유목 민족의 최고 통치권자라는 뜻입니다. 그러므로 '천가한'이란 '중원과 이민족을 통틀어 지배하는 자'라는 뜻입니다. 당 태종은 이로써 농경과 유목 지역을 통괄하는 최고 통치자가 된 것입니다. 이런 당 태종의 말을 거역한 고구려의 연개소문을 그냥 둔다는 것은 그의 입장에서는 있을 수 없는 일이었겠지요.

07 양만춘, 그 불멸의 이름

당과의 전쟁3

● 도종道宗
중국 당나라의 무장이다. 645
년에 당 태종의 고구려 침입 때
요동도 행군 총관으로 전쟁에
참가하여 개모성과 요동성을 함
락하였으나 안시성에서 대패하
였다.

● 비사성卑沙城
고구려 때의 산성이다. 석회암
으로 쌓은 거대한 석성으로, 고
구려와 수·당 전쟁에서 적군의
침략을 막는 최전선 산성 역할
을 하였다. 《삼국사기》에는 "사
면이 절벽으로 둘러싸여 있고,
다만 서문西門을 통해서만 오를
수 있다"고 기록되어 있다. 중
국 랴오닝성 진저우 유이향 동
쪽의 대흑산 소재.

645년 드디어 전쟁이 시작되
었습니다. 4월에 이세적과 강하왕 도종˙이 이끄는 당군은 통정진
에서 요하를 건너 5일에 신성을 함락시켰고, 26일에는 개모성을 함
락시켰습니다. 또한 국내성에서 출발한 고구려의 구원군을 격파하
고, 요동성 밑에서 요하를 건너온 당 태종과 합류하였습니다. 당군
은 5월에는 요동성을 함락시켰고, 6월에는 백암성의 성주인 손대
음으로부터 항복을 받았습니다. 한편 장양이 이끄는 당의 수군은
동래로부터 바다를 건너와 5월에 비사성˙을 함락시켰습니다. 영주
도독 장검은 호병(오랑캐의 병정)을 거느리고 요하를 건너와 건안성˙
을 공격하였고 장양의 수군도 협공하였습니다.

당나라의 주력군은 이제 안시성으로 향하였습니다. 안시성의 위
태로움을 보고, 북부의 욕살(오부의 으뜸 벼슬) 고연수와 남부의 욕살

고혜진˚은 고구려와 말갈로 구성된 15만의 군대를 거느리고 안시성을 구원하러 갔습니다. 고혜진과 고연수는 당군과 정면으로 충돌하였으나, 당나라의 계략에 말려 군사를 잃고 항복하게 되었습니다. 그리고 당 태종은 안시성을 공격하기 전에 고민을 하게 됩니다.

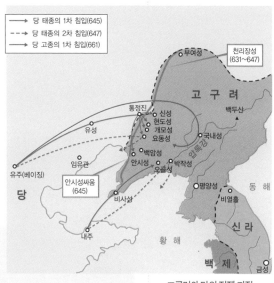

고구려와 당의 전쟁 과정

황제가 백암성에서 이기자, 이세적에게 말하였다. "내가 듣기로는, 안시성은 험하고 군사가 날래며, 그 성주는 재능과 용기가 있어 막리지의 난 때에도 성을 지켜 굴복하지 않았고, 막리지가 공격하였으나 함락시킬 수 없어서 그에게 주었다고 한다. 건안성은 군사가 약하고 양식이 적으므로 불시에 나가 그들을 치면 반드시 이길 수 있을 것이다. 공은 먼저 건안성을 치라. 건안성이 함락되면 안시성은 내 배 안에 있는 것과 같으니, 이것이 병법에서 '성에는 치지 않을 곳이 있다'라고 말하는 것이다."

(이세적이) 대답하였다.

"건안성은 남쪽에 있고 안시성은 북쪽에 있으며, 우리 군량은 모두 요동에 있는데, 지금 안시성을 지나쳐 건안성을 쳤다가 만약 고구려 사람들이 우리 군량길을 끊으면 어떻게 하겠습니까? 먼저 안시성을 공격하여 안시성이 떨어지면, 북치며 나아가 건안성을 빼앗는 것이 낫겠습니다." 황제가

"공을 장수로 삼았으니 어찌 공의 책략을 쓰지 않겠느냐? 내 일을 그르치지

● 건안성建安城
영류왕 14년 때 중국 만주에 세웠던 고구려의 성이다. 당나라는 나당전쟁에서 패하자 백제 땅에 있던 안동도호부를 랴오둥으로, 웅진도독부를 건안성으로 옮기면서 한반도에서 완전히 물러갔다.

● 고연수와 고혜진
고구려 말기의 장수이다. 당 태종이 고구려를 침략하여 안시성을 포위하자 안시성 구원에 노력했으나 당 태종의 계략에 빠져 대패하였고 자진 항복했다.

는 말라."라고 말하였다.

– 보장왕 조 –

그리하여 645년 6월 26일에 역사적인 안시성 전투가 시작되었습니다.

> (이)세적이 드디어 안시성을 공격하였는데, 안시성 사람들은 황제의 깃발과 일산을 보고 즉시 성에 올라 북치며 소리 질렀다. 황제가 노하자 (이)세적은 성을 빼앗는 날에 남자들을 모두 구덩이에 묻어버릴 것을 청하였다. 안시성 사람들은 이 소식을 듣고 더욱 굳게 지키니, 오랫동안 공격하여도 함락되지 않았다.

– 보장왕 조 –

안시성 전투
안시성은 삼국 시대에 고구려와 당나라의 경계에 있었던 산성이다. 당 태종이 여러 성을 차례로 함락한 뒤, 안시성을 공격하자 안시성 성주와 백성들이 힘을 합쳐 이를 막아낸 것이 안시성 싸움이다. 서울 용산 전쟁기념관 소재.

안시성의 함락이 만만치 않았습니다. 생각보다 굳게 성을 지키고 있었지요. 이에 당나라 내부에서도 방향을 바꾸자는 논의가 나오기 시작하였습니다. 당나라에 항복한 고연수와 고혜진은 오골성의 성주가 늙었음으로 성을 얻기 쉬우니, 오골성을 함락한 뒤 나머지 작은 성들을 접수하고 평양으로 쳐들어가자고 합니다. 이에 여러 신하들도 비사성에 있는 장량으로 하여금 오골성을 공격하고 평양으로 쳐들어가게 하자고 하였습니다. 안시성 공략이 어렵고, 시간이 지체되고 있다는 의미이겠지요. 시간이 지체되면 추위가 닥칠 것이고, 그렇게 되면 원정군인 당군에게 불리하게 작용할 것이기 때문입니다. 하지만 이를 반대하는 사람도 있었습니다.

> 황제가 그 말에 따르려 하는데, 장손무기만이 홀로 이렇게 말하였다.
> "천자가 친히 정벌하는 것은, 여러 장수와는 달라서 위험한 형세를 타고 요행을 바랄 수 없습니다. 지금 건안성과 신성의 적의 무리가 10만 명이나 되는데, 만약 오골성으로 향한다면 그들이 우리 뒤를 밟을 것입니다. 먼저 안시성을 깨뜨리고 건안성을 빼앗은 후에 군사를 멀리 몰고 나아가는 것이 나으니, 이것이 만전의 계책입니다."
> – 보장왕 조 –

이세적과 장손무기 모두 안시성을 먼저 함락시켜야 한다고 주장한 이유는, 바로 안시성을 지나갔을 경우 배후에서 공격당하는 것을 두려워해서였습니다. 이것은 중국에서의 전쟁 형태와 우리나라에서의 전쟁 형태가 다르기 때문입니다. 중국의 화북 지대는 황토 평야 지대이기 때문에 전쟁이 대체로 평원에서 치러졌습니다. 넓은 평원에서 대군이 서로 격돌하기 때문에 군사의 규모가 매우 커 보통 10만 이상의 군사가 동원됩니다. 하지만 우리나라는 지형이 다릅니다. 산이 많은 지형이지요. 그래서 마을 주변에 산성을 쌓아놓아 평상시에는 평야 지대에서 농사를 짓다가 유사시에는 산성으로 올라가 농성籠城 을 합니다. 이러한 성들이 도처에 존재하고 있기 때문에 침략을 한 적군은 반드시 성을 하나씩 점령하고 움직여야

● 농성
적에게 둘러싸여 성문을 굳게 닫고 성을 지키는 일을 말한다.

합니다. 그렇지 않을 경우 배후에서 공격을 받을 수밖에 없습니다. 실례로 수나라 양제가 고구려를 침략했을 때 요동에서 군대가 막히게 되자 별동대 30만을 뽑아 평양성만을 목표로 진격하였다가 을지문덕에게 패한 겨우도 마찬가지입니다. 아마 이세적이나 장손무기도 이러한 사정을 알고 있었기에 안시성 함락에 총력을 기울였던 것 같습니다. 그리하여 다시 안시성을 총공격하기 시작했지만, 안시성은 여유를 부리면서 당군을 농락하였습니다.

> 여러 장수가 급히 안시성을 공격하였다. 황제가 성안에서 닭과 돼지 소리가 나는 것을 듣고 (이)세적에게 말하였다.
> "성을 포위한 지 오래되어 성안에서 나는 연기가 날로 작아지더니 이제 닭과 돼지가 매우 시끄럽게 우는구나. 이것은 필시 군사들을 먹이고 밤에 나와서 우리를 습격하려고 하는 것이다. 마땅히 군사들을 엄하게 하여 대비해야 한다." 이날 밤에 우리 군사 수백 명이 성에서 줄을 타고 내려갔다. 황제가 이 소식을 듣고 스스로 성 밑에 이르러 군사를 불러 급히 공격하니, 우리 군사 가운데 죽은 자가 수십 명이었고, 나머지 군사는 물러나서 달아났다.
>
> – 보장왕 조 –

여러 방법으로 공격하였으나 안시성이 함락되지 않자, 강하왕 도종은 60일 동안 50만을 동원하여 안시성을 내려다 볼 수 있는 토산을 쌓았습니다. 결과는 어떻게 되었을까요?

● 과의果毅
결단성이 있어 굳세다는 뜻이다.

> 도종이 과의[●] 부복애를 시켜 군사를 거느리고 산꼭대기에 둔을 치고 적에

대비하도록 하였는데, 산이 무너지면서 성을 늘러 성이 무너졌다. 마침 (부)복애가 사사로이 부대를 떠나 있었는데, 우리 군사 수백 명이 성이 무너진 곳으로 나가 싸워서 마침내 흙산을 빼앗아 해자를 파고 지켰다. 황제가 노하여 (부)복애의 목을 베어 두루 돌리고, 여러 장수에게 명하여 공격하게 하였으나 3일이 지나도 이기지 못하였다.

– 보장왕 조 –

약 3개월에 걸친 안시성 공격은 요동의 추위가 시작되고 군량이 떨어지자, 당 태종은 9월 18일에 철군을 명하였습니다. 안시성의 마지막은 다음과 같이 기록되어 있습니다.

성안에서는 모두 자취를 감추고 나오지 않았으나, 성주가 성에 올라 절하며 작별 인사를 하였다. 황제는 그가 굳게 지킨 것을 가상하게 여겨 비단 백 필을 주면서 임금 섬기는 것을 격려하였다.

– 보장왕 조 –

《구당서》와 《신당서》에도 같은 내용이 기록되어 있습니다.

태종은 요동의 창고에 군량이 거의 바닥이 나고, 사졸들이 추위와 동상에 시달리자, 이에 반사(칠군)를 명하였다. 그 성을 지날 때 성안에서는 일제히 소리를 죽이고 깃발을 눕혔으며, 성주는 성 위에 올라와 손을 모아 절을 하며 하직하였다. 태종은 그들이 (성을) 굳게 지킨 것을 가상히 여겨 비단 1백 필을 내려 주고, 임금을 섬기는 절의˙를 격려하였다.

– 《구당서》 〈동이 열전〉 고구려전 –

● 절의節義
절개와 의리를 아울러 이르는 말이다.

● 당군이 점령해 당나라의 행정 구역으로 정해 놓은 지역이다. 요주와 개주는 이전의 고구려의 요동성과 개모성으로 당군이 점령하여 당나라의 행정 구역으로 정해 놓은 지역이다.

반사를 명하여 함락시킨 요주·개주[•]의 사람들을 데리고 돌아왔다. 군대가 성 밑을 지나가 성중의 사람들은 모두 숨을 죽이고 깃대를 눕혔으며, 성주는 성 위에 올라가 재배하였다. 태종은 그들이 (성을) 잘 지킨 것을 가상히 여겨 비단 1백 필을 내려 주었다. 요주는 속이 아직 십만 곡이 남아 있고, 군사들도 다 모을 수 없을 정도였다.

— 《신당서》 〈동이 열전〉 고구려전 —

이 기록에 대한 김부식의 사론을 봅시다.

당나라 태종은 뛰어나고 총명하여 세상에 드문 임금이다. 난을 다스린 것은 탕왕과 무왕에 견줄 만하고, 다스림을 이룬 것은 성왕·강왕과 비슷하다. 군사를 쓰는 데 이르러서는 기이한 책략을 내는 것에 끝이 없고 향하는 곳에 적수가 없었는데, 동방을 정벌하는 일에 안시성에서 패하였으니, 그 성주는 호걸이요 비상한 인물이라 할 수 있다. 그러나 《사기》에서 그 성명을 전하지 않으니, 양자[•]가 말한 바 제나라와 노나라의 대신이 《사기》에 그 이름을 전하지 않는다고 한 것과 다름없다. 매우 애석한 일이다.

— 보장왕 조 —

○ 양자楊子
양주楊朱를 존칭하여 부르는 말이다. 중국 전국 시대의 학자이며, 노자 사상의 일단을 이은 염세적 인생관으로 자기중심적인 쾌락주의를 주장하였다.

×××씨(당시 안시성 성주)
정말 너무합니다.
제 이름이 어때서요?!

당 태종을 최고의 성군으로 치켜세운 김부식은 그와 대적하여 패배를 안긴 안시성 성주의 이름이 기록되지 않는 것에 대하여 애석하게 생각하였습니다. 왜 성주의 이름이 기록되지 않았을까요?
서북방의 돌궐을 제압하고 '천가한'이라는 칭호를 받아 명실상부한 중원과 유목민의 최고 지배자인 당 태종이 고구려 원정에 실패하고, 전군에 철수 명령을 내리고 돌아갈 때의 심정이 어떠했을까요? 그러한 천가한의 모습을 역사가는 마지막까지 위엄을 갖추고 또한 적장도 '황제'에게 '예우'를 다하는 아름다운 모습으로 그리고 싶었을 것입니다. 그리고 철군에 결정적인 공헌을 한 성주의 이름을 역사에 남기고 싶지 않았을 것입니다. 그의 이름이 역사에서 위대한 장군으로 그려질 수 있기 때문입니다. 그래서 성주의 이름이 《구당서》와 《신당서》 모두에 나와 있지 않게 된 것입니다. 마찬가지로 다른 역사책에도 이름이 보이지 않고, 송준길의 《동춘당선생별집》과 박지원의 《열하일기》에만 양만춘(梁萬春) 또는 양만춘(楊萬春)으로 전해집니다. 또한 고려 후기의 학자 이색이 지은 시 《정관음》과 이곡의 《가정집》에서 당 태종이 화살에 한쪽 눈을 잃었다고 한 점으로 보아, 고려 시대까지 그러한 속전(俗傳)*이 있었음을 알 수 있습니다.

* 속전
민간에 말을 퍼뜨려 전하거나 또는 그렇게 전하여 내려오는 것

08 안시성 전투 이후

당과의 전쟁4

당나라 군대가 선택할 수 있는 퇴각로는 3개가 있었습니다. 그들이 공격해 온 세 개의 통로 중 한 곳을 택해 퇴각해야 했습니다. 장검의 군대가 건넌 요하 하구는 고구려의 건안성이 버티고 있어 갈 수가 없었을 것입니다. 또 하나는 이세적이 건넌 통정진 쪽인 요하의 중류 지역입니다. 이 길을 가려면 안시성에서 북쪽으로 올라가야만 하는데, 이 또한 고구려의 추격군을 염려하지 않을 수 없었습니다. 따라서 당나라 군대는 당태종이 건너온 백리 진흙밭인 요택을 건너는 방법을 택할 수밖에 없었습니다.

요동에 이르러 요수를 건너는데 요택遼澤이 진창이 되어 수레와 말이 지나갈 수 없으므로, (장손)무기에게 명하여 1만 명을 거느리고 풀을 베어 길을 메우게 하고, 물이 깊은 곳에 수레로 다리를 만들게 하였다. 황제는 스스로 말채찍 끈으로 섶을 묶어 일을 도왔다. 겨울 10월에 황제가 포구에 이르러 말을 멈추고 길을 메우는 일을 독려하였다. 여러 군대가 발착수渤錯水를 건너니 폭풍이 불고 눈이 내려서 사졸들이 습기에 젖어 죽는 자가 많았으므로, 명령을 내려 길에 불을 피워 맞이하게 하였다

태종이 발착수에 이르렀을 때 진창이 막혀서 80리 정도가 수레와 말이 다니지 못하였다. 장손무기·양사도 등이 1만여 명을 거느리고, 나무를 베어다 길을 쌓고 수레를 연결하여 다리를 놓으니, 태종은 말 위에서 나무를 져다 날라 역사를 도왔다.

……태종이 비기◦를 거느리고 임유관에 들어가자……, 이때에 와서 태자가 깨끗한 옷을 올리자, 드디어 갈아입었다. - 《신당서》 〈동이 열전〉 고구려전 -

◦ 비기飛騎
매우 날쌘 기병을 말한다.

전쟁에 패하여 돌아가는 길, 마음이 편하지 않는데 길마저 진흙탕이고 추위에 군사들이 얼어 죽는 자가 속출하는 상황에서 당 태종은 친히 길을 닦는 데 나설 수밖에 없었습니다. 그리고 기록에는 정확하게 나오지 않지만, 고구려가 떠나는 당군을 그대로 두었다고는 생각할 수 없습니다. 추격전을 펼쳤을 것이고, 당군은 매우 고전했을 것입니다. 진격해 들어올 때는 당 태종이 친히 길을 닦지는 않았는데, 갈 때는 군사들과 함께 길을 닦았다는 것은 몹시 급한 상황이었다고 생각됩니다.

황제는 성공하지 못한 것을 깊이 후회하여 탄식하기를, "위징魏微 이 있었다면 내가 이번 걸음을 하게 하지는 않았을 것이다."라고 하였다.

- 보장왕 조 -

하지만 수도인 장안으로 돌아와서 고구려 원정에 실패한 원인을 다시 따져 봅니다.

5년(646) 봄 2월에 (당나라) 태종이 수도로 돌아가 이정에게 일러 "내가 천하의 많은 무리를 가지고 작은 오랑캐에게 곤란을 당한 것은 무엇 때문이냐?"라고 물었다. 이정이 말하기를 "이것은 도종이 알 것입니다."라고 하였다. 황제가 도종을 돌아다보며 물으니, 도종은 주필산에 있을 때, 빈틈을 타서 평양을 빼앗자고 한 말을 소상히 아뢰었다. 황제가 원망하며 "당시의 일은 매우 바빴으므로 기억이 나지 않는다."라고 말하였다.

- 보장왕 조 -

고구려를 치기 전에 여러 가지 전략을 논의했을 때 도종은 평양성을 직접 치자는 의견을 제시했다고 기록에 나와 있습니다. 이 계획을 태종은 받아들이지 않은 것이지요. 왜 '기억나지 않는다'고 하였을까요? 고구려 원정 실패의 원인이 자신이라고 인정하게 되기 때문이었습니다. 당 태종은 다시 고구려를 정벌할 계획을 세웠습니다. 그것을 2년 뒤에 실행합니다.

6년(647) 봄 2월에 (당나라) 태종이 다시 군대를 보내려 하니, 조정의 의논이 이러하였다.

"고구려는 산에 의지하여 성을 쌓아서 갑자기 함락시킬 수 없습니다. 전에 황제께서 친히 정벌하였을 때 그 나라 사람들이 농사를 지을 수 없었으며, (우리가) 이긴 성에서도 실로 그 곡식을 거두어 들였으나 가뭄이 계속되었으므로 백성들의 태반이 식량이 부족하였습니다. 이제 만약 적은 군대를 자주 보내 번갈아서 그 강토를 어지럽혀, 그들을 명령에 따라 분주히 움직이게 해서 피곤하게 하면, (그들은) 쟁기를 놓고 보•로 들어갈 것이며, 수년 동안 천리가 쓸쓸하게 되어 인심이 저절로 떠날 것이니, 압록수 북쪽은 싸우지 않고도 얻을 수 있을 것입니다."
                                                                    – 보장왕 조 –

● 보堡
흙과 돌로 쌓은 작은 성을 말한다.

● 누선樓船
다락이 있는 배를 말한다. 배 안에 이층으로 집을 지은 배로서 주로 해전이나 뱃놀이에 쓰였다.

당나라는 드디어 평상시에 농사를 짓다가 유사시에 농성전을 벌이는 고구려의 전쟁 형태를 파악한 것입니다. 그리하여 계속해서 전쟁을 하면 농사가 피폐해져 결국은 항복할 것이라고 생각하고 다시 전쟁을 시작하게 되었습니다.

황제가 이 말에 따라 좌무위대장군 우진달을 청구도 행군대총관으로 삼고, 우무위장군 이해안을 부총관으로 삼아, 군사 1만여 명을 파견하여 누선•을 타고 내주萊州로부터 바다를 건너 들어오게 하였다. 또 태자 첨사 이세적을 요동도 행군대총관으로 삼고, 우무위장군 손이랑 등을 부총관으로 삼아, 군사 3천 명을 거느리고 영주도독부의 군사를 앞세우고 신성도로부터 들어오게 했는데, 두 군대는 모두 물에 익어서 잘 싸우는 자들을 골라 배치하였다.

(여름 5월에) 이세적의 군사가 이미 요수를 건너 남소 등 몇 성을 지나자,

(우리 군대는) 모두 성을 등지고 막아 싸웠으나 (이)세적이 이를 격파하고 그 나성˙을 불지르고 돌아갔다.

가을 7월에 우진달과 이해안이 우리 국경에 들어와 무릇 1백여 차례나 싸워 석성石城을 쳐서 함락시키고 나아와 적리성積利城 밑에 이르렀다. 우리 군사 1만여 명이 나가 싸웠으나 이해안이 이를 쳐서 이기니, 우리 군사의 죽은 자가 3천 명이었다. (8월에) 태종이 송주자사 왕파리 등에게 명령하여 강남 12주의 공인들을 징발하여 큰 배 수백 척을 만들게 하고 우리를 치려 하였다.

겨울 12월에 왕은 둘째아들 막리지 임무를 당에 들어가 사죄하게 하니, 황제가 이것을 허락하였다.

－ 보장왕 조 －

당나라는 대규모 원정군이 아니라 소규모의 원정군을 파견하여 계속 고구려를 공격하였으나, 소기의 성과를 거두지 못한 것 같습니다. 결국에는 고구려가 사죄하는 형식의 외교적 방법으로 전쟁을 끝냅니다. 하지만 당나라는 그 다음 해에 다시 고구려를 침략합니다.

7년(648) 봄 정월에 사신을 당나라에 보내 조공하였다. (당나라) 황제가 조서를 내려 우무위대장군 설만철을 청구도 행군대총관으로, 우위장군 배행방을 부총관으로 삼아, 군사 3만여 명과 누선 전함을 이끌고 내주로부터 바다를 건너와서 공격하였다.

－ 보장왕 조 －

당군은 바다를 건너 요동 반도의 압록강 하구 쪽의 박작성° 등을 공격하였으나 실패하였습니다. 당 태종은 다시 대군을 동원하여 고구려를 치기 위하여 군량미를 준비하였지만, 649년 태종의 죽음으로 기나긴 요동 정벌을 끝내게 됩니다.

당 태종의 3차에 걸친 고구려 원정에 대하여 김부식이 한마디 합니다.

처음에 태종이 요동에서 사변을 일으킬 때 간하는 사람이 하나가 아니었다. 또 안시(성)에서 군대를 돌이킨 후에는 스스로 성공하지 못한 것을 깊이 후회하고 탄식하여 말하기를 "위징이 있었다면 내가 이번 걸음을 하게 하지는 않았을 것이다."라고 하였다. 그가 다시 정벌하려 할 때에 사공(토지와 민사를 맡아보는 관직)방현령房玄齡°이 병중에서 상소하여 간하였다.

"노자老子는 '만족할 줄 알면 욕되지 않고, 그칠 줄을 알면 위태롭지 않다.' 라고 하였습니다. 폐하는 위명과 공덕은 이미 만족하다고 할 수 있으며, 토지를 개척하고 강토를 넓혔으니 역시 그칠 만합니다. 또 폐하께서 매양 한 명의 중죄인을 판결할 때에도 반드시 세 번 되풀이하고 다섯 번 아뢰게 하며, 간소한 반찬을 올리게 하고 음악을 그치게 한 것은 인명을 소중히 여기기 때문입니다. 이제 죄 없는 사졸들을 몰아 칼날 밑에 맡겨두어서 비참하게 죽게 하니, 그들만은 불쌍히 여길 만하지 않다는 것입니까? 예전에 고구려가 신하의 절개를 어겼다면 죽이는 것이 마땅하고, 백성을 억압하고 못살게 했다면 멸망시키는 것이 옳으며, 후일 중국의 걱정거리가 될 것이라면 없애 버리는 것이 옳을 것입니다. 지금 이 세 가지 죄목이 없는데, 앉아서 중국을 번거롭게 하여, 안으로 앞 시대의 부끄러움을 씻고 밖으로 신라를

● 방현령
당 태종 때의 정치가로 '정관의 치'를 이끈 핵심인물이다. 당 태종 때 인물 평을 가장 잘하는 왕규라는 사람이, 방현령을 충실히 국가에 봉사하고 아는 것을 반드시 실행에 옮기는 사람이라 평가하였다.

● 화이華夷
중국 민족과 그 주변의 오랑캐를 말한다.

수양제隋煬帝(재위 604~618)
중국 수의 제 2대 황제이다. 3차례의 고구려 원정과 만리장성 수축과 대운하 건설로.백성들의 불만이 커졌다. 이에 민란이 일어났으며, 우문화급宇文化及에 살해 당한다.

위해 복수한다고 하니, 어찌 보존되는 것은 작고 잃는 것은 큰 것이 아니겠습니까? 바라건대 폐하는 고구려가 스스로 잘못을 고치고 착하게 되도록 허락하시고, 파도 가운데의 배를 불사르고 모집에 응한 군사를 돌려보내면, 자연히 화이가 기뻐하여 의지할 것이며 먼 곳에서는 삼가고 가까운 곳에서는 편안하게 될 것입니다."

양공이 죽을 때 한 말이 간곡하기가 이와 같았으나, 황제가 따르지 않고 동쪽 지역을 폐허로 만들어 스스로 통쾌하게 여기려 하다가 죽은 후에야 그만 두었다.

사론에서 "과장하기를 좋아하고 공 세우기를 즐겨하여 먼 곳에서 싸우기에 힘썼다."라는 것이 이것을 말함이 아닐까?

유공권柳公權의 소설에 이런 말이 있다.

"주필(산)의 전쟁에서 고구려가 말갈과 군사를 합하여 사방 40리에 뻗치니 태종이 그것을 보고 두려운 빛이 있었다."

또 이런 말이 있다.

"6군이 고구려에 제압되어 거의 (위세를) 떨치지 못하게 되었을 때, 척후병이 고하기를 '영공의 대장기 검은 깃발이 포위되었다.'라고 하자 황제가 크게 두려워하였다."

비록 결국에는 스스로 빠져나갔지만 두려워함이 그러하였는데 《신당서》와 《구당서》 그리고 사마광의 《자치통감》에서 이것을 말하지 않은 것은 자기 나라를 위하여 숨긴 것이 아니겠는가?

— 보장왕 조 —

당 태종과 군신 간의 문답을 정리한 《정관정요》에 태종과 위징의 다음과 같은 대화 내용이 기록되어 있습니다.

태종이 위징에게 명군(나라를 훌륭하게 다스려 이름이 높은 임금)과 암군(사리에 어둡고 어리석은 임금)이 무엇인지를 묻자, 위징이 다음과 같이 대답하였다.

"명군인 이유는 겸청[•]이며, 암군인 이유는 편신[•]입니다.…… 수양제는 우세기만을 편신하여 도적이 성을 공격하여 촌리를 휘저어도 알지 못했습니다. 그러므로 군주가 겸청하여 아랫사람의 말을 채용하면 고관들도 악행을 많이 은폐시킬 수 없을 것이며, 아래 사정이 위로 알려질 것입니다." 태종이 그 말을 칭찬하였다.

– 《정관정요》 –

당 태종은 여러 신하의 말을 듣는 겸청이 중요하다는 것을 알고도 고구려 원정에서는 행하지 않았습니다. 그리고 명분도 없는 전쟁을 공명심에 사로잡혀 계속하고 있었습니다. 이런 당 태종을 김부식은 비판하고 있는 것입니다. 그것뿐만 아니라 《신당서》와 《구당서》 그리고 《자치통감》에서 전쟁의 과정에서 당 태종에게 불리한 내용을 기록하지 않은 사관의 태도도 비판하고 있습니다. 역사는 그렇게 서술해서는 안 된다고 말입니다.

● 겸청兼聽
많은 사람이 말하는 것을 잘 듣는 것을 말한다.

● 편신偏信
한쪽 사람이 말하는 것만을 믿는 것을 말한다.

09 스스로 무너진 고구려

보장왕 (재위 642~668)

고구려는 당 태종의 공격을 막아냈지만 전쟁이 끝난 것은 아니었습니다. 전쟁의 후유증이 곳곳에서 나타나기 시작하였으며, 내부적으로 분열되는 모습이 보이기 시작한 것입니다.

> 9년(650) 여름 6월에 반룡사의 보덕화상普德和尙(고구려 승려 보덕)이, 나라에서 도교를 받들고 불교를 믿지 않았으므로, 남쪽으로 옮겨 완산(지금의 전라북도 전주) 고대산으로 갔다.
> 13년(654) 여름 4월에 사람들이 간혹 말하였다. "마령馬嶺 위에 신인이 나타나 '너희 임금과 신하들이 사치함이 한도가 없으니 패망할 날이 얼마 남지 않았다.'라고 말하였다."

오랜 전쟁에 지치고 연개소문이 도교를 장려하기 시작하자 고구려의 고승들이 나라를 떠났습니다. 보덕화상뿐만 아니라 혜편惠便, 혜자惠玆, 승륭僧隆, 혜관慧灌 등의 고구려 고승들이 수행하고 교화하던 절을 도교에 빼앗기고 신라나 일본으로 떠나기도 하였습니다. 국론이 분열되면서 고구려의 힘이 빠지고 있다는 것입니다. 이러한 반발로 인해 노골적으로 고구려가 망한다는 소문이 나돌기 하였습니다. 한편 전쟁은 계속되고 있었습니다.

14년(655) 봄 정월. 이에 앞서 우리가 백제·말갈과 함께 신라의 북쪽 변경을 침범하여 33성을 빼앗았으므로, 신라 왕 김춘추가 당나라에 사신을 보내 원조를 구하였다. 2월에 고종이 영주도독 정명진과 좌위중랑장 소정방을 보내 군사를 거느리고 와서 공격하였다.

이때부터 시작하여 17년(658)부터 21년(662)까지 매년 당나라의 군대가 고구려를 공격했고 고구려는 이를 막아냈습니다. 그리고 25년(666)에 중요한 변화가 생겼습니다.

25년(666) 왕은 태자 복남福男(신당서에는 남복男福이라고 하였다)을 보내 당나라에 들어가 태산 제사에 참가하게 하였다.

태산은 중국 산둥 반도에 있는 산으로 화북 일대에서 가장 높은 산으로 알려져 있습니다. 태산은 도교의 발상지로도 알려져 있으며 중국의 역대 황제들은 이 산에서 하늘에 제사를 지냈습니다. 왜냐하면 제왕은 하늘의 명을 받고 세상에 군림하여 나라를 다스리는 존재로서 이렇게 하여야만 나라가 태평하고 백성이 안정된 생활을 할 수 있다고 믿었기 때문입니다. 황제는 문무대신 백여 명을 거느리고 산에 올라 정상에서 하늘을 향하여 제사를 지냈는데, 이런 행사를 '봉封'이라 하고 산에서 내려와 깨끗한 곳을 찾아 지신에게 제사를 드리는 행사를 '선禪'이라 하였습니다. 이렇듯 '봉선'은 황제로서의 지위를 확고하게 하는 일이라고 할 수 있습니다. 이 봉선 의식에 고구려 보장왕이 태자를 보냈다는 것은 당나라의 황제를 인정하고 당나라와 고구려의 조공 관계, 즉 우호적 관계를 지속하겠다는 뜻으로 생각됩니다. 이는 또한 지속적인 전쟁으로 고구려가 지쳤다는 의미도 될 것입니다.

이 과정에서 연개소문이 죽게 됩니다. 그리고 그의 아들들이 권력을 승계하였습니다.

> (연)개소문이 죽자 장자인 남생이 대신 막리지가 되어 처음 국정을 맡아 여러 성으로 순행하면서, 그 아우인 남건男建과 남산男産에게 남아서 뒷일을 맡게 하였다.

태산泰山
타이산을 우리나라 말로 태산이라고 한다. 중국 산동성 중부 타이산 산맥의 최고봉이다. 중국의 5대 명산의 하나인 동악東岳으로 신성하게 여겨졌으며, 역대 황제들이 하늘의 뜻을 받는 봉선의식을 행했던 곳이다. 1987년 유네스코 세계문화유산과 세계자연유산으로 동시에 지정되었다.

남생이 여러 성을 순행한다는 것은 연개소문의 뒤를 이었음을 확인받고 동시에 지방 세력으로부터 협조를 얻기 위함이라고 생각됩니다. 하지만 고구려의 사정은 변하고 있었습니다. 앞에서 확인하였듯이 내부적으로 당나라의 화친을 주장하는 쪽과 강경책을 지속하자는 쪽이 대립하기 시작하였고, 보장왕은 당나라와 우호 관계를 지속하기를 원하고 있었습니다. 보장왕과 함께 당나라와의 우호 관계를 원하는 세력은 연개소문과 그의 아들들로 대표되는 대당 강경론자들을 제거하는 것이 가장 중요했을 것입니다. 마침 연개소문이 죽고 그의 아들들이 권력을 승계하자, 대당 온건론자들은 연개소문의 아들들을 이간질시키기 시작하였습니다. 그로 인하여 남생은 당나라로 망명하게 되었습니다.

어떤 사람이 두 아우에게 말하기를 "남생이 두 아우가 핍박하는 것을 싫어하여 제거하려고 마음먹고 있으니 먼저 계략을 세우는 것이 낫겠습니다."라고 하였다. 두 아우는 처음에 믿지 않았다. 또 어떤 사람이 남생에게 고하기를 "두 아우는 형이 그 권력을 도로 빼앗을까 두려워, 형에게 거역하여 들어오지 못하게 하려 합니다."라고 하였다. 남생은 친한 사람을 몰래 평양으로 보내 그들을 살피게 하였는데, 두 아우가 그를 덮쳐 붙잡았다. 이리하여 왕명으로 남생을 불러들였으나, 남생은 감히 돌아오지 못하였다. 남건이 스스로 막리지가 되어 군사를 내어 그를 토벌하니, 남생은 달아나 국내성

건릉
당 고종과 측천무후의 합장능이다.

에 웅거하면서 그 아들 헌성獻誠을 시켜 당나라에 가서 애걸하였다. 6월에 (당나라) 고종이 좌효위대장군 글필하력*에게 명령하여 군사를 거느리고 그에 응하여 맞이하게 하니, 남생이 몸을 빼어 당나라로 달아났다.

당나라는 668년 이세적과 설인귀를 앞세워 고구려를 총공격하여 9월 마침내 보장왕의 항복을 받게 됩니다. 고구려가 멸망한 것입니다.

이 상황에서 김부식이 한마디 안 할 수가 없겠지요. 사론이 길어 끊어서 보겠습니다.

> 현도와 낙랑은 본래 조선의 땅인데 기자가 봉해졌던 곳이다. 기자가 그 백성들에게 예의와 농사, 누에치기, 옷감 짜기를 가르치고, 법금8조(기자가 제정한 입법)를 두었다. 이리하여 그 백성들이 서로 도둑질하지 않고 문을 닫지 않았으며, 부인이 정조와 신의를 지켜 음란하지 않고, 먹고 마시는 데 변두*를 사용하였으니, 이것은 어진 이의 교화 덕택이다. 또 천성이 유순하여 3방*과 달랐으므로, 공자가 도가 행해지지 않는 것을 슬퍼하고, 바다에 배를 띄워 [건너와서] 이곳에 살려고 한 것도 까닭이 있었던 것이다.

현도와 낙랑은 서기전 108년에 한나라 무제가 고조선을 멸망시키고 세운 한의 지방 조직입니다. 기록으로 보아 김부식은 단군보다 기자를 중시한 것 같습니다. 기자는 중국 주나라에서 고조선을 다스리라고 보낸 사람으로, 일찍부터 우리 문화가 중국의 영향을 받아 중국과 같은 예법을 지니게 되었음을 상징하는 인물입니다.

김부식은 여기서 출발하여 동이족이 예의를 갖춘 민족이라는 것을 강조하고 있는 것입니다.

> 그러나 《역경》의 <효사>*에 "효이爻는 다예多譽라 하였고 효사爻를 다구多懼라 하였는데 가깝기 때문이다."라고 하였다. 고구려는 진한 시대 이후 중국의 동북 모퉁이에 끼어 있었다. 그 북쪽 이웃은 모두 천자의 관리로서, 난세에는 영웅으로 빼어나서 이름과 자리를 함부로 도둑질하였으니, 가히 두려움이 많은 땅에 거하였다고 할 수 있다. 그러나 겸손한 뜻이 없고 중국의 봉토를 침략하여 원수를 만들고, 그 군현에 들어가 살았다. 이 때문에 전쟁이 이어지고 화가 맺어져 거의 편안할 때가 없었다. (고구려는) 동쪽으로 도읍을 옮기고 수나라와 당나라가 통일한 때를 만나고도, 오히려 천자의 명에 거역하여 순종하지 않고, 천자의 사신을 토굴에 가두었다. 그 완고하고 두려워하지 않음이 이와 같았으므로 여러 번 죄를 묻는 군사를 불러들였다. 비록 혹시 기이한 계책을 세워 대군을 이긴 적도 있었으나, 마침내 왕이 항복하고 나라가 멸망한 후에야 그치게 되었다.

효사 이야기가 무엇일까요? 효이, 즉 두 번째 점괘는 다예라고 하는데, '예譽'는 '칭찬하고 가상히 여기다'라는 의미입니다. 효사, 즉 네 번째 점괘는 다구라고 했는데, '구懼'는 '두려워하다'라는 의미입니다. 왜냐면 가깝기 때문이라고 하였습니다. 무엇과 가깝다는 것일까요? 효사 다음의 효오, 즉 다섯 번째 점괘와 가깝다는 것입니다. 효오는 천자의 자리입니다. 그러면 위의 내용은 다음과 같이 생각할 수 있습니다. 천자의 자리에서 멀면 천자의 공격을 받지

• 《주역》의 각 효에 붙인 풀이이다. 효로 이루어진 괘 전체를 풀이한 것을 괘사라 하며, 효의 뜻을 풀이한 것을 효사라고 한다. 하나의 괘에는 6개의 효사가 있고, 《주역》 전체에는 384개의 효사가 있다. 각 효마다 그 효의 음·양의 성질과 순서를 뜻하는 두 글자로 된 효제가 있고 길흉화복을 나타내는 효사가 있다.

내 생각에
동의하지
않소?

음…

"김부식"

않고 적당히 외교적 관계를 맺으면 칭찬받고 편안한 것이고, 천자와 가까우면 천자의 공격을 받고 마찰을 빚을 수밖에 없는 두려운 위치라는 것입니다. 그러므로 고구려가 바로 효사의 위치에 있다는 것입니다. 김부식의 표현대로라면 전통적으로 예禮의 민족인 고구려는 중국과 마찰할 수밖에 없는 위치에 있으면서 중국에 예를 다하지 않아서, 즉 고분고분하지 않아서 망했다고 합니다. 그러면 고구려는 어떻게 해야 했을까요? 외교적 해결을 했어야 하겠지요. 외교적 해결이란 당 태종의 천하 통일의 야망에 맞추어 항복하는 것인데 이것이 옳은 것이라고 할 수 있을까요? 정답은 없습니다만, 여러분의 생각은 어떤가요? 이 문제와 더불어 김부식은 내부적으로 중요한 것을 다음에서 언급하고 있습니다.

그러나 처음과 끝을 보면, 위아래가 화합하고 많은 무리들이 화목할 때는 비록 대국이라도 빼앗을 수 없었는데, 나라에 대해서 불의하고 백성에게 어질지 못하여, 무리의 원망을 일으키는 데에 이르면 무너져 스스로 떨칠 수 없게 되었다. 그러므로 맹자는 이렇게 말하였다. "하늘의 때와 땅의 이로움이 사람의 화목만 같지 못하다."
좌씨는 이렇게 말하였다. "나라가 흥하는 것은 복으로 말미암는 것이고, 망하는 것은 화로 말미암는 것이다. 나라가 흥할 때에는 백성을 대하기를 자기가 상처를 입은 것같이 하니 이것이 그 복이요, 나라가 망할 때에는 백성을 흙이나 풀과 같이 보니 이것이 그 화이다."
이 말들에 의미가 있는 것이다. 그렇다면 무릇 나라를 가진 자로서, 포악한 관리가 윽박지르고 권세가가 함부로 거두어들이도록 내버려 두어 인심을 잃는다면, 비록 잘 다스려 어지럽지 않게 하고 보존하여 망하지 않게 하려 해도, [이것이] 어찌 억지로 술을 먹고 취하기를 싫어하는 것과 다르겠는가?

김부식은 국가의 흥망은 지배층이 백성을 대하는 태도에 달려 있다고 하면서 마지막 구절에서 특히 국왕의 역할을 강조하고 있습니다. '나라를 가진 자'로서 권세가들이 백성을 침탈하는 것을 막지 못하면 국가를 보존할 수 없다는 것입니다. 계급사회의 왕조 시대에도 이러한 태도를 강조하는데, 하물며 민주주의 시대에는 말할 것도 없겠지요. 국가가 망하면 그 피해는 고스란히 백성들의 몫이 될 것입니다. 김부식의 말이 전적으로 옳다고는 할 수 없지만, 그 말이 우리 시대의 거울로 작용할 수는 있을 것입니다.

* 669년 4월에 고구려의 3만 8천3백 호의 백성들이 중국의 변방 지역의 척박한 땅으로 강제 이주되었다.

신라의 도움으로 부활을 꾀한 고구려

평양성이 함락되고 보장왕이 항복하면서 고구려는 종묘사직에 제사지내는 것이 끊어지게 되었습니다. 하지만 당과 신라의 연합군은 고구려의 모든 성을 점령하고 항복을 받은 것은 아니었습니다. 그래서 부흥 운동이 일어나게 된 것입니다.

[총장] 2년 기사년(669) 2월에 왕의 서자庶子 안승安勝이 4천여 호를 거느리고 신라에 투항하였다. 여름 4월에 고종이 3만 8천3백 호를 강회江淮의 남쪽과 산남山南·경서京西 여러 주의 빈 땅으로 옮겼다.

– 《삼국사기》 권22 〈고구려 본기〉 고구려부흥운동 1년 –

함형咸亨 원년 경오년670 여름 4월에 이르러 검모잠劍牟岑이 나라를 부흥하려고 당나라에 배반하여, 왕의 외손 안순安舜<[순舜을] 신라기新羅紀에는 승勝이라고 썼다.>을 세워 임금으로 삼았다. 당나라 고종이 대장군 고간을 보내 [그를] 동주도東州道 행군총관으로 삼아 군사를 내어 그들을 토벌하니, 안순은 검모잠을 죽이고 신라로 달아났다.

– 《삼국사기》 권22 〈고구려 본기〉 고구려 부흥운동 2년 –

10년(670) 6월에 고구려 수임성水臨城 사람 대형 모잠牟岑이 유민들을 모아 궁모성窮牟城으로부터 패강浿江 남쪽에 이르러 당나라 관리와 승려 법안法安 등을 죽이고 신라로 향하였다. 서해 사야도史冶島에 이르러 고구려 대신 연정토의 아들 안승安勝을 만나 한성 안으로 맞아들여 받들어 임금으로 삼았다. 소형小兄 다식多式 등을 [신라에] 보내 다음과 같이 슬피 고하였다.

"망한 나라를 일으키고 끊어진 세대를 잇게 해주는 것은 천하의 올바른 도리이니 오직 대국에게 이를 바랄 뿐입니다. 우리나라의 선왕이 도를 잃어 멸망당하였으나, 지금 저희들은 본국의 귀족 안승을 맞아 받들어 임금으로 삼았습니다. 바라건대 대국을 지키는 울타리가 되어 영원히 충성을 다하고자 합니다." 왕은 그들을 나라 서쪽 금마저金馬渚에 살게 하였다.

사찬 수미산須彌山을 보내 안승을 고구려 왕으로 봉하였다. 그 책문册文은 다음과 같다.

함형咸亨 원년 경오(670) 가을 8월 1일 신축에 신라 왕은 고구려 후계자 안승에게 책봉의 명을 내리노라. 공公의 태조 중모왕中牟王은 덕을 북산北山에 쌓고 공을 남해南海에 세워, 위풍이 청구青丘에 떨쳤고 어진 가르침이 현도를 덮었다. 자손이 서로 잇고 대대로 끊어지지 않았으며 땅은 천리를 개척하였고 햇수는 장차 800년이나 되려 하였다. 남건男建과 남산南産 형제에 이르러 화가 집안에서 일어나고 형제간에 틈이 생겨 집안과 나라가 멸망하고 종묘 사직이 없어지게 되었으며 백성들은 동요하여 마음 의탁할 곳이 없게 되었다. 공은 산과 들에서 위험과 곤란을 피해 다니다가 홀몸으로 이웃 나라에 의탁하였다. 떠돌아다닐 때의 괴로움은 그 자취가 진문공晋文公과 같고 망한 나라를 다시 일으킴은 그 사적이 위후衛候와 같다. 무릇 백성에게는 임금이 없을 수 없고 하늘은 반드시 사람을 돌보아 주심이 있는 것이다. 선왕의 정당한 후계자로는 오직 공이 있을 뿐이니, 제사를 주재함에 공이 아니면 누가 하겠는가? 삼가 사신 일길찬 김수미산 등을 보내 책명을 펼치고 공을 고구려 왕으로 삼을

지니, 공은 마땅히 유민들을 어루만져 모으고 옛 왕업을 잇고 일으켜 영원히 이웃 나라로서 형제처럼 친하게 지내야 할 것이다. 삼가하고 삼가할지어다. 아울러 멥쌀 2천 섬과 갑옷 갖춘 말 한 필, 무늬비단[綾] 다섯 필과 명주[絹]와 가는 실로 곱게 짠배[細布] 각 10필, 목화솜[綿] 15칭[稱]을 보내니 왕은 그것을 받으라.

– 《삼국사기》 권6 〈신라 본기〉 문무왕 10년 –

고구려 부흥 운동에서 눈여겨 보아야 할 것은 고구려 유민들과 신라의 관계입니다. 고구려 유민들을 신라가 받아들인 것입니다. 받아들인 것뿐만 아니라 안승을 왕으로 삼고 그들에게 금마저 지금의 익산 지역을 내주어 근거지로 삼게 하였습니다. 신라는 왜 이러한 행동을 하였을까요? 660년에 백제를 멸망시키고 668년에 고구려를 멸망시킨 후 신라는 당과 일전을 앞두고 있었습니다. 당이 신라와 연합하여 백제와 고구려를 멸망시킨 것은 결국 신라를 이용하여 한반도 전체를 장악하려는 야심이 있었기 때문입니다. 그래서 백제의 옛 땅에 웅진 도독부를, 고구려의 옛 땅에 안동도호부를 두고 경주에 계림 도독부를 두어 한반도 전제를 지배하려고 하였습니다. 신라는 이에 맞서는 것이 당연하였겠지요. 그래서 고구려 부흥 운동을 지원하게 되었던 것입니다.

貊滅其國進兵
十七年夏四月
求民不得後沸
於王留頗賜從
辛豆谷冬十月夢
琉爲瑠璃明王
三國史記卷第十三

3부
백제 본기

"자기 임금에게 예절이 있는 자를 보면 그를 섬기기를 마치 효자가 부모를 봉양함과 같이 하고, 자기 임금에게 무례한 자를 보면 그를 죽이기를 마치 새매가 참새를 쫓는 것과 같이 한다. 거북을 보니 착한 데다 뜻을 두지 않고 흉한 짓만 하고 있다. 이로 말미암아 그를 쫓아 버려야 한다."

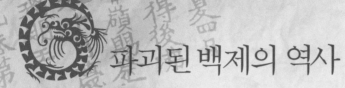

파괴된 백제의 역사

백제 본기는 신라 본기나 고구려 본기와 큰 차이가 없습니다. 차이점이 있다면 신라와 고구려와는 달리 왕릉의 위치가 기록된 것이 하나도 없다는 것입니다.

연대와 계절, 월을 기록하고 사건을 기술하는 방식을 따르고 있으며 고구려 본기와 같이 날짜까지 기록된 사건은 보이지 않으며 또한 계절이나 달의 기록이 없이 어느 해의 사건으로 기록된 것을 볼 수 있습니다. 고구려 본기와 다른 점은 멸망 후 부흥운동을 중국 측 자료를 통하여 상세히 기록하고 있습니다. 삼국사기 본기 전체의 흐름과 마찬가지로 국내 기사와 중국측 기사가 다른 경우에는 대부분 국내의 기사를 신뢰하였으며 초기 기록부터 문헌에 근거하여 서술하였습니다.

백제 본기의 자료가 가장 빈약한 것은 고구려와 마찬가지로 백제가 멸망한 후 당나라에 의해 수도의 인간이 철저히 포로로 잡혀간 상황에서 그들의 역사가 철저히 파괴되었기 때문이라고 생각됩니다.

삼국사기 본기를 놓고 사마천의 사기와 비교해보면 기전체를 창안한 사마천은 본기보다는 열전列傳이나 서書를 중심으로 《사기史記》를 엮었습니다. 이것은 역사를 정치사보다는 다양한 인간 군상의 총체적 삶의 형태로 이해하려고 했던 것으로 생각됩니다. 하지만 김부식은 《삼국사기》를 엮을 때 본기를 중심으로 편찬을 하였습니다. 왜 그렇게 했는지는 구체적으로 알 수 없지만 진삼국사표에서 밝힌 목적에 맞게 편찬한 것으로 생각됩니다.

삼국사기 백제본기는 권23~권28의 6권으로 되어 있고 각 권에 수록된 왕은 다음과 같습니다.

권	수록된 왕들
23	시조 온조왕, 다루왕, 기루왕, 개루왕, 초고왕
24	구수왕, 사반왕, 고이왕, 책계왕, 분서왕, 비류왕, 계왕, 근초고왕, 근구수왕, 침류왕
25	진사왕, 아신왕, 전지왕, 구이신왕, 비유왕, 개로왕,
26	문주왕, 삼근왕, 동성왕, 무령왕, 성왕
27	위덕왕, 혜왕, 법왕, 무왕
28	의자왕, 백제 부흥운동

01 투항한 자를 다스리는 법

개루왕 (재위 128~166)

개로왕 (재위 455~475)

개루왕盖婁王은 백제의 네 번째 왕입니다. 개루왕이 39년간 재위하였다고 하는데, 《삼국사기》에는 개루왕 4년(131)에 사냥한 일, 5년에 북한산성을 쌓은 일, 10년에 천문에 관한 일, 28년에 일식과 신라인의 귀순에 관한 일, 그리고 39년에 돌아가신 내용에 대한 기록이 전부입니다. 그중에서 28년의 기사를 보도록 합시다.

북한산성北漢山城
옛날 고구려와 백제의 쟁탈 중심지이며 사진은 북한산성의 대남문이다. 백제는 개루왕 5년(132년)에 이곳에 성을 쌓았다. 그러나 고구려의 광개토왕이 백제를 공격하였고, 광개토왕의 아들 장수왕은 이 성을 포위하여 함락시켰으며, 서울 지방은 고구려의 북한산 주로 예속되었다. 뒤에 신라가 점차 국력이 강해져서 이 지역에 진출하였으며, 이곳에 진흥왕 순수비를 건립하였다. 경기도 고양시 덕양구 북한동 소재

28년(155) 봄 정월 그믐 병신에 일식이 있었다. 겨울 10월에 신라의 아찬 길선*이 반란을 도모하다가 일이 탄로나 도망해 왔다. 신라 왕(아달라 이사금)

이 글을 보내 그를 (돌려주기를) 청하였으나 보내지 않았다. 신라 왕이 노하여 군사를 거느리고 쳐들어왔으나 여러 성이 성벽을 굳게 하여 지키기만 하고 나가 싸우지 않으니 신라 군사들은 군량이 떨어져 돌아갔다.

– 개루왕 조 –

● 길선吉宣
신라 시대 아달라이사금 때 관리이다. 6두품이 오를 수 있는 가장 높은 관직인 아찬을 지냈다. 아달라 이사금 12년(165)에 모반을 하려다가 실패하여 백제로 달아났다.

아찬이면 신라 유리왕 때 만들어진 17관등 중에서 6등에 해당하는 관등입니다. 이 위치의 길선이라는 자가 반란을 일으켰다는 것은 아마도 귀족들 사이의 갈등이 있었다고 생각됩니다. 그는 반란의 계획이 탄로나자, 백제로 도망을 왔고, 그로 인하여 백제와 신라 사이에 전투가 벌어졌습니다. 이에 대하여 김부식이 한마디합니다.

● 춘추시대春秋時代
중국 주나라가 동쪽으로 도읍을 옮긴 서기전 770년부터 서기전 403년까지 약 360년간의 전란 시대를 말한다. 공자가 자신이 저술한 역사책 《춘추》에서 이 시대의 일을 서술한 데서 붙여진 이름이다.

춘추시대에 거복이 노나라로 도망해 왔다. 계문자(노나라의 재상)가 말하였다. "자기 임금에게 예절이 있는 자를 보면 그를 섬기기를 마치 효자가 부모를 봉양함과 같이 하고, 자기 임금에게 무례한 자를 보면 그를 죽이기를 마치 새매가 참새를 쫓는 것과 같이 한다. 거복을 보니 착한 데다 뜻을 두지 않고 흉한 짓_흉덕凶德만 하고 있다. 이로 말미암아 그를 쫓아 버려야 한다." 지금 길선도 간악한 역적인데 백제 왕이 받아들여 숨겼으니, 이는 '역적을 비호하여 숨기는_엄적위장 것'이라고 하겠다. 이로 말미암아 이웃 나라와의 화목을 잃고, 백성들로 하여금 전쟁에 시달리게 하였으니 심히 밝지 못하였다.

– 개루왕 조 –

유교적 관점에서 충성을 맹세한 군주에 대한 배신은 이른바 역적

의 행위입니다. 김부식은 신하의 도리란 무릇 자신의 이익이 아니
라 의리와 명분에 따라 군주를 받들어 모시는 것이라고 생각했습니
다. 그래서 길선을 비판하고, 길선을 받아들인 백제의 개루왕도 잘
못하였다라고 기록했습니다. 하지만 《삼국사기》에는 또 다른 시각
이 나타나 있습니다.

> 경순왕 4년(930) 정월에 재암성(경북 청송으로 추정) 장군 선필이 고려에
> 투항하므로, 태조는 이를 후한 예로 대접하고 상보尙父라 칭하였다. 처음에
> 태조가 신라와 통호通好하고자 하여 선필이 이를 인도하였는데 이때에 항
> 복하였으므로 그 공이 있었고 또한 늙었음을 생각한 까닭으로 그를 사랑하
> 여 포상하였다.
> – 경순왕 조 –

아찬 길선과 재암성 장군 선필을 단순 비교할 수는 없지만, 두 사
람의 행위에는 공통점이 있습니다. 바로 자신의 나라에 대한 배반
입니다. 길선은 직접 반란을 도모하였고, 선필은 신라 왕으로 하여
금 고려에 의탁하도록 유도한 연후에 자신이 먼저 고려에 항복하였

습니다. 헌데 이에 대해서 김부식은 한마디의
비판도 하지 않았습니다. 왜 그랬을까요? 또
하나의 명분이 판단의 기준이 되었기 때문입니
다. 그 기준이 바로 군주의 덕입니다. 군주의
입장에서는 많은 인재와 군사를 거느리는 것을
좋아할 것입니다. 국력이 강해지기 때문이지
요. 이때 군주는 덕으로 자기에게 귀순해 온 사

람을 감복시켜 충성을 유도하고 배신하지 않도록 이끌어야 합니다. 유교적 입장에서 보더라도 군주가 덕이 있으면 많은 인재와 군사들이 모여들 수 있다고 했습니다. 덕이 있는 군주에게는 사람이 모이는 법이고, 덕이 없는 군주에게는 사람이 떠나는 법이지요. 그러한 점으로 볼 때, 왕건은 덕이 있고, 경순왕은 덕이 없다는 것입니다. 김부

● 석촌동 고분군
서울 송파구 석촌동에 조성된 백제 시대 고분군이다. 적석총 (돌무지 무덤)과 토광묘(널무덤) 등 백제 초기의 유적 5기가 보존되어 있다.

식은 고려의 신하였으므로 이러한 주장을 펼 수 있으나, 만약 신라의 신하였더라도 그러했을까요?

 귀순한 자에 대한 김부식의 비판은 제 21대 개로왕 때 다시 한번 언급됩니다. 백제의 처음 수도는 한성(또는 위례성)입니다. 정확한 위치에 대한 논란은 있지만 대체로 서울의 동쪽입니다. 서울 지하철 2호선 잠실역에 내리면 롯데월드라는 놀이공원이 있습니다. 롯데월드 동쪽으로 올림픽 공원이 있는데 그 안에 몽촌토성이 있고 몽촌토성보다 더 동쪽에 풍납토성˚이 위치해 있습니다. 그리고 롯데월드 남쪽으로 백제 초기 고분인 석촌동 고분군˚이 있습니다. 이 일대가 백제의 처음 수도인 한성으로 추정되고 있습니다. 한성은 고구려 장수왕에 의하여 점령당했고, 당시 재위해 있던 개로왕이 그곳에서 살해당했습니다. 그리고 백제의 왕족이 지금의 공주인 웅진으로 내려가 백제 왕실을 재건하게 됩니다. 그러므로 웅진이 백제의 두 번째 도읍인 것입니다.
 한성 백제의 마지막 임금인 개로왕에 대한 《삼국사기》의 기록은

백제의 수도 변천
① 하남위례성
(우조왕, 서기전 18)
↓
② 웅진성(지금의 공주)
(문주왕, 475)
↓
③ 사비성(지금의 부여)
(성왕, 538)

• 도림道林

고구려 중기의 승려이다. 장수왕의 밀사로 백제에 들어가서 내정을 살폈고, 개로왕에게 대대적인 토목 공사를 벌이게 하여 국고를 탕진하게 하였으며, 장수왕으로 하여금 백제를 쳐 개로왕을 죽이게 하였다.

• 대로對盧

고구려 때 왕가의 직속 하에 두었던 제의의 벼슬이다. 패자沛者와 함께 왕을 도와 나라의 정사를 총괄하는 위치이다. 왕이 직접 임명하지 못하고 여러 부족 중 우세한 부족에서 선출하였으며, 부족의 대변자 역할을 하면서 왕권을 견제하였다.

아차산성阿且山城

백제가 광주에 도읍하였을 때 고구려의 침입을 물리치기 위하여 쌓은 큰 성이다. 475년 개로왕이 한성을 포위한 3만여 명의 고구려 군과 싸우다가 전세가 불리하자 아들 문주를 남쪽으로 피신시킨 뒤 자신은 이 산성 밑에서 고구려 군에게 잡혀 살해되었다. 아차산성은 고구려가 잠시 차지했다가 신라 수중에 들어가 신라와 고구려의 한강 유역 쟁탈전 때 싸움터가 된, 삼국 시대의 중요한 요새였다.

북위에 보낸 국서의 내용이 거의 전부입니다. 북위는 439년에 200여 년 동안 분열되어 있던 중국의 화북 지대를 통일한 왕조입니다.

화북 일대에 강력한 통일 왕조가 형성되자, 고구려와 백제는 북위와 외교 관계를 통하여 서로 상대방을 제압하려는 외교전을 벌였습니다. 개로왕이 보낸 국서의 내용에서는 고구려가 가로막아 북위와 통교하는 것이 어려우니 군사를 내어 고구려를 정벌해달라는 것이었습니다. 북위가 이를 들어주지 않자 개로왕은 북위와의 관계를 끊어버렸습니다.

한성 백제가 멸망하는 데 큰 역할을 한 것은 바로 고구려의 승려 도림˙이었습니다. 도림은 장수왕의 명을 받아 거짓으로 백제에 항복하고, 개로왕과 더불어 바둑을 즐기면서 개로왕으로 하여금 궁궐과 성벽을 수리하고 선왕의 능을 수리하는 대대적인 토목 공사를 벌이게 했습니다. 도림이 이렇게 백제의 국력을 탕진하게 만듦으로, 장수왕은 백제를 쉽게 정벌할 수 있었습니다.

개로왕의 최후에 대한 기록은 다음과 같습니다.

21년(475) 이때에 이르러 고구려의 대로對盧인 제우·재증걸루·고이만년(재증과 고이는 모두 복성˙이다) 등이 군사를 거느리고 와서 북성을 공격하여 7일 만에 함락시키고, 남성으로 옮겨 공격하였다. 성안은 위태롭고 두려움에 떨었다. 왕이 (성을) 나가 도망가자 고구려의 장수 걸루 등은 왕을 보고는 말에서 내려 절한 다음에 왕의 얼굴을 향하여 세 번 침을 뱉고는 그 죄를 꾸짖었다. (그러고는) 왕을 포박하여 아차성 아래로 보내 죽였다. 걸루와 만년은 백제 사람본국인本國人이었는데, 죄를 짓고는 고구려로 도망하였었다.

— 개로왕 조 —

개로왕을 살해한 이들은 바로 백제에서 고구려로 귀순하여 고구려에서 벼슬을 한 사람들이었습니다. 이들에 대해 김부식이 한마디합니다.

초나라 명왕˚이 (운鄆 땅으로) 도망하였을 때에 운공 신의 아우 회가 왕을 시해하려고 하면서 말하였다. "평왕이 내 아버지를 죽였으므로 내가 그 아들을 죽이는 것이 또한 옳지 않습니까?" 신이 말하였다. "임금이 신하를 토죄討罪하는데 누가 감히 원수로 삼겠는가? 임금의 명령은 하늘이니 만일 하늘의 명에 죽었다면 장차 누구를 원수로 할 것인가?" 걸루 등은 스스로 죄를 지었기 때문에 나라에 용납되지 못하였는데도 적병을 인도하여 이전의 임금을 결박하여 죽였으니 그 의롭지 못함이 심하다. 이르기를 "그러면 오자서˚가 영郢에 들어가서 (평왕의) 시체에 채찍질한 것은 어떠한가?" 라고 하니, 이르기를 《양자법언》˚에 이를 평하여 '덕에 말미암는 것이 아니다.'라고 하였다. 이른바 덕이란 것은 인仁과 의義일 뿐이니 오자서의 사나움은 운공의 어짊만 같지 못한 것이다." 이로써 논한다면 걸루 등의 의롭지 못함은 명백한 것이다.

김부식의 이 글은 읽는 사람에 따라서 해석을 달리할 수 있습니다. 필자 역시 이 글을 놓고 해석하는 데 많은 고민을 하였습니다. 운공 신과 그의 아우 회의 이야기를 보면 왕의 명령은 하늘의 명령

•복성複姓
두 글자로 된 성姓을 뜻한다.

•명왕明王
실제 왕의 명칭은 소昭왕인데 고려 4대 광종의 휘(이름)가 소昭이어서 김부식이 피하기 위하여 명왕이라고 하였다.

• 왈曰이라고 표현하는데, 이는 앞에 공자孔子를 생략한 것이다.

•오자서伍子胥
중국 춘추 시대의 초나라 사람으로(?~서기전 484) 이름은 원員이다. 아버지와 형이 초나라 평왕平王에게 피살되자 오나라를 도와 초나라를 쳐서 원수를 갚았다.

•《양자법언楊子法言》
중국 전한의 유학자 양웅이 지은 책이다.

으로 하늘이 명하여 죽은 것에 대하여는 원한을 가지면 안 된다는 것입니다. 이것을 근거로 걸루와 만년이 백제왕을 죽인 것은 잘못이라는 것입니다. 하지만 이 내용을 다른 각도에서 보면 걸루와 만년의 경우에 백제 왕을 배반하고 고구려 왕을 따랐으니, 고구려 왕의 명령이 천명이 될 수 있습니다. 고구려 장수왕의 명령에 의하여 백제 왕을 죽였다면 하늘의 명을 받아 백제 왕을 죽였기 때문에 죄가 아닐 수 있습니다. 김부식은 어떤 생각으로 이처럼 상반된 해석이 가능한 글을 썼을까요?

백제왕만 하늘이냐?

고구려

차별 반대!

걸루와 만년 등이 백제를 배반하고 고구려에 투항한 이유는 명백하게 기록된 것이 없습니다. 대체로 개로왕의 왕권 강화 정책 속에서 마찰을 빚은 귀족 세력으로 고구려에 투항한 것으로 해석되는 정도입니다. 그러나 김부식의 사론을 근거로 상상을 해보면 걸루와 만년 등의 가족이 백제 개로왕에게 죽임을 당하지 않았을까 생각됩니다. 김부식이 오자서의 이야기를 빗대어 그들의 잘못을 지적하고 있는 부분에서 추측할 수 있습니다. 오자서의 아버지와 형이 초나라의 평왕에게 살해당하자 오자서는 오나라로 망명하여 오나라의 군대를 이끌고 초나라를 정복하였습니다. 이때 평왕은 죽고 그의 아들인 명왕이 도망을 하였습니다. 오자서는 개인적인 원한을 갚고자 평왕의 무덤을 파헤쳐 시체를 매질하였지요.

김부식은 공자의 말을 빗대어 마무리하고 있습니다. '왕의 명령은 하늘의 명령인 천명이니 이를 거역하면 안 된다. 그래서 왕에게 개인적인 원한을 가져서는 안 되는 것이다. 또한 모든 일에는 덕이 있어야 한다. 덕이란 인과 의뿐이다. 즉 어짊과 옳음이라는 것이다. 하늘의 명인 천명을 따르는 것이 옳음이요, 그것에 순응하는 것이 어짊이고 그것을 갖추고 있는 것이 덕이 있다는 것이다.' 이것은 김부식이 추구한 유교 정치의 핵심입니다. 이자겸의 난과 묘청의 난으로 왕이 죽음을 당하기 직전까지 갔고, 왕권이 땅에 떨어진 김부식 당대의 상황을 생각해보면 이해가 가는 부분입니다.

02 왕을 시해하는 것은 천명을 어기는 일

삼근왕 (재위 477~479)

 백제는 개로왕이 죽고 고구려 군이 물러간 다음, 개로왕의 아들인 문주왕(재위 475~477)이 즉위하여 웅진°으로 도읍을 옮겼습니다.

> °웅진熊津
> 고구려의 침략으로 한강 유역과 수도 위례성을 빼앗긴 후, 475년에 웅진으로 수도를 옮겼다.

> 개로가 재위한 지 21년에 고구려가 쳐들어와서 한성을 에워쌌다. 개로는 성문을 닫고 스스로 굳게 지키면서 문주로 하여금 신라에 구원을 요청하게 하였다. (문주가) 군사 1만 명을 얻어 돌아오니 고구려 군사는 비록 물러갔지만, 성은 파괴되고 왕은 죽었으므로 드디어 왕위에 올랐다. (왕은) 성품이 부드럽고 결단력이 없었으나, 또한 백성을 사랑하였으므로 백성들도 그를 사랑하였다. 겨울 10월에 서울都을 웅진으로 옮겼다.   – 문주왕 조 –

웅진으로 도읍을 옮긴 백제의 상황은 어떠했을까요? 수도 함락의 책임을 놓고 왕권과 귀족권의 다툼이 있지 않았을까요? 특히 개로왕의 왕권 강화 정책과 이에 반발한 귀족들이 존재하고 있었다는 사실은 웅진으로 천도한 이후에도 계속되었을 것입니다. 또한 한성 지역을 토대로 한 귀족들과 웅진 지역을 토대로 한 귀족들 사이에도 권력을 둘러싼 대립이 있었을 것으로 짐작됩니다. 이러한 상황에서 왕의 역할이 중요한데, 《삼국사기》의 기록에 '성품이 부드럽고 결단력이 없었다.'라고 하는 것으로 보아 난국을 수습할 능력이 모자랐다고 할 수 있습니다. 따라서 귀족 세력들은 그를 가만히 두지 않았고, 괴롭히다가 끝내 시해했습니다.

백제의 와당
와당은 기와의 마구리이다. 막새나 내림새의 끝에 둥글게 모양을 낸 부분으로, 원형이나 혓바닥 같은 반원형 또는 좁고 굽은 긴 전이 붙어 있으며 무늬가 있다. 백제의 와당은 웅진과 사비 시대에 크게 발전하였다.

> 4년(478) 가을 8월에 병관좌평 해구*가 권세를 마음대로 휘두르고 법을 어지럽히며 임금을 무시하는 마음이 있었으나 왕이 능히 제어하지 못하였다. 9월에 왕이 사냥을 나가 밖에서 묵었는데 해구가 도적을 시켜 해치게 하여 드디어 죽었다.
>
> — 문주왕 조 —

● 해구 解仇
백제 문주왕 때의 반란자이다. 문주왕 2년(476)에 병관좌평에 임명되어 당시 웅진 시대 초기 왕권의 약화와 정국의 불안정에 편승하여 왕위를 넘보았다. 권력을 독점하고 법을 문란하게 하였다. 478년에 왕을 살해하고 전권을 장악하였다. 이로 인하여 부여씨의 백제 왕통은 일시 단절되었다.

병관좌평이면 현재 국방부 장관입니다. 국가 군대의 총책임자가 권력을 마음대로 하고, 급기야는 군사를 동원하여 왕을 시해한 것입니다.
문주왕이 죽은 후, 그의 아들 삼근왕이 뒤를 이었습니다.

> 삼근왕 혹은 임걸이라고도 하였다은 문주왕의 맏아들이다. 문주왕이 죽자 왕위를 이었는데 나이가 13세였다. 군무와 정사 모두를 좌평 해구에게 위임하였다.
>
> — 삼근왕 조 —

문주왕[•]을 시해한 후 열세 살의 어린 삼근왕이 왕위에 오르자, 해구가 모든 권력을 장악했습니다. 하지만 그것으로는 모자랐는지 해구는 반란을 일으켰습니다.

2년(478) 봄에 좌평 해구가 은솔(백제의 16관등 중에 3번째 등급) 연신[•]과 더불어 무리를 모아 대두성을 근거로 하여 반란을 일으켰다. 왕은 좌평 진남에게 명령하여 군사 2천 명으로 토벌하게 하였으나 이기지 못하였다. (왕은) 다시 덕솔 진로에게 명령하여 정예 군사 500명을 거느리고 해구를 공격하여 죽였다. 연신이 고구려로 달아나자, 그 처자를 잡아다가 웅진 저자市에서 목을 베었다.

– 삼근왕 조 –

해구의 반란을 진압한 것이 진로[•]이고, 동성왕이 즉위하면서 진로를 병관좌평 겸 지내외병마사로 삼은 것을 보면, 해씨 가문과 진씨 가문 귀족 간의 투쟁이라고 볼 수 있습니다. 그러나 삼근왕이 바로 다음 해에 죽고, 뒤를 이어 문주왕의 동생인 곤지의 아들이 동성왕[•]이 된 것을 보면 왕권이 귀족권을 눌렀다고 보는 것이 더 맞을 것입니다. 아니면 동성왕과 진씨 가문이 해씨 가문을 눌렀다고 볼 수도 있겠지요. 이 동성왕 말년에 국왕에 대한 시해가 또 발생했습니다. 위사좌평이던 백가[•]가 동성왕을 시해한 것입니다.

23년(501) 11월에 웅천의 북쪽 벌판에서 사냥하였고, 또 사비의 서쪽 벌판

공주 공산성
백제의 대표적인 고대 성곽으로 백제의 문주왕 원년(475) 한강유역의 한성에서 웅진으로 천도한 후 삼근왕 · 동성왕 · 무령왕을 거쳐 성왕 16년(538)에 부여로 옮길 때까지 웅진시대의 도성이었으며 그 후 신라 · 고려 · 조선 시대에도 행정과 군사적 요충지였다. 충청남도 공주시 소재.

● 연신燕信
백제 삼근왕 때의 반란자이다. 478년 정권 다툼에서 패퇴한 해구와 함께 대두성에서 반란을 일으켰다가 실패하자 고구려로 망명하였다.

● 진로眞老(?~497)
백제 삼근왕과 동성왕 때의 대신이다. 삼근왕 2년(478)에 해구와 연신이 무리를 모아 대두성을 근거로 반란을 일으켰을 때, 왕명을 받들어 해구를 격살하였다. 동성왕 4년(482)에는 병관좌평에 임명되어 군사 업무를 관장하였다. 이로써 한동안 권력의 핵심에서 벗어나 있던 진씨 세력이 해구의 반란을 진압한 것을 계기로 다시 득세하였음을 짐작할 수 있다.

에서 사냥하였는데 큰 눈에 막혀 마포촌에서 묵었다. 이보다 앞서 왕이 백가로 가림성(지금의 부여 성흥산성)을 지키게 하였다. 백가는 가지 않으려고 병을 핑계 삼아 사양하였으나, 왕이 허락하지 않았다. 이로 말미암아 (백가는) 왕을 원망하였는데, 이때에 사람을 시켜 왕을 칼로 찔렀다. 12월에 이르러 (왕이) 죽었다. 시호를 동성왕이라 하였다.

– 동성왕 조 –

● 동성왕(재위 479~501)
백제 제24대 왕이다. 신진 세력을 등용하여 왕권을 강화하고자 하였으며 남제(중국 남조) 및 신라와 우호적인 관계를 맺어 고구려를 견제하였다. 집권 말기에는 신진 세력을 견제하려 했으나 도리어 백가에게 살해되었다.

위사좌평은 지금의 경호실장의 위치입니다. 경호실장인 백가를 지방으로 보내려 하자, 백가는 왕을 시해한 것입니다. 웅진으로 천도한 뒤 왕권이 약해진 결과라고 할 수 있습니다. 이 백가에 대한 처벌은 뒤를 이은 무령왕에 의하여 이루어졌습니다.

● 백가苩加
백제 동성왕 때의 귀족이다. 백씨는 웅진 지방의 토착 세력으로 동성왕의 왕권 강화책과 함께 신진 세력으로 등장하였다.

2년(502) 봄 정월에 좌평 백가가 가림성을 근거로 하여 반란을 일으켰다. 왕은 군사를 거느리고 우두성에 이르러 한솔 해명에게 명령하여 토벌하게 하였다. 백가가 나와 항복하자 왕은 그의 목을 베어 백강(백마강, 충청남도 부여군 북부를 이르는 강이다)에 던져버렸다.

– 무령왕 조 –

김부식은 문주왕이 시해당하고 삼근왕이 해구를 물리친 상황에 대하여 다음과 같이 자신의 생각을 기록하였습니다.

춘추의 법에 임금이 시해를 당하였는데도 역적을 토벌하지 아니하면, 이를 깊이 책망하여 신하신자臣子된 사람이 없다고 하였다. 해구가 문주를 시해하자 그 아들 삼근이 왕위를 이었는데도 그를 능히 죽이지 못하였을 뿐만 아니

● **무령왕**(재위 501~523)
백제 제25대 왕이다. 제24대
동성왕의 둘째 아들로, 혼란한
백제를 안정시키고 왕권을 강
화하였다.
(왼쪽)사진은 무령왕릉에서 출
토된 견상야록으로 흉조를 알
아보는 동물이라 한다. 죽은
임금에게 나쁜 일이 생기면 알
려 주라고 묻었다. (오른쪽)사
진은 무령왕이 쓰던 관장식으
로 무령왕릉에서 출토됐다. 국
보 154호이다.

라, 또 그에게 나라의 정사를 맡겼다가 한 성에 근거하여 반란을 일으킴에
이른 연후에야 두 번이나 큰 군사를 일으켜서 이겼다.

이른바 '서리를 밟으면서도 경계하지 않으면 굳은 얼음을 만들게 되고, 반
짝거리는 불똥을 끄지 않으면 활활 타오르는 불꽃이 되는 것'이니 그 말미
암는 바는 점차적인 것이다. 당나라 헌종이 시해되었으나, 3세世 뒤에야 겨
우 그 역적을 죽였다. 하물며 바다 모퉁이의 궁벽한 곳에 있는 삼근과 같은
어린아이야 또한 어찌 족히 말할 나위가 있으랴.

                                                          - 삼근왕 조 -

그리고 무령왕이 백가를 처벌한 것에 대해서는 다음과 같이 기록
하였습니다.

《춘추》에 "남의 신하가 된 자는 반역하는 마음이 없어야 하며_무장無將, 반역
하면 반드시 죽여야 한다."라고 말하였다. 백가와 같은 흉악한 역적은 하늘
과 땅이 용납하지 않는 바인데 곧장 죄주지 아니하고, 이에 이르러 스스로
(죄를) 면하기 어려움을 알고 반란을 꾀한 후에야 죽였으니 때가 늦었도다.

                                                          - 무령왕 조 -

춘추의 필법이라고 하면 앞에서도 언급하였듯이 '도덕적 평가'입니다. 김부식은 사론을 통하여 왕을 시해한 사람은 즉시 죽여서 후환을 없애야 한다고 주장한 것입니다. 그냥 두면 반드시 더 큰 화가 있다는 근거를 대면서 말입니다. 하지만 현실적으로는 그렇지 못하였다고 하였습니다. 김부식의 말을 빌면 '당나라라는 큰 나라도 황제를 시해한 원수를 3세, 즉 3대 이후에 갚았는데 백제와 같이 바닷가 모퉁이의 작은 나라에서 삼근과 같은 열세 살 어린아이가 어떻게 할 수 있겠는가? 하지만 역적을 토벌할 수 있었으니 다행이다.' 이처럼 춘추의 필법을 동원하여 김부식은 신하가 왕을 죽여서는 안 된다는 것을 강조하고 있습니다. 〈신라 본기〉와 〈고구려 본기〉에서 왕위쟁탈전으로 왕을 시해하고 왕이 된 자들에게는 별 다른 비판을 가하지 않은 김부식은, 신하로서 왕을 시해한 이들에게는 매우 엄격한 비판을 가하고 있습니다. 고구려 봉상왕을 죽음으로 몬 창조리와 영류왕을 시해한 연개소문을 역신으로 비판하였고, 백제의 재증걸루와 고이만년의 경우 그리고 해구의 경우도 매우 비판적으로 대하고 있습니다.

　국왕을 시해한 신하에 대하여 김부식이 이토록 비판을 가하는 이유는 무엇일까요? 일단 김부식의 상황과 연결되어 있다고 생각됩니다. 김부식은 이자겸의 난과 묘청의 난을 겪었습니다. 이자겸의 난은 이자겸이 왕을 시해하려고 했고 묘청의 난은 새로운 나라를 세우겠다고 했습니다. 두 사건 모두 반역으로 성공할 경우 왕의 목숨은 보장할 수 없었을 것입니다. 그래서 김부식은 신하가 왕을 시해하려는 것에 대하여 지극히 예민한 모습을 보였던 것입니다.　유교의 지배 구조는 그 정점에 하늘이 있습니다. 옛날 어른들이 "하늘이 무섭지도 않느냐!"라고 준엄하게 꾸짖는 모습을 사극이나 위인전에서 많이 볼 수가 있었을 것입니다. 이때 하늘이라고 하는 것은 도덕의 기준, 정의의 기준이 되는 것으로써 항상 옳은 것이며 공명정대한 것이라고 할 수 있습니다.

하늘이 주신 명령이 천명이고, 그 천명을 받을 수 있는 사람이 곧 하늘이 정해준 국왕입니다. 국왕을 정점으로 해서 지배층을 이루고 있는데, 귀족이라 부르는 지배층은 스스로 존재할 수 없는 계층으로서 천명을 받은 국왕을 올바르게 보필하는 것으로 존재의 근거를 삼습니다. 그러므로 천명을 받은 국왕이 존재하지 않으면 그들의 존재 가치도 없는 것이지요. 국왕의 존재가 절대적으로 필요한 것이기에 신성시할 수밖에 없는 것이고, 갖가지 설화를 가지고 그 존재적 가치를 극대화하는 것입니다.

김부식을 비롯한 유교주의의 정치가들은, 국왕을 시해하고 왕이 된 자가 신하된 입장에서 새로운 천명을 받았다고 인정받게 되면 계속적으로 왕으로서의 존재 이유가 된다고 보았습니다. 또한 이러한 일은 독자적인 군사력을 보유할 수 있던 고대국가 체제에서는 자주 일어났습니다. 그래서 국왕의 입장에서는 신하들이 독자적인 군사력을 가지는 것에 대하여 경계하였으며, 군사권을 국왕이 독점하려고 하였습니다. 고려나 조선 시대에는 군사권을 국왕이 독점하였고 왕의 명령 없이 군사를 양성하거나 군대를 움직이면 역모로 다스렸습니다. 조선의 제21대 왕 영조의 아들인 사도세자˙가 죽임

• 사도세자思悼世子
(1735~1762)
조선 제21대 영조의 둘째 아들로 이복형인 효장세자가 죽자 세자에 책봉되었다. 1749년(영조 25) 15세의 나이로 영조를 대신해서 정사를 처리하였다. 그 후 그를 싫어하는 노론(조선 시대 당파)과 계비 정순왕후의 무고로 영조의 노여움을 사 정신 질환에 걸렸다. 1761년 계비의 아버지인 김한구 일파의 사주를 받은 나경언이 세자의 비행 10조목을 상소하였다. 영조는 세자에게 자결을 명하였으나, 이를 듣지 않자 뒤주 속에 가둬 8일 만에 굶어 죽게 하였다. 죽은 뒤 사도思悼라는 시호를 내렸고, 아들인 정조가 즉위하자 장헌莊獻으로 시호가 더해졌으며, 1899년 다시 장조莊祖로 추존追尊되었다. 능은 융릉隆陵으로 경기도 화성군에 있다.

을 당한 이유도 왕의 명령 없이 군사를 움직였다는 것 때문이었습니다. 하지만 조선 시대에도 반정이 일어나 국왕이 축출된 경우가 세 번 있었습니다. 세조에 의하여 노산군*(영조 때 복위가 되어 단종이라는 시호를 받았다)이, 중종에 의하여 연산군*이, 인조에 의하여 광해군*이 축출당하였습니다. 왕의 자리에서 쫓겨나 폐주가 되었지만 노산군을 제외하고는 모두 죽임을 당하지 않았습니다. 폐주 주변의 신하들은 죽여도 폐주는 죽이지 않는 이유는 왕을 죽이게 되면 자신도 반정에 의하여 죽임을 당할 수 있기 때문입니다. 흔하게 일어나는 일은 아니지만 가능성이 있기 때문에 최소한의 안전장치를 하는 것입니다.

하지만 신하가 국왕을 시해한 것은 다르게 해석되었습니다. 국왕이 존재함으로 존재 이유가 되는 신하가 국왕을 시해한다는 것은 바로 자신의 존재 가치를 부정하는 것으로서 있을 수 없는 일이라고 생각했습니다. 그리고 신하가 왕을 시해하고 새로운 국왕을 옹립하면 그 신하는 권신*이 되었고, 권신이 왕을 허수아비로 만들고 자신이 권력을 휘두르면 천명을 어기는 것이라고 생각했습니다. 김부식은 이 점을 경계한 것입니다.

* **노산군魯山君**
(재위 1452~1455)
조선 제6대 왕. 문종의 아들로 어린 나이에 즉위하여 숙부인 수양대군에게 왕위를 빼앗기고 상왕이 되었다. 이후 단종端宗(재위 1452~2455)복위 운동을 하던 성삼문 등이 죽음을 당하자 서인으로 강등되고 결국 죽임을 당하였다.

* **연산군燕山君**
(재위 1495~1506)
조선 제10대 왕. 많은 신진 사류를 죽이는 무오사화를 일으키고 생모 윤씨의 폐비에 찬성한 윤필상 등 수십 명을 살해하였다. 중종반정에 의해 폐왕이 되었다.

* **광해군光海君**
(재위1495~1506)
조선의 제15대 왕. 임진왜란 기간 동안 국가 안위를 위해 많은 공을 세웠으며, 전쟁이 끝난 후 대북파의 지지를 얻어 왕이 되었다. 즉위 후 당쟁의 폐해를 억제하려 하였으나 대북파의 책동에 휘둘렸으며, 인조반정으로 유배되어 죽었다.

* **권신權臣**
권세를 잡은 신하, 또는 권세 있는 신하를 말한다

03 왕은 신하와 소통해야 한다

동성왕 (재위 479~501)

　　　　　　　　　　　　　　　　　동성왕은 앞에서도 언급하였듯이 이름은 모대로이고, 문주왕의 동생인 곤지의 아들입니다. 담력이 뛰어나고, 활을 잘 쏘아 백발백중이었다고 기록되어 있습니다. 그래서인지 유독 사냥을 하였다는 기록이 많이 보입니다. 국사 교과서에 동성왕 때 일로 설명되어지는 것은 신라와의 동맹 강화입니다. 백제와 신라 사이의 동맹인 나제 동맹을 결혼 동맹으로 강화시킨 일이지요. 나제 동맹이 처음 맺어진 것은 433년이라고 합니다. 신라 눌지 마립간과 백제 비유왕˚ 때입니다.

> 비유왕 7년(433) 가을 7월에 사신을 신라에 보내 화친을 청하였다.
>
> 　　　　　　　　　　　　　　　　　　　　　　　－ 비유왕 조 －

˚ 비유왕(재위 427~455)
백제의 제20대 왕으로 구이신왕의 맏아들이며 개로왕의 아버지이다. 4부部를 순시하고 가난한 백성에게 곡식을 내렸으며 국제 외교를 통한 친선에 힘썼다.

눌지 마립간 17년(433) 가을 7월에 백제가 사신을 보내 화친하기를 청하였
으므로 이에 따랐다. 18년(434) 봄 2월에 백제왕이 좋은 말 두 필을 보냈다.
가을 9월에 또 흰매를 보냈다. 겨울 10월에 왕이 황금과 야광주_명주明珠를
백제에 예물로 보내 보답하였다.   – 눌지 마립간 조 –

427년 고구려가 평양으로 천도˚하여 본격적으로 신라와 백제에
대한 압박을 가하게 되었고, 이에 신라와 백제는 고구려의 압력을
공동으로 방어하기 위하여 동맹을 맺은 것입니다. 그래서 한성 백
제가 무너질 때 신라가 원군을 보냈습니다.

˚ 천도遷都
도읍(수도)를 옮김.

자비 마립간 17년(474) 가을 7월에 고구려 왕 거련(장수왕)이 몸소 군사를
거느리고 백제를 공격하였다. 백제 왕 경(개로왕)이 아들 문주를 보내 도움
을 요청하였으므로 왕이 군사를 내어 구원하였으나, 구원병이 이르기도 전
에 백제는 이미 함락되고, 경(개로왕) 역시 살해당하였다.   – 자비 마립간 조 –

기록에 오차가 있는 듯합니다. 〈고구려 본기〉 장수왕조와 〈백제
본기〉 개로왕조에는 475년으로 되어 있는데, 〈신라 본기〉 자비 마
립간 편조에는 474년으로 되어 있습니다.
  백제가 위기에 빠졌을 때 신라가 구원군을 보낸 나제 동맹이 더
욱 강화된 시기는 동성왕 때입니다.

15년(493) 봄 3월에 왕이 신라에 사신을 보내 혼인을 청하니 신라 왕은 이
찬 비지의 딸을 시집보냈다.

16년(494) 가을 7월에 고구려와 신라가 살수 벌판에서 싸웠다. 신라가 이기지 못하여 물러나 견아성을 지키자 고구려가 이를 포위하였다. 왕은 군사 3천 명을 보내 구원하여 포위를 풀어 주었다.

17년(495) 가을 8월에 고구려가 치양성(지금의 치악산성)을 포위해 오자 왕은 사신을 신라에 보내 구원을 요청하였다. 신라 왕이 장군 덕지*에게 명령하여 군사를 거느리고 구원하게 하니 고구려 군사가 물러나 돌아갔다.

● 덕지德智
신라 시대의 장군이다. 5세기 자비 마립간과 소지 마립간 때 명장으로 왜병과 고구려의 침략을 격퇴하는 공훈을 세웠다.

한성 백제를 멸망시킨 고구려에 대항하여 동성왕은 신라와 동맹을 강화하였습니다. 현실적으로 가장 현명한 선택이었다고 생각됩니다. 이렇듯 동성왕은 외교적으로 성공한 정치를 폈으나, 내정에 있어서는 문제가 있었던 듯합니다.

13년(491) 가을 7월에 백성들이 굶주려 신라로 도망해 들어간 자가 600여 집이나 되었다.

21년(499) 여름에 크게 가물었다. 백성이 굶주려 서로 잡아먹고, 도적이 많이 일어났다. 신하들이 창고를 열어 진휼*하여 구제할 것을 청하였으나 왕은 듣지 않았다. 한산漢山(충청남도 공주시 웅진동에 위치한 산) 사람으로 고구려로 도망해 들어간 자가 2천 명이었다. 겨울 10월에 전염병이 크게 돌았다.

● 진휼賑恤
흉년에 배고픈 백성을 거두어 먹이는 일을 말하며, 구휼이라고도 한다.

백성들이 백제를 떠나 신라와 고구려로 도망했다는 일은 가볍게 볼 수 없는 일입니다. 고대에는 인구가 국력이었던 때입니다. 백성이 많다는 것은 경제적으로 풍부하다는 것이고, 군사로 동원할 자원이 많다는 이야기입니다. 군사가 많으면 전쟁을 통하여 영토를 넓히고, 경제력을 높일 수 있지요. 그런 백성이 나라를 등진다는 것은 심각한 문제입니다. 이런 문제를 해결해야 할 동성왕은 어떠했을까요? 백성을 진휼해야 한다는 신하들의 의견을 듣지 않았습니다. 그리고 오히려 대규모 토목 공사를 벌였습니다.

> 22년(500) 봄에 임류각˚(공주 공산성 동쪽에 세운 전각)을 궁궐 동쪽에 세웠는데 높이가 다섯 장丈이었으며, 또 못을 파고 진기한 새를 길렀다. 간언하는 신하_간관諫官들이 반대하며 상소하였으나 응답을 하지 않았고_부보不報, 또 간언하는 자가 있을까 하여 궁궐 문을 닫아버렸다. 여름 4월에 우두성(지금의 충청남도 청양)에서 사냥하였는데 우박을 만나 그만두었다. 5월에 가물었다. 왕은 근신_좌우들과 더불어 임류각에서 연회를 하였는데, 밤새도록 환락을 다하였다.

˚ 임류각臨流閣
백제 동성왕이 궁성(지금의 공주 공산성) 동쪽에 세운 전각이다. 화려한 연회 장소로 쓰였다고 한다.

백성들이 도망가는 상황에서, 왕은 놀이를 위한 토목 공사를 하고, 신하들이 비판하는 것을 듣지 않았습니다. 총체적 난국이라는 말과 일맥상통하겠지요. 이런 상황에 대하여 김부식의 의견을 들어보아야겠습니다.

> 좋은 약은 입에 쓰나 병에는 이로우며, 바른 말은 귀에 거슬리나 품행에는 이롭다. 이로 말미암아 옛날의 현명한 임금은 자기를 겸허하게 하여 정사를 물었고, 얼굴을 부드럽게 하여 간언을 받아들이면서도 오히려 사람들이 말을 하지 않을까 염려하여 감히 간쟁할 수 있는 북_감간지고敢諫之鼓을 달고, 비방하는 나무_비방지목誹謗之木를 세우기를 마지않았다. 지금 모대왕(동성

왕)은 간하는 글이 올라와도 살펴보지 않았고, 또 궁궐 문을 닫고서 이를 막았다. 《장자》에 "허물을 보고도 고치지 않고, 간언을 듣고도 더욱 심해지는 것을 사납다고 한다."라고 하였는데, 모대왕이 바로 이에 해당할 것이다.

– 동성왕 조 –

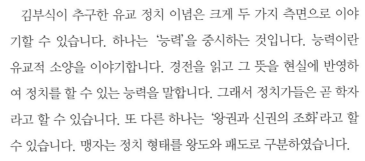

김부식이 추구한 유교 정치 이념은 크게 두 가지 측면으로 이야기할 수 있습니다. 하나는 '능력'을 중시하는 것입니다. 능력이란 유교적 소양을 이야기합니다. 경전을 읽고 그 뜻을 현실에 반영하여 정치를 할 수 있는 능력을 말합니다. 그래서 정치가들은 곧 학자라고 할 수 있습니다. 또 다른 하나는 '왕권과 신권의 조화'라고 할 수 있습니다. 맹자는 정치 형태를 왕도와 패도로 구분하였습니다.

왕도는 민본과 덕치를 기본으로 하며 민본은 백성을 근본으로 하는 것이고, 덕치는 백성을 덕으로 통치하는 것을 말합니다. '백성을 근본으로 하는 것'과 '덕으로 통치하는 것'이 무엇을 뜻할까요? 그것은 고정불변의 것이 아닙니다. 시대와 상황에 따라 달라질 수 있는 것입니다. 그래서 기본 정신을 현실에 잘 적용하여야 한다는 것이지요. 이렇게 하기 위해서는 개인의 독단적 판단만으로는 부족합니다. 여러 사람의 의견을 듣고, 옳고 그른 것을 판단하여야 하는 것입니다.

이것을 왕의 입장에서 보면 여러 신하들과 의논하여 올바른 방향의 정책을 만들어 내야 하는 것이지요. 신하들과 의논하는 과정에서 왕의 입장과 다른 의견이 나올 수도 있고 왕의 잘못을 지적할 수도 있습니다. 그런 말이 나오면 왕은 언짢을 수도 있습니다. 그래도 왕은 신하의 지적을 끝까지 들어주어야 합니다. 여러 신하들이 같은 의견을 내논다고 하는 것은 그것이 옳다는 의미(꼭 그런 것은 아니지만)가 되고, 그것으로 실행해야 무리 없는 정치를 할 수 있습니다. 이러한 과정이 순조롭게 진행되는 것을 왕도 정치라 하였고 국왕이 독단적으로 정치를 해나가는 것을 패도 정치라고 하였습니다.

왕도 정치를 하기 위한 제도적 장치가 대간제도˚입니다. 대간이란 관리의 비리를 감찰하는 어사대의 관원인 대관과 간쟁을 담당하는 관리인 간관˚을 합친 말입니다. 김부식이 백제 동성왕 22년에 '간관'이라는 표현을 썼는데, 이것이 관직의 명칭인지 아니면 단순히 간언을 하는 관리인지는 명확하지 않습니다. 대간제도는 고려 성종 때 정비되어 유교 정치 이념이 확고하게 자리 잡은 조선 시대에 중요한 역할을 담당하였습니다. 조선 왕조를 설계한 정도전은 다음과 같이 말했습니다.

대관은 마땅히 위엄과 명망이 우선되어야 하고 탄핵은 뒤에 해야 한다. 왜냐하면, 위엄과 명망이 있는 자는 비록 종일토록 말하지 않더라도 사람들이 스스로 두려워 복종할 것이요, 이것이 없는 자는 날마다 수많은 글을 올린다 하더라도 사람들은 더욱 두려워하지 않기 때문입니다. ……천하의 득실과 백성을 이해하

˚ 대간제도臺諫制度
대관과 간관을 합친 말로 대관은 주로 관료들을 감찰하고 간관은 왕에게 간쟁하는 일을 담당하여 맡은 일이 구별되어 있었다. 그러나 실제로는 왕과 관료들의 과실을 간쟁·탄핵하고 관리인사에 대한 서경권(관리 임명 동의권)을 행사하는 언관으로서의 역할을 함께 수행했다.

˚ 간관諫官
고려 시대에는 중서문하성의 6~3품 사이의 관리를 말하고 조선 시대에는 사간원의 관리를 말한다.

정도전鄭道傳(1342~1398)
고려 말에서 조선 초까지의 문신 겸 학자이다. 이성계를 도와 조선을 건국하였으며 나라의 기틀을 다지는 역할을 했다. 하지만 세자 책봉에 불만을 품은 이성계의 아들 이방원에 의해 살해되고 말았다. 저서로는 《삼봉집》,《경제문감》 등이 있다.

고 사직의 모든 일을 간섭하고 일정한 직책에 매이지 않은 것은 홀로 재상만이 할 수 있으며, 간관만이 할 수 있을 뿐이니, 간관의 지위는 비록 낮지만 직무는 재상과 대등하다.

                                             – 《삼봉집》 –

김부식이 유교 정치 이념을 강조한 이유는 개인적인 출세 과정과도 무관하지 않다고 생각됩니다. 김부식의 집안은 당시 다른 문벌 귀족과 비교하여 보았을 때 상대적으로 혈연적 기반이 약했습니다. 김부식과 그의 형제들은 모두 과거에 급제하여 관직 생활을 하였는데 특히 김부식의 뛰어난 학문적 바탕은 그의 정치적 자산이었습니다. 그러나 아무리 뛰어난 식견이 있다고 하더라도 가문의 배경이 우선시되는 고려의 정치적 풍토에서 그의 능력을 최대한 발휘할 수는 없었을 것입니다. 김부식이 능력을 발휘할 수 있었던 것은 그의 의견을 받아준 왕이 있었기 때문입니다. 그래서 김부식은 자신의 의견을 적극적으로 반영하는 신하의 태도와 신하의 의견을 내치지 않고 끝까지 들어주고 받아주는 왕의 관계를 강조한 것입니다. 한마디로 왕과 신하 사이의 '소통疏通'의 중요성을 강조한 것이라고 할 수 있습니다. 고대 사회보다 분화되고 다양화된 현대 사회에서는 국가의 최고 결정권자와 그를 최고 결정권자로 잠시 위탁한 국민과의 '소통'이 중요하다는 것은 새삼 말할 필요도 없겠지요?

전하 !!!
서신이 도착
하였나이다 !!!

밥 먹을
시간이라고?

황산벌에서 사라진 백제

의자왕 (재위 641~660)

백제의 마지막 왕은 의자왕입니다. 의자왕은 즉위 초기에 당시 '해동증자'라 불릴 만큼 왕이 되기에 적절한 인물이었습니다.

> 의자왕은 무왕의 맏아들이다. 웅걸(영웅다운 호걸)차고 용감하였으며 담력과 결단력이 있었다. 무왕이 재위 33년(632)에 태자로 삼았다. 어버이를 효성으로 섬기고 형제와는 우애가 있어서 당시에 해동증자라고 불렀다.

의자왕이 용감하고 결단력이 있었다는 것은 왕의 자질이 있다는 것이고, 효를 강조한 증자에 비교하였다는 것은 백제 왕실의 지원을 받았다고 할 수 있습니다. 의자왕은 한반도와 중국의 정세 변화 속에서 고구려와 손잡고 신라를 압박하였으며, 당나라와의 외교 관

미륵사지 석탑
백제 말 무왕 때 건립한 익산 미륵사터에 있는 탑이다. 무너진 뒤쪽을 시멘트로 보강하여 아쉽게도 반쪽 형태만 남아 있다. 우리나라에 남아 있는 가장 오래되고 커다란 규모를 가진 탑으로 6층까지만 남아 있으며, 정확한 층수는 알 수 없다.

● 증자曾子
공자의 만년의 제자로서 공자
보다도 46세 연하이다. 공자
사후 유가의 유력한 일파를 형
성하여 공자 사상의 유심주의
적 측면을 발전시켰다. 그의 언
행은 《논어》에 몇 조목이 보이
며, 또 《대대례기》의 증자 10편
및 《효경》은 그의 저작이라고
인정된다. 그는 당시 진행 중이
던 봉건제의 붕괴를 제지하기
위하여 씨족제로부터 비롯된
'효'라는 덕목을 강조하였다.
"하루에 세 번 내 몸을 살펴본
다."라고 하여 공자 사상의 근
본을 충서라는 말로 표현하여
공자 사상의 계승자로서의 그
의 입장을 보이고 있다. 증자의
학통은 자사, 맹자에로 발전하
여 유가의 도통을 전하는 데에
큰 역할을 다하였다.

● 친정親征
임금이 직접 군사를 거느리고
정벌하러 나감을 뜻한다.

● 선덕왕 14년 3월 당 태종이
친히 군사를 이끌고 고구려를
치므로, 선덕왕은 군사 3만 명
을 내어 이를 원조하였다.

계도 적절하게 유지하고 있었습니다. 의자왕 2년(642)부터 4년(644)
까지는 매년 당나라에 사신을 보내고 있었습니다. 이때는 당 태종
이 고구려를 공격하려고 준비하였던 때이므로, 당나라의 상황을 살
피러 보낸 것으로 생각됩니다. 의자왕은 그 가운데에서도 신라에
대한 공격을 멈추지 않습니다. 642년에는 신라를 친정˚하였고, 윤
충을 시켜 대야성(지금의 경남 합천)을 공격하였으며, 643년에는 신
라와 당을 연결하는 당항성을 공격하려 하기도 하였습니다.

> 4년(644) 봄 정월에 사신을 당나라에 보내 조공하였다. (당나라)태종은 사
> 농승 상리현장을 보내 두 나라를 타이르니 왕은 표를 받들어 사례하였다.
> 왕자 융을 태자로 삼고 크게 사면하였다. 가을 9월에 신라 장군 유신이 군
> 사를 거느리고 쳐들어와서 일곱 성을 빼앗았다.

의자왕 4년의 기록은 당시 '백제-신라-당'의 관계를 잘 보여 주
고 있습니다. 당나라는 고구려와의 전쟁을 준비하고 있던 시기로
신라의 지원˚을 받고자 하였습니다. 이런 신라를 백제가 괴롭히는
것을 보고만 있을 수는 없었겠지요. 백제는 표를 받들어 사례함으
로 당 태종의 타이름을 외교적 수사로 받아들였으나, 신라는 이틈
을 타 오히려 백제를 공격하였습니다. 백제도 가만히 있지는 않았
습니다.

> 5년(645) 여름 5월에 왕은 (당나라) 태종이 친히 고구려를 정벌하면서 신라
> 에서 군사를 징발하였다는 소식을 듣고 그 틈을 타서 신라의 일곱 성을 습

격하여 빼앗았다. 신라는 장군 유신을 보내 쳐들어왔다.

이러하듯 백제와 신라는 크고 작은 전투를 끊임없이 벌이면서 공방전을 계속하고 있었습니다.

〈백제 본기〉 의자왕 조에 대한 내용이 부정적으로 바뀌기 시작한 것은 의자왕 15년인 655년부터입니다.

15년(655) 봄 2월에 태자궁을 극히 사치스럽고 화려하게 수리하였다. 왕궁 남쪽에 망해정을 세웠다.

16년(656) 봄 3월에 왕은 궁녀와 더불어 주색에 빠지고 마음껏 즐기며 술 마시기를 그치지 아니하였다. 좌평 성충* 혹은 정충이라고도 하였다이 극력 간언 하자, 왕은 분노하여 그를 옥에 가두었다

토목 공사를 벌이고, 술과 여자에 빠지고, 신하의 간언을 듣지 않는 등 나라가 망하려는 전형적인 현상들이 나타납니다. '해동의 증자'라는 별칭을 가지고 있었던 의자왕이 왜 이렇게 변했을까요? 다음에 이어지는 기록을 보면 짐작할 수 있을 것입니다.

17년(657) 봄 정월에 왕의 서자 41명을 좌평으로 삼고 각각에게 식읍을 주었다.

좌평은 지금으로 치면 장관에 해당하는 직책입니다. 41명의 왕의 서자에게 좌평의 자리를 주었다는 것은 왕실 세력이 권력의 대부분

* 성충成忠(?~656)
백제 의자왕 때의 충신이다. 왕이 주색에 빠져 정사를 돌보지 않자 국운을 염려하여 왕에게 고치도록 온 힘을 다하여 말하다가 왕의 노여움을 사서 투옥되었다. 656년에 옥중에서 외적의 침입을 예언하며 육로는 탄현에서, 수로는 기벌포에서 적을 막으라는 유서를 의자왕에게 남기고 죽었다.

을 장악하였다는 의미라고 생각할 수 있습니다. 뒤집어 이야기하면 왕실과 귀족들 사이에 갈등이 있었으며, 여기에 대한 귀족들의 반발이 만만치 않았다고 생각됩니다.

19년(659) 봄 2월에 여러 마리의 여우가 궁궐 안으로 들어왔는데, 흰여우 한 마리가 상좌평의 책상_서안書案 위에 앉았다. 여름 4월에 태자궁의 암탉이 참새와 교미했다. 장수를 보내 신라의 독산성(지금의 충남 예산)과 동잠성 (지금의 충북 영동으로 추정)의 두 성을 쳤다. 5월에 서울_왕도王都 서남쪽의 사비하(지금의 금강)에 큰 물고기가 나와 죽었는데 길이가 세 장丈이었다. 가을 8월에 여자의 시체가 생초진(지금의 경북 산청군)에 떠올랐는데 길이 가 18자이었다. 9월에 궁중의 홰나무_괴수槐樹가 울었는데 사람이 곡하는 소리 같았다. 밤에는 귀신이 궁궐 남쪽 길에서 울었다.

이상한 자연 현상으로 소개되는 이 내용은 무엇인가 심상치 않은 조짐들을 비유적으로 이야기한 것입니다. 내부의 갈등이 점차 심각해졌다고 볼 수 있습니다. 이런 갈등 속에서 백제는 신라와 당군의 공격을 받게 됩니다.

(당나라) 고종이 조서를 내려 좌무위대장군 소정방을 신구도행군대총관으 로 삼아 좌효위장군 유백영, 우무위장군 풍사귀, 좌효위장군 방효공을 거 느리고 군사 13만 명을 통솔하여 와서 (백제를) 치게 하고, 아울러 신라 왕 김춘추를 우이도행군총관으로 삼아 그 나라의 군사를 거느리고 (당나라) 군사와 세력을 합하게 하였다.

아이고,
백제야…
아이고…!

당나라와 신라의 연합군에 대하여 백제는 어떻게 대응했을까요? 적군을 막을 계략에 있어서 내부 분열이 일어나게 되었습니다. 좌평 의직은 당나라 군대가 멀리서 왔고 신라군은 당군에 의지하고 있기 때문에 당나라의 군대를 먼저 쳐서 기세를 꺾자고 주장하였고, 달솔(백제 16관등의 2번째 관등) 상영 등은 당군은 대군이고 신라군과는 많이 싸워 봤으니 신라군을 먼

삼충사三忠祠
백제의 충신 성충, 흥수, 계백을 기리기 위해 세운 사당이다. 충남 부여 소재

저 치고 당군은 나중에 치자고 주장하였습니다. 그리고 유배되어 있던 좌평 흥수가 당군은 백강(기벌포라고도 한다)에서 신라군은 탄현(지금의 충남 대덕군 마도령)에서 막아야 한다고 주장하였는데 대신들이 이에 반대하였습니다. 왕이 결정을 못하고 있을 때 이미 당군은 백강에 상륙하였고, 신라군은 탄현을 넘었습니다. 왕은 계백에게 5천의 군사를 주어 황산벌에서 신라군을 막게 하였으나 군사가 적어 전멸하고 말았습니다. 백제의 마지막은 다음과 같이 기록되어 있습니다.

당나라 군사가 승세를 타고 성으로 육박하자 왕은 면하지 못할 것을 알고 탄식하며 "성충의 말을 쓰지 않아 이 지경에 이른 것을 후회한다."라고 말하고는 드디어 태자 효와 함께 북쪽 변경으로 달아났다. (소)정방이 (사비)성을 포위하니 왕의 둘째 아들 태가 스스로 왕이 되어 무리를 거느리고 굳게 지켰다. 태자의 아들 문사가 왕자 융에게 말하였다. "왕과 태자가 (성을)

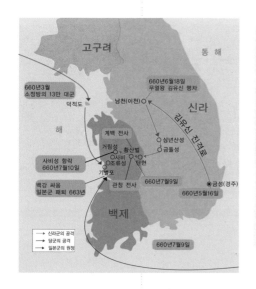

나갔는데 숙부가 멋대로 왕이 되었습니다. 만일 당나라 군사가 포위를 풀고 가면 우리들은 어찌 안전할 수 있겠습니까?" (그들은) 드디어 측근들을 거느리고 밧줄에 매달려 (성 밖으로) 나갔다. 백성들이 모두 그들을 따라가니 태가 말릴 수 없었다. (소)정방이 군사로 하여금 성첩에 뛰어 올라가 당나라 깃발을 세우게 하였다. 태는 형세가 어렵고 급박하여 문을 열고 명령대로 따를 것을 요청하였다. 이에 왕과 태자 효가 여러 성과 함께 모두 항복하였다.

그 뒤 의자왕은 어떻게 되었을까요?

[소]정방이 왕과 태자 효, 왕자 태·융·연 및 대신과 장사 88명과 백성 12,807명을 당나라 서울경사京師로 보냈다.

나라가 망하고 왕과 신하들과 백성들은 당나라로 끌려가고 말았습니다. 다음은 김부식이 백제의 멸망을 두고 기록한 사론입니다.

신라 고사古史에 이르기를 "하늘이 금궤를 내렸으므로 성을 김씨라 하였다."라고 했는데 그 말이 괴이하여 믿을 수 없었다. (그러나) 신이 역사서를 편찬함에 그 전승이 오래 되었기 때문에 그 말을 지워버릴 수가 없다. 그런데 또 들으니 "신라인은 스스로 소호금천씨의 후예이므로 성을 김씨라 하였고, 신라의 국자박사 설인선 이 지은 <김유신비>와 박거물이 지었고 요극일이 쓴 <삼랑사비

● 설인선薛因宣
신라시대의 문인·학자이며 국자박사國子博士를 엮임했다. 김유신의 비문을 지었다고 전하지만 현재는 비석의 흔적도 찾아 볼 수 없다.

문>에 보인다 고구려 역시 고신씨의 후예이므로 성을 고씨라 했다."라고 한다. 《진서》의 기록에 보인다 고사에 이르기를 "백제는 고구려와 함께 부여에서 같이 나왔다."라고 하였으며, 또 "진나라·한나라의 난리 때에 중국인이 해동으로 많이 도망하여 왔다."라고 하였으니 삼국의 선조가 어찌 옛 성인의 후예가 아니겠는가? 어찌 국가를 향유함이 이렇게 장구하였는가! 백제의 말기에 이르러서는 행하는 일이 도에 어긋남이 많았으며, 또 대대로 신라와 원수가 되고 고구려와는 계속 화호하여 (신라를) 침략하고, 이익을 따르고 편의에 좋아 신라의 중요한 성과 큰 진을 빼앗아 가기를 마지않았으니, 이른 바『어진 사람과 친하고 이웃과 잘 지내는 것이 국가의 보배』라는 말과는 틀린다. 이에 당나라의 천자가 두 번이나 조서를 내려서 그 원한을 풀도록 하였으나 걸으로는 따르는 척하면서 속으로는 명령을 어기어 대국에 죄를 얻었으니 그 망하는 것이 또한 당연하도다.

이 글은 두 가지 내용으로 되어 있습니다. 전반부는 신라와 고구려, 백제의 장구한 역사에 대한 것이고, 후반부는 멸망의 요인을 말하고 있습니다. 그리고 장구한 역사를 가진 백제가 망한 원인을 역시 두 가지로 정리하고 있습니다. 도에 어긋난 일이 많았다고 하는 것과 신라를 침략하고 당의 말을 듣지 않았다는 것입니다.

첫 번째 원인인 당나라의 말을 듣지 않았다는 것은 김부식이 사대주의자라고 비판받는 중요한 근거 중의 하나라고 할 수 있습니다. 김부식이 비난을 감수하면서까지 이런 주장을 한 이유는 무엇

황산벌 전투(660년 7월 9일)
김유신이 거느린 5만명의 군대로 백제의 계백 장군이 거느린 5천명의 결사대를 황산벌에서 격파한다. 나당연합의 13만명의 군대가 백강白江으로 침입, 백제군을 격파한다. 마침내 사비성이 함락되고 백제는 멸망한다.

낙화암落花巖
660년(백제 의자왕 20) 나당 연합군의 공격에 의해 백제가 함락된 직후에 백제의 궁녀 3만여 명이 백마강 바위 위에서 꽃잎처럼 백마강에 몸을 던졌다는 전설을 갖고 있는 바위이다.

일까요? 앞서 고구려의 멸망에서도 말했지만 김부식은 당시 금나라의 성장 속에서 금나라와 외교적 마찰을 빚지 않으려는 자세를 견지하였습니다. 자신의 주장에 대한 정당성을 역사에서 찾으려는 김부식의 태도가 반영되어 있다고 할 수 있습니다.

두 번째 내부적인 문제에서는 '도에 어긋난 일'을 말하고 있는데, 이는 고구려 멸망에서와 마찬가지로 국가를 위태롭게 하는 권신들을 말하고 있습니다. 김부식은 이자겸의 난과 묘청의 난을 겪었습니다. 김부식의 입장에서 이자겸이나 묘청 등은 왕권을 위협하고 더 나아가서는 종묘사직을 위협하는 인물로 보았던 것입니다. 김부식의 생각이 옳은 것이라고 할 수 있을까요? 어느 나라, 어느 시기든지, 옛말로는 동서고금을 막론하고 사회를 구성하고 있는 세력들 간의 다툼이 있기 마련입니다. 다툼 자체가 잘못되었다고 할 수는 없습니다. 다툼이란 사회에서 발생된 이익을 분배하는 과정에서 생기는 필연적인 현상이라고 할 수 있습니다. 다툼을 '혼란'이라고 본다면 그것은 현재의 상황에서 이익을 보는 사람들의 입장을 반영하고 있다고 생각됩니다. 이런 입장은 갈등 자체를 두려워하여 '질서 유지' 등의 명분을 내세워 억압하는 형태를 취하게 됩니다. 이와 같은 상황이 지속되면 사회의 통합을 이룰 수 없고 국가의 위기를 넘길 수 없습니다.

왕조 시대에 사회적 이익은 왕을 정점으로 하는 지배세력인 귀족들이 독점하고 있었습니다. 그래서 귀족들 간의 다툼은 항상 일어나고 있었습니다. 백제도 그와 같은 현상이었을 것입니다. 문제는 갈등이 해결되지 못한 상황에서 외세의 침략이 있었고 백제가 멸망하였다는 것입니다. 김부식이 비판해야 할 것은 '다툼' 그 자체가 아니라 다툼을 해결하지 못한 것이어야 했을 것입니다.

당이 부활시킨 백제 왕조

660년 백제의 의장왕이 항복하면서 백제가 나·당 연합군에게 멸망하였다고는 하나 사비성과 웅진성 등이 항복한 것입니다. 아직도 많은 지역에서는 나·당 연합군에게 저항하고 있었습니다. 신라는 당나라와 연합하여 백제 잔존 군대를 공격하는 것과는 별도로 독자적으로 백제의 잔존 세력에 대한 소탕전을 하고 있었습니다. 이는 무열왕인 김춘추의 개인적인 원한(딸과 사위가 백제에게 죽임을 당한 것)과 백제 지역에 대한 지배권을 놓고 당과 치열한 경쟁을 벌이고 있었기 때문입니다.

당의 입장에서는 백제의 잔존 세력의 저항이 계속 이어지고 있어 군사를 계속 주둔시키는 부담이 생겨나고 고구려와 일전이 남아 있었기 때문에 신라와 긴장관계를 계속할 수 없는 상황이었습니다. 그래서 묘안을 만들어 냅니다. 백제의 왕실을 부활시키는 것이었습니다. 어떻게 하면 당에 저항하지 않는 백제 왕실을 부활시키고 신라로 하여금 백제 지역을 장악할 수 없게 만들 수 있을까요? 바로 '회맹會盟'을 통해서입니다.

회맹會盟은 중국 춘추시대 초기에 주 나라의 종법제도° 를 대신하여 생겨난 새로운 관계입니다. 주나라 왕실을 대신하는 패자霸者를 구심점으로 하는 국제 질서로 혈연적 연대의식과 공동문화의식, 동일 조상을 제사지내는 것을 기반으로 대국이 소국을 병합할 경우 소국의 종묘사직을 그대로 보존하면서 복속시키는 것입니다. 당은 이 제도를 이용하여 백제와 신라를 자기들이 병합한 것으로 하고 백제와 신라의 종묘사직을 보존하고 당이 주도하는 국제질서를 강요하는 것입니다. 신라의 입장에서 보면 매우 기분이 나쁘겠지만 거부할 수 있는 상황은 아니었던 것 같습니다.

각간 김인문과 이찬 천존이 당나라 칙사 유인원과 더불어 백제 부여융과 웅진에서 동맹을 맺었다.
　　　　　　　　　　　　　　　　　　　　　　　- 《삼국사기》 권6 《신라 본기》 문무왕 4년 -

회맹에 왕이 참석하지 않고 왕자를 보내어 형식상 당의 요구를 들어주는 것 같습니다. 이러한 신라의 태도에 당도 마음에 들지 않았겠지요. 다시 정식으로 회맹할 것을 신라에 명령합니다. 신라도 더 이상 거부할 수 없었던 것 같습니다.

5년(665) 가을 8월에 왕이 칙사 유인원, 웅진도독 부여륭과 함께 웅진 취리산就利山에서 맹약을 맺었다. 일찍이 백제는 부여장扶餘璋[무왕] 때부터 고구려와 화친을 맺고 우리 *가 당나라에 사신을 보내 조공하고 구원을 청한 것이 길에 이어졌다. 소정방이 이미 백제를 평정하고 군대가 돌아가자 남은 무리들이 또 다시 반란을 일으켰다. 왕은 진수사鎭守使 유인원, 유인궤 등과 함께 여러 해 동안 경략하여 점차 안정이 되었다. 당 고종이 부여륭에게 조칙을 내려, 귀국하여 남은 무리를 무마하고 우리와 화친하라고 하였다. 이때 이르러 흰 말을 잡아 맹세하였는데, 먼저 하늘과 땅의 신 그리고 내와 골짜기 신에게 제사지낸 후 그 피를 마셨다.

– 《삼국사기》 권6 〈신라 본기〉 신문왕 5년 –

신문왕이 직접참여 하고 온전한 형식을 갖추어서 회맹을 한 것입니다. 그리고 맹세문을 만들었는데 그 내용은 백제가 고구려와 더불어 신라를 괴롭히고 황제의 가르침을 업신여겨 부득이 평정하였다. 그 죄로 보아서는 완전히 멸망시키는 것이 마땅하나 복종하는 자를 받아들이는 것이 옛 성현의 가르침이니 부여륭을 웅진의 도독으로 삼아 백제 왕실을 부활하니 신라와 친하게 지내라는 것입니다. 다른 말로 하면 신라로 하여금 백제를 침략하지 말라는 경고이기도 합니다. 당은 이 맹세문을 신라의 종묘에 간직하도록 합니다.

---

* 주나라 왕실을 종가宗家로 하고 제후국은 주나라 왕실에서 분가한 것으로 하여 제후 세력들이 주나라 왕실을 받드는 제도.
* '우리'라는 표현은 김부식이 중국의 자료를 인용할 때 쓰는 표현으로 신라 본기에서는 신라를 고구려 본기에서는 고구려를 백제 본기에서는 백제를 일컫고 있다.

229

✽ 《삼국사기》와 《삼국유사》의 시대구분

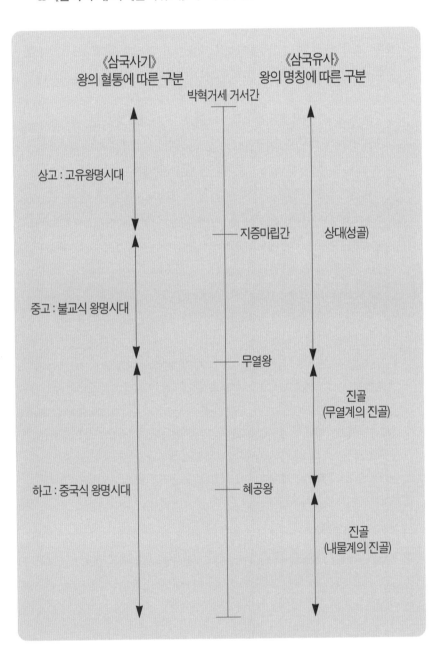

《삼국사기》
왕의 혈통에 따른 구분

《삼국유사》
왕의 명칭에 따른 구분

박혁거세 거서간

상고 : 고유왕명시대

중고 : 불교식 왕명시대

하고 : 중국식 왕명시대

지증마립간

무열왕

혜공왕

상대(성골)

진골
(무열계의 진골)

진골
(내물계의 진골)

貊滅其國進兵
十七年夏四月
求屍不得後弗
弗於王曾頑揚發
辛豆谷冬十月夢
就爲琉璃明王
三國史記卷第十三

4부

연표와 잡지

해동에 국가가 있은 지는 유구하다. 기자가 주의 왕실로부터 봉을 받아 위만이 한나라 초에 참호할 때까지 연대가 아득히 멀고 문자가 소략하여 상고할 수 없다. 삼국이 정립함에 이르러서는 전세가 더욱 많아졌으나, 신라는 56왕 992년이고, 고구려는 28왕 705년이고 백제는 31왕 674년인데 그 시종을 가히 상고할 만한 것으로 삼국의 연표를 꾸민다.

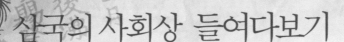

삼국의 사회상 들여다보기

'표'는 연표 형식으로 되어 있습니다. 이는 중요한 역사적 사실을 기록한 부분으로 《삼국사기》권29부터 권31까지에 해당하며 총 3권으로 구성되어 있습니다.

주제에 따라 다양한 형태의 연표가 나타날 수 있는데, 《삼국사기》의 연표처럼 단순히 왕실의 교체만 간략하게 정리한 것부터 《사기》처럼 주제에 따라 왕실, 제후, 공신 등 체계적으로 분류되어 정리한 수준까지 다양합니다. 그러나 기전체에서 필수적인 부분은 아니며 생략되는 경우도 많이 있습니다.

잡지는 《삼국사기》권32부터 권40까지에 해당하며 총 9권으로 구성되어 있습니다. 그 안에 기록된 내용은 다음과 같습니다.

기전체의 역사서에서 '지志'는 통치 제도, 지리, 자연현상 등을 분류하여 기록한 것으로, 여기에는 '본기'에 실리지 않은 자료가 많이 실리게 됩니다. 그러나 본기 이외의 별도 자료가 전하지 않는 경우에는 본기에서 발췌하여 기록한 경우도 있습니다. 김부식이 '지'를 '잡지雜志'라고 한 것은, 자료가 부족하여 정사에서 다룬 모든 '지'를 설정할 수 없고, 한 가지 종류의 자료로 한 권의 '지'를

권	내용
32	제사祭祀, 악樂
33	색복色服, 거기車騎(신라), 기용器用, 옥사屋舍
34	지리地理 1 (신라)
35	지리地理 2 (신라)
36	지리地理 3 (신라)
37	지리地理 4 (고구려, 백제, 삼국 유명미상 지명)
38	직관職官 상
39	직관職官 중
40	직관職官 하

독립하여 쓸 수 없는 상황 때문이었을 것이라 생각됩니다.

권32의 '제사'에 관한 기록은 신라의 경우 대사(임금이 친히 지내던 제사), 중사(대사보다 의식이 간단한 제사), 소사에 대한 구체적인 기록을 전하고 있습니다. '악樂'에 대해서는 악기별로 악기의 구조, 곡명, 전수 관계 등이 기록되어 있고, 고구려와 백제의 음악에 대해서는 《통전》의 자료를 원용하고 있습니다.

권33에 대한 기록은 신라의 경우 골품제에 따른 규제를 주로 기록하고 있습니다. 권34에서 권37까지는 지리에 대한 기록으로 국가 통치의 기봉이 영토라는 관점에서 잡지 중 가장 상세히 다루는 부분입니다. 〈지리〉에는 원칙적으로 군현의 명칭과 예속 관계 등이 주로 기록되어 있습니다. 쉽게 이야기해서 '종로구의 명칭은 어디서 유래하였고, 서울에 속하고 있는 곳이다.'라는 식으로 기록한 것입니다. 네 권으로 구성되어 있는 〈지리〉 중 세 권은 삼국을 통일한 뒤, 신문왕 때 설치한 9주를 3주씩 나누어 기록하였습니다. 권34는 옛 신라 지역의 상주, 강주, 양주에 속한 군현, 권35는 옛 고구려 지역의 한주, 삭주, 명주의 군현, 권36은 옛 백제 지역의 웅주, 전주, 무주에 속한 군현이 기록되어 있습니다. 권37은 고구려와 백제 지역 주군현의 병치에 대한 자료를 김부식 당시에 남아 있던 자료와 중국 측 자료를 통하여 정리해 놓았습니다. 그리고 '삼국 유명미상지명'은 지명은 보이나, 김부식이 살던 시대의 어디인지 알 수 없는 지명을 열거해 놓은 것입니다.

● 《사기》는 총 10편의 연표에서 〈본기〉에 나오는 제왕 및 제후들의 흥망을 정리하여 보여 주고 있다.

● 조선 초에 편찬된 《고려사》의 지는 39권으로 이루어졌으며, 내용을 12부문으로 분류하였다. 〈천문天文〉 3권, 〈역曆〉 3권, 〈오행五行〉 3권, 〈지리地理〉 3권, 〈예禮〉 11권, 〈악樂〉 2권, 〈여복輿服〉 1권, 〈선거選擧〉 3권, 〈백관百官〉 2권, 〈식화食貨〉 3권, 〈병兵〉 3권, 〈형법刑法〉 2권으로 구성되어 있다.

통전通典
중국 당나라 때 두우가 편찬한 역대 중국 문물을 기록한 책이다.

01 연표의 구성과 내용

연표는 말 그대로 연대를 표로 나타낸 것으로, 신라 A왕 몇 년, 백제 B왕 몇 년, 고구려 C왕 몇 년, 중국 D나라 E왕 몇 년에 해당한다고 정리되어 있습니다. 즉 같은 연도에 고구려, 백제, 신라, 고구려, 중국에 무슨 일이 있었는가를 알 수 있는 참고 자료라고 생각하시면 됩니다. 연표가 시작되는 《삼국사기》 권29에는 삼국의 연표를 만든 이유가 다음과 같이 기록되어 있습니다.

● 봉封
임금이 작위나 작품을 내려 주는 것을 말한다.

● 전세傳世
대대로 전한다는 뜻이다.

해동海東에 국가가 있은 지는 유구하다. 기자箕子가 주周의 왕실로부터 봉을 받아 위만이 한나라 초에 참호할 때까지 연대가 아득히 멀고 문자가 소략하여 상고할 수 없다. 삼국이 정립함에 이르러서는 전세가 더욱 많아졌으나, 신라는 56왕 992년이고, 고구려는 28왕 705년이고, 백제는 31왕 674

넌인데 그 시종始終을 가히 상고詳考할 만한 것으로 삼국의 연표를 꾸민다.

《삼국사기》의 엮은이는 우리 역사를 기자로부터 시작하였다고 보고 있습니다. 그 뒤 위만이 기자조선을 찬탈하였다고 하였는데, 이때까지의 연대가 잘 기록되어 있지 않아 알 수가 없다고 하였습니다. 그러나 삼국이 정립된 뒤로는 전하는 것이 많아 명확하게 알 수 있어서 연표로 만든다고 하였으며, 그리하여 아래와 같이 연표를 만들었습니다.

연표의 처음은 간지干支 로 되어 있습니다. 간지는 중국을 중심으로 한 지역에서 연도를 표기하는 방법이었습니다. 중국 상나라 때 사람들은 하늘의 해가 열 개라고 생각했습니다. 이 열 개의 태양이 동시에 뜨면 문제가 되니까 매년 한 개씩 돌아가면서 나타난다고 생각했습니다. 그래서 열 개의 태양에 각각 이름을 붙여 주었습니

● 간지
십간十干과 십이지十二支를 조합한 것으로 육십갑자六十甲子를 만들어 연도를 표기한 방법

간지	중국	신라	고구려	백제
갑자(甲子)	전한 효선제 훈 17년 오봉 원년	시조 박혁거세 거서간 즉위 원년, 이로부터 진덕왕까지 성골임.		
을축(乙丑)	2년	2년		
병인(丙寅)	3년	3년		
정묘(丁卯)	4년	4년		
무진(戊辰)	감로 원년	5년		
기사(己巳)	감로 2년	6년		
갑신(甲申)	건소 2년	21년	시조 동명성왕 (성 고씨, 이름 주몽) 즉위 원년	
임인(壬寅)	홍가 2년	39년	동명성왕 19년, 동명왕 죽음, 유리명왕 즉위 원년	
계묘(癸卯)	홍가 3년	40년	2년	시조 온조왕 즉위 원년

삼전도비三田渡碑

병자호란은 1636년~1637년에 벌어진 전쟁으로, 청이 조선에 제2차 침입함으로써 일어났다. 병자호란은 조선 역사상 가장 큰 패배 중 하나로 볼 수 있으며, 불과 두 달 만에 조선의 굴복으로 끝나고 말았다. 삼전도비는 청 태종이 병자호란 승리 후 세우게 한 기념비이다. 우리로서는 치욕의 상징이나 역사의 경계로 삼기 위해 보존·관리하고 있다.

다. 순서대로 갑甲, 을乙, 병丙, 정丁, 무戊, 기己, 경庚, 신辛, 임壬, 계癸입니다. 그런데 이것만 가지고 연도를 만들기에는 부족함이 있어, 태양의 이름에 12지신을 대응하는 방법을 생각해 내었습니다. 12지신은 자子(쥐), 축丑(소), 인寅(호랑이), 묘卯(토끼), 진辰(용), 사巳(뱀), 오午(말), 미未(양), 신申(원숭이), 유酉(닭), 술戌(개), 해亥(돼지)입니다. 이것을 태양의 이름에 순서대로 대응하면 갑자, 을축, 병인, 정묘, 무진, 기사, 경오, 신미, 임신, 계유, 갑술, 을해……, 계해까지 모두 60개가 만들어집니다.

이렇게 60년을 한 번 돌고 새로운 해를 맞이하는 것을 환갑還甲, 또는 회갑回甲이라고 합니다. 요즈음에는 평균 수명이 길어져서 60세까지 사는 것이 일반적이기 때문에 별로 의미를 두지 않지만, 옛날에는 매우 오래 산 편이었고, 새로운 출발을 의미하였으므로 환갑 잔치를 베풀어 축하드렸습니다.

또한 역사에 일어난 사건을 표시할 때도 간지를 이용한 연도 두 글자와 사건의 성격 두 글자를 합하여 표시하였습니다. 임진왜란(1592)은 임진년에 왜가 난리를 일으켰다는 뜻이고, 병자호란(1636)은 병자년에 북쪽 오랑캐(호)가 난리를 일으켰다는 의미입니다. 임오군란(1882)은 임오년에 군인들이 난리를 일으킨 것이고, 갑신정변(1884)은 갑신년에 정치적 변동이 있었다는 것입니다. 을미사변(1895)은 을미년에 좋지 않은 일이 있었다는 의미이고, 경술국치(1910)는 경술년에 나라의 치욕적인 일이 있었다는 것입니다. 이처럼 중요한 사건에 간지를 사용하여 표기하던 방식은, 1919년부터 달라집니다. 3·1 운동, 6·10 만세 운동, 광주학생항일운동, 원산

60살이 뭐 어쨌다구?

육지 거북
평균수명 150년

총파업, 8·15 해방, 4·3 제주항쟁 등처럼 사건이 발생한 '월·일'의 형식으로 쓰거나, 일어난 지역의 명칭을 사용하여 사건을 기록하는 방식으로 변하였습니다.

자, 그러면 간지로 표기된 연도와 숫자로 기록되는 서양의 연도를 비교해 볼까요? 간지를 표기할 때 태양의 이름 10개를 앞에 적기 때문에 일정한 규칙이 생깁니다.

필자의 막내아들은 2002년에 태어났습니다. 월드컵의 열기가 한반도 전체를 뒤덮고 있을 때지요. 위의 표에서 서양 연도의 끝자리가 2인 해의 태양의 이름은 '임'입니다. 그리고 이 해는 12지신 중 '오(말)'에 해당하므로, 2002년은 임오년이 됩니다. 그래서 필자의 막내아들은 임오군란(1882년) 120주년에 태어났다고 할 수 있습니다. 여러분도 자신이 태어난 해가 간지로 어떻게 되는지 한번 따져 보세요.

《삼국사기》 연표에서는 간지 뒤에 중국의 연호를 적어 기준을 삼고 신라, 고구려, 백제의 순으로 왕의 즉위와 죽음을 기록하였습니다. 이렇게 연표는 각 나라의 시기를 비교할 수 있도록 만들어졌습니다. 다만 아쉬운 점은 《삼국사기》 전체에 발해에 대한 기록이 없기에, 연표에도 발해를 기록하지 않았다는 것입니다. 그나마 《삼국유사》에서 보강이 되어 다행이라고 생각됩니다.

《삼국사기》 권29는 서기 연도로 서기 전 57년부터 274년까지 신라 미추 이사

간지의 시작	서양 연도의 끝자리
갑	4
을	5
병	6
정	7
무	8
기	9
경	0
신	1
임	2
계	3

동모산東牟山
대조영이 당나라의 추격을 물리치고 발해를 건국한 곳이다. 중국 지린성 둔화현 소재

금 13년, 고구려 서천왕 5년, 백제 고이왕 41년까지 기록되어 있습니다. 권30은 275년부터 608년까지 신라 진평왕 30년, 고구려 평원왕 19년, 백제 무왕 9년까지 기록되어 있습니다. 권31은 609년부터 936년까지 기록되어 있는데, 마지막 부분은 다음과 같습니다.

간지	중국	신라	고구려	백제
임자(891년)				후백제 견훤이 스스로 왕을 칭함.
무오(898년)	광화 원년		궁예 송악군에 도읍	
신유(901년)	천복 원년		궁예 스스로 왕을 칭함.	
갑자(904년)			국호를 마진, 연호를 무태로 함	
을축(905년)			궁예가 철원으로 도읍을 옮기고, 연호를 성책으로 바꿈.	
신미(911년)	건화 원년		국호를 태봉으로 바꾸고, 연호를 수덕만세로 바꿈.	
갑술(914년)			연호를 정개로 바꾸고 태조(왕건)를 백선장군으로 함	
무인(918년)	정명 4년		궁예 휘하의 인심이 문득 변하여 태조를 왕으로 추대함. 궁예는 부하에게 살해당함. 태조가 왕위에 올라 원년이라 함.	
정해(927년)	천성 2년	경애왕 죽음 경순왕 부 즉위 원년		
을미(935년)	청태 2년	왕이 우리 태조에게 글을 보내 스스로 항복하고 국토를 바침. 신라 56왕 992년만에 멸망함.		
병신(936년)	청태 3년 진고조석경당 천복 원년			견훤 45년 견훤의 아들 신검이 아버지를 가두고 왕위를 빼앗아 장군이라 자칭함. 견훤이 금성으로 도망하여 태조에게 투항함.

( )는 저자 주

잡지 제1권은
제사와 음악

02

          공자가 체계화한 유교는 '예禮'를 강조합니다. 우리는 평상시에 '예' 또는 '예의'라는 단어를 떠올리면 불편한 것, 형식적인 것으로 생각합니다. 그리고 급격한 산업화가 진행된 지난 40여 년 동안 전통적인 예의범절이라고 하는 것이 많이 사라지고, 새로운 사회 질서로 대체되는 과정에 곳곳에서 갈등이 생겨나고 있습니다. 따라서 예의 본래 의미가 무엇인지 살펴볼 필요가 있다고 생각됩니다. '禮(예)'라는 글자는 '示(보일 시)'와 '豊(풍년 풍)'으로 이루어진 글자입니다. '보일 시'는 고대에 하늘에 제사를 지내던 제단의 모습으로 단 위에 물건이 놓이고 장식의 끄나풀이 늘어진 모습을 형상화한 상형문자입니다. 이것을 '보이다'라고 풀이하는 것은, 제단에서 '신의 계시가 보이다'라는 의미라고 할 수 있습니다. '풍년 풍'은 '그릇 두豆' 위에 옥 등으로 만든 제물들이 놓인 모습을 형상화한 글자입니다. 그래서 '예'는 제물을 풍성하게 차려 놓고 신에게 제사를 지낸다는 뜻을 가지고 있습니다. 또는 제사에서 드러난 신의 뜻을 함께 받들고 지켜 나간다는 의미를 지니고 있기도 합니다.

'악樂'은 풍류, 즉 '음악'의 뜻을 가지고 있고, 또한 '즐겁다(락)'와 '좋아하다(요)'라는 뜻도 있습니다. 글자의 뜻을 모아 한꺼번에 말하면 '음악을 좋아하면 즐겁다'라고 할 수도 있겠습니다. 공자는 음악을 무척 좋아하였다고 합니다. 듣는 것뿐만 아니라 부르는 것도 좋아하여 노래를 잘 부르는 사람이 있으면 다시 청하여 듣고 같이 따라 불렀다고 합니다. 이처럼 좋은 노래를 함께 부른다는 것은 어떤 느낌일까요? 함께 노래를 부르면 같은 소리를 내게 되고, 같은 소리를 내게 되면 같은 감정을 공유할 수 있겠지요. 그러므로 음악은 많은 사람들을 하나의 감정으로 묶어 주는 역할을 합니다. 이렇게 마음을 함께할 사람이 있다는 것과 그와 함께할 수 있다는 것은 참으로 행복하겠지요. 그래서 공자는 《논어》의 첫머리에 다음과 같이 말했습니다.

> 친구가 멀리서 찾아주니 이것이 얼마나 즐거운 일인가?
> 유붕자원방래 불역낙호
> **有朋自遠方來, 不亦樂乎.**   – 《논어》 〈학이〉 –

● 주자(1130~1200)
중국 남송의 유학자 '주희'를 높여 부르는 말이다.

이러한 음악의 기능을 확대해석해서 어렵게 만든 것이 주자*입니다. 주자는 우주의 본래적 정신이 표현된 것이 음악이므로 인간을 우주의 본체적 정신과 합치시킬 수 있다고 하여, 군자의 음악과 소인의 음악으로 나누어 음악을 통한 인간 교육을 주장했습니다.

지금까지의 내용으로 유교에서 '제사'와 '악'이 왜 중요한가를 알 수 있겠지요? 정리하면 그것은 제물을 풍성하게 차려 놓고 제사를 지내면서 신의 뜻을 받들어 지켜 나가기를 맹세하고, 신의 뜻을 확실하게 공유할 수 있도록 악을 통하여 참가한 사람들의 마음을 하나로 묶어 주기 위한 것입니다.

유교주의를 강조한 김부식은 그런 의미에서 〈제사〉와 〈음악〉을 잡지의 제일 앞에 둔 것입니다. 하지만 자료가 많지 않았기 때문에 기록하지 못한 부분의 아쉬움을 말미에 남겼습니다.

신라 종묘˚의 제도를 살펴보건대, 제2대 남해왕 3년(서기 6) 봄에 처음으로 시조 혁거세의 묘를 세워 네 철_사시四時에 제사 지내고, 친누이동생 아로阿老로서 제사를 주관하게 하였다. 제22대 지증왕은 시조가 내려와 태어난 곳인 나을에 신궁을 세워 그를 제향하였다.

제36대 혜공왕 때에 이르러 비로소 5묘˚를 정하였으니, 미추왕을 김성의 시조로 삼고, 태종대왕과 문무대왕은 백제와 고구려를 평정한 큰 공덕이 있다고 하여 모두 대대로 헐지 않는 종_세세불훼지종世世不毁之宗으로 삼았으며, 여기에 친묘˚ 들을 아울러 5묘로 하였다.

제37대 선덕왕 때에 이르러 사직단˚을 세웠다. 또한 《사전》에 나타난 것이 모두 경역 내의 산천이요, 천지에까지는 미치지 않았다. 대개 왕제王制에 '천자는 7묘요, 제후는 5묘이니, 2소·2목과 태조의 묘를 합하여 다섯이 된다.'라고 하였고, 또 '천자는 천지와 천하의 명산대천˚에 제사 지내고, 제후

● 종묘宗廟
역대 왕과 왕비 및 추존왕과 왕비 등 왕실 조상의 신주를 모셔두고 제사지내는 사당. 사직과 더불어 국가를 상징하는 의미로 쓰이기도 한다. 궁궐의 왼쪽에 종묘, 오른쪽에 사직을 설치한다.

● 오묘五廟
시조와 이소·이목을 모셔 놓은 사당이다. 이소는 고조할아버지와 할아버지, 이목은 증조할아버지와 아버지를 말한다. 시조는 옮기지 않고, 다음의 4대는 변화에 따라 옮길 수 있다.

● 왕의 아버지와 할아버지를 말한다.

● 사직단社稷壇
왕이 사직을 제사 지내는 곳으로, 사는 토지의 신이고 직은 곡식의 신이다.

는 사직과 그의 땅에 있는 명산대천에 제사 지낸다.'라고 하였으니, 이 때문에 감히 예를 벗어나지 않고 실행한 것인 듯하다.

그러나 그 제단과 사당의 높고 낮음, 담과 문의 안뜎 위치, 신위 순서의 존비 구분, 제상의 차림과 올리고 내림의 절차, 술잔·제기·제물·축문의 예식 등에 대해서는 추측할 수 없고, 다만 그 대략을 대충 적을 뿐이다.

– 제사지 –

제사를 지내는 사당을 세운 것과 《예기》에 나오는 천자와 제후의 예에 따라 사당(묘)을 설치한 것에 대해서는 기록하였으나, 제사를 지내는 구체적인 방법에 대해서는 기록이 남아 있지 않아 제대로 기록하지 못하고 있음을 알 수 있습니다.

골품제가 반영된
색복과 기거

03

왕조 시대의 사회는 계급사
회였습니다. 그래서 높은 계급의 사람들은 낮은 계급의 사람들보다
우월함을 강조하기 위하여 계급별로 차별을 두었습니다. 통상 높은
계급을 귀족이라고 부르는데, 귀족에도 높고 낮음의 구별이 있었습
니다. 신라에서는 이 구별을 골품제라고 하였습니다. 골품제는 골
제와 품제의 합친 말로, 골에는 성스러운 뼈다귀인 성골과 진짜 뼈
다귀인 진골이 있는데, 어떻게 구별되는지에 대해서는 정확히 알
수 없습니다. 품은 '두품'이라고 하며, 머리頭의 품격이라는 의미
입니다. 두품 중 가장 높은 것은 6두품이고, 차례대로 5두품, 4두
품, 3두품, 2두품, 1두품입니다. 그러나 3두품부터 1두품까지는 통
일 이후로 계급의 의미가 없어져서 평민들과 같은 처지가 되었다고
생각됩니다.

● 성골과 진골에 관한 견해는
여러 가지가 있다. 모계나 부모
양계의 혈통과 관련한 출생 조
건에서 비롯하였다는 견해, 혼
인 규율을 어겼는지 아닌지에
따라 나중에 좌우되었다는 견
해, 동일 친족 집단 내에서 직
계와 방계의 차이 등 복합적
요인으로 성립되었다는 견해,
선덕(여)왕의 즉위와 관련한 정
치적 외교적 상황에서 성립하
였다는 견해, 친족 집단이 분화
되어 이루어졌다는 견해, 성골
은 왕위 계승의 자격과 관련하
여 성립한 왕과 왕위 계승 자
격 차에 대한 현재적 신분 개
념이라는 견해, 초월적인 권위
가 왕을 매개로 그 직계 자손
에게로 계승된다는 인식을 바
탕으로 한다는 견해 등이 있다.

골품제에 따라 차별된 것 중 가장 눈에 띠는 것은 바로 의복입니다. 계급별로 차등을 두어 의복의 색깔과 재료에 대한 규제를 하였습니다. 신분의 특권을 과시한 셈이었지요.

법흥왕의 제도에서는, 태대각간부터 대아찬까지는 자주색 옷_자의紫衣이고, 아찬부터 급찬까지는 다홍색 옷_비의緋衣인데, 모두 아홀을 쥐며, 대나마와 나마는 푸른 옷_청의靑衣이고, 대사부터 선저지까지는 누른 옷_황의黃衣이었다.

진골 대등은, 복두는 마음대로 쓰고, 겉옷·반비·바지 모두 계수금라를 금하였다. 허리띠_요대腰帶는 연문백옥을 금하고, 목신발은 자주색 가죽을 금하고, 목신발띠는 은문백옥을 금하며, 버선은 능 이하를 마음대로 쓰고, 신발_이履은 가죽·실·삼_마麻을 마음대로 썼다. 포는 26새_승升 이하를 썼다.

6두품은, 복두는 세라·시·견·포를 쓰고, 겉옷은 면주·주·포만 쓰고, 속옷은 소문릉·시·견·포만 쓰고, 바지는 시·견·면주·포만 썼다. 띠는 검은 무소뿔_오서烏犀과 놋·쇠·구리만 쓰고, 버선은 시·면주·포만 쓰고, 목신발은 검은 순록의 주름무늬 자주색 가죽_오경추문자烏麖皺文紫皮을 금하고, 목신발띠는 검은 무소뿔과 놋·쇠·구리를 쓰고, 신발은 가죽·삼만 썼다. 포는 18새 이하를 썼다.

5두품은, 복두는 나·시·견·포를 쓰고, 겉옷은 포만 쓰고, 속옷과 반비는 소문릉·시·견·포만 쓰고, 바지는 면주·포만 썼다. 허리띠는 쇠만 쓰고, 버선은 면주만 쓰고, 목신발은 검은 순록의 주름무늬 자주색 가죽을 금하고,

● 복두僕頭
신라 시대 남자의 머리 위에 쓰던 관모

● 반비半臂
신라 시대에 조복을 입을 때 위에 걸치는 반소매 정도의 등걸이형 복식

● 계수금라罽繡錦羅
신라의 옷감 중 가장 귀중하게 여겨지던 직물로 계는 양털 또는 거기에 무명, 명주실 등을 섞어 짠 모직물로 추정된다. 금은 각종 채색된 실로 섞어 짠 가장 정교하고 화려한 비단을 말하며, 나는 무늬가 있고 얇고 질이 좋은 비단을 말한다. 계수금라는 '계와 수놓은 금과 라'를 지칭하는 말로 추정된다.

● 연문백옥硏文白玉
갈아서 무늬를 낸 백옥으로 당에서 왕에게 하사한 허리띠인 듯하다.

● 목신발
신라 시대 남자가 조복 차림에 신던 발목 조금 위까지 덮는 가죽 신발

● 은문백옥隱文白玉
은은한 무늬가 있는 백옥

● 능綾
무늬가 있는 비단

● 새
옷감의 날을 세는 단위

목신발 띠는 놋·쇠·구리만 쓰고, 신발은 가죽·삼을 썼다. 포는 15세 이하를 썼다.

평인은, 복두는 견·포만 쓰고, 겉옷과 바지는 포만 쓰고, 속옷은 견·포만 썼다. 띠는 구리·쇠만 쓰고, 목신발은 검은 순록의 주름무늬 자주색 가죽을 금하고, 목신발 띠는 쇠·구리만 쓰고, 신발은 삼 이하를 썼다. 포는 12세 이하를 썼다.

– 색복지 –

고구려와 백제의 복식은 중국의 자료를 인용하였는데, 신라의 복식과 마찬가지로 신분의 높고 낮음에 따라 복식을 달리했습니다.

《북사》에서는 다음과 같이 기록하였다. '고구려_고려高麗 사람은 모두 머리에 절풍折風을 쓰는데 그 모양이 고깔과 같고, 사인士人은 거기에 두 개의 새 깃을 더 꽂았다. 귀한 자는 그 관을 소골蘇骨이라 하는데, 흔히 자주색 비단_

● 《북사北史》
중국 당나라 때에 이연수가 북위, 북제, 북주 및 수나라 4왕조 242년 동안의 사실을 기록한 역사책이다. 〈본기〉 12권, 〈열전〉 88권으로 이루어졌다.

무용도舞踊圖
고구려 때의 무덤에서 나온 벽화로, 14명의 남녀가 춤을 추는 모습과 말을 탄 4명의 무사가 사냥하는 모습이 그려져 있다. 우리나라 복식사에 있어서 고구려 복식을 알 수 있는 매우 중요한 자료로 미술사와 더불어 한국 복식사에 자주 등장하는 자료이다.

고구려 귀족
최신유행 패션

자나紫羅을 쓰고 금은으로 장식하였다. 큰 소매의 저고리_대수삼大袖衫와 통이 큰 바지_대구고大口袴를 입고, 흰 가죽띠_소대대素皮帶에 누른 가죽신_황혁이黃革履을 신었다. 부인은 치마·저고리에 가선을 더하였다.'

《신당서》에서는 다음과 같이 기록하였다. '고구려 왕은 오색 무늬의 옷을 입고 흰 비단_백나白羅으로 관을 만들며 가죽띠에는 모두 금테를 둘렀다. 대신은 푸른 비단관_청나관靑羅冠을 쓰고, 그 다음은 진홍색 비단관_강나관絳羅冠을 쓰는데, 두 개의 새깃을 꽂고 금은으로 어지러이 테를 두르며, 저고리는 통소매_용유裌襦이고, 바지는 통이 크고, 흰 가죽띠에 누른 가죽신을 신었다. 서인은 거친 털옷_갈褐을 입고 고깔_변弁을 쓰며, 여자는 머리에 쓸수건_건괵巾幗을 덮어썼다.'

● 《수서隋書》
중국 당나라 때, 위징 등이 황제의 명에 따라 펴낸 중국 수나라의 정사로 636년에 간행되었다.

《북사》에서는 다음과 같이 기록하였다. '백제의 의복은 고구려와 대략 같다. 조정의 배례와 제사 같은 때에는 그 관의 양쪽에 날개를 붙이는데, 전쟁 때에는 붙이지 않았다. 나솔 이상은 관에 은꽃_은화銀花으로 장식하고, 장덕은 자주색 띠, 시덕은 검은 띠, 고덕은 붉은 띠, 계덕은 푸른 띠, 대덕·문독은 모두 누른 띠, 무독부터 극우까지는 모두 흰 띠를 둘렀다.'

백제의 금제 관장식

《수서》에서는 다음과 같이 기록하였다. '백제는 좌평부터 장덕까지는 자주색 띠를 두르고, 시덕은 검은 띠, 고덕은 붉은 띠, 계덕은 푸른 띠, 대덕 이하는 모두 누른 띠, 문독부터 극우까지는 모두 흰 띠를 둘렀다. 관의 제도는 모두 같은데, 다만 나솔 이상은 은꽃으로 장식하였다.

– 색복지 –

이처럼 신분에 의하여 규제되었던 복식과 수레, 집과 그릇의 차이는 국왕을 정점으로 하는 권력 구조가 잘 유지될 때에는 문제가 되지 않지만 왕권이 약해지면서 그 규정이 유명무실하게 됩니다. 9세기 후반 신라 하대에 이르러 이 문제가 불거지자, 흥덕왕은 다음과 같이 말했습니다.

> 흥덕왕 즉위 9년, 태화 8년(834)에 교서를 내려 말하였다. "사람은 상하가 있고 지위는 존비가 있어서, (그에 따라) 호칭_명례名例이 같지 않고 의복도 다른 것이다. 그런데 풍속이 점차 경박해지고 백성들이 사치와 호화를 다투게 되어, 오직 외래 물건의 진기함을 숭상하고 도리어 토산품의 야비함을 혐오하니, 신분에 따른 예의가 거의 무시되는 지경에 빠지고, 풍속이 쇠퇴하여 없어지는 데까지 이르렀다. 이에 감히 옛 법에 따라 밝은 명령을 펴는 바이니, 혹시 고의로 범하는 자가 있으면 진실로 일정한 형벌이 있을 것이다."
>
> – 색복지 –

흥덕왕은 신분에 따른 의복 규정을 강하게 지키는 것을 통하여 약화되어 가는 왕권을 회복하려고 하였던 것입니다.

04
보물 창고
지리와 직관

국사 수업 시간에 제일 재미
없는 부분은 무엇이었나요? 필자는 정치 제도에 관한 것이라고 생
각합니다. 고구려, 백제, 신라의 수상의 명칭은 무엇이고, 전국의
행정기구는 어떻게 나누어졌다가 변화되었고, 관직은 몇 등급이고
신라에서 외교를 담당하고 있었던 기구의 명칭은 무엇인가 등 모두
의미 없이 외워야만 하는 것들로 가득 차 있는 부분이기 때문이지
요. 이러한 교과서 내용의 근거가 되는 것이 바로 《삼국사기》 〈지리
지〉와 〈직관지〉입니다. 따라서 이 부분을 읽는 것은 매우 곤혹스러
울 수도 있으나, 이 안에서도 흥미로운 무언가를 찾아볼 수 있을 것
이라 생각됩니다. 과연 무엇을 찾게 될지 지금부터 보도록 합시다.

김부식이 지리지를 쓸 때 기본적인 구분은 통일 후 설치된 9주로
하였습니다. 9주 설치에 대하여 다음과 같이 기록되어 있습니다.

김부식이 없었다면
국사가 쉬웠을까…

삼국
사기

뭐야?!

처음에는 고구려·백제와 영토의 경계가 개의 이빨처럼 들쭉날쭉하여, 혹은 서로 화친하고 혹은 서로 노략하다가, 후에 당나라_대당大唐와 함께 두 나라를 쳐서 멸하고 그 토지를 평정하여 드디어 9주를 설치하였다. 본국(신라) 경계 안에 세 주를 설치하였으니, 서울_왕성王城 동북쪽의 당은포로唐恩浦路에 해당하는 곳을 상주라 하고, 서울 남쪽을 양주라 하고, 서쪽을 강주라고 하였다. 옛 백제국 경계 안에 세 주를 설치하였으니, 백제의 옛 성 북쪽의 웅진구를 웅주라 하고, 다음 서남쪽을 전주라 하고, 다음 남쪽을 무주라고 하였다. 옛 고구려의 남쪽 경계 안에 세 주를 설치하였으니,

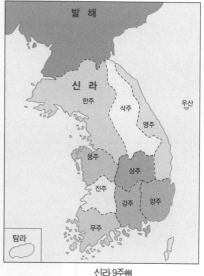

신라9주州

서쪽으로부터 첫째를 한주라 하고, 다음 동쪽을 삭주라 하고, 또 다음 동쪽을 명주라고 하였다. 9주가 관할하는 군현이 무려 450개였으니, 방언의 이른바 향·부곡 등의 잡스러운 곳은 이루 다 기록하지 않는다 신라 영토의 넓이가 이처럼 매우 컸다. 그러나 (신라가) 쇠퇴하게 되어서는, 정사가 거칠고 백성이 흩어져서 강토가 날로 줄어들다가, 마지막 왕 김부가 나라를 들어 우리[고려] 태조에게 귀의하자 그 나라를 경주로 삼았다.

— 지리지 —

신라, 고구려, 백제의 옛 땅에 각각 3개의 주씩 9개의 주를 설치하였다는 것을 표면적으로 삼국을 통일한 후 그들을 통합하기 위한 노력이었다고 설명하기도 합니다. 그러나 고구려 옛 땅은 신라가 포기한 땅이었고 본문을 보더라도 '옛 고구려 남쪽 경계 안에 세 주를 설치하였으니'라고 되어 있는 것으로 미루어 보아, 그런 설명은 잘못된 것이라고 할 수 있습니다.

지리지의 첫 번째 내용은 9개의 주 가운데 상주에 대한 설명입니다.

군 (원래군명)	소속현(원래현명)
상주 (사벌주)	청호현 (음리화현) 다인현 (달기현) 화창현 (지내미지현)
예천군 (수주군)	영안현 (하지현) 안인현 (난산현) 가유현 (근품현) 은정현 (적아현)
영동군 (길동군)	양산현 (조비천현) 황가현 (아동혜현)

상주는, 첨해왕 때에 사벌국을 빼앗아 주로 삼은 것이었다. 법흥왕 11년(524), 양나라 보통 6년(525)에 처음으로 군주를 두어 상주로 삼았다. 진흥왕 18년(557)에 주를 폐지하였다. 신문왕 7년, 당나라 수공 3년(687)에 다시 [주를] 설치하고 성을 쌓았는데 들레가 1만 1천9보였다. 경덕왕 16년(757)에 이름을 상주로 고쳤다. 지금(고려)도 그대로 쓴다.

영현領縣이 셋이었다. 청효현은 본래 음리화현이었는데, 경덕왕이 이름을 고쳤다. 지금(고려)의 청리현이다. 다인현은 본래 달이현 (혹은 다이라고도 하였다)이었는데, 경덕왕이 이름을 고쳤다. 지금(고려)도 그대로 쓴다. 화창현은 본래 지내미지현이었는데, 경덕왕이 이름을 고쳤다. 지금(고려)은 어디인지 알 수 없다. 예천군은 본래 수주군이었는데, 경덕왕이 이름을 고쳤다. 지금(고려)의 보주이다. 영현이 넷이었다.

– 지리지 –

위의 자료를 통해 신라의 지방 제도를 보면, 다른 나라를 빼앗아 '주'로 삼았다 하였으므로 가장 큰 지방 단위는 '주'라는 것을 알 수 있습니다. 위 기록에서 상주 아래에 예천, 고창, 문소, 승선, 영동, 관성, 삼년, 고령, 화령 9개의 '군郡'이 있었다하였으므로 '주' 아래의 지방 단위는 '군'입니다. 그리고 '주'의 통제를 받는 '현'이 있었는데, 그것은 '영현'이라고 기록되어 있습니다. 그러므로 신라의 지

방 제도는 '주-군-현'으로 이루어져 있었음을 알 수 있습니다.

세 권으로 구성되어 있는 직관지의 상권과 중권은 중앙 정치 제도에 관하여 기록되어 있고, 하권은 무관과 외관, 불교와 관련된 정관, 국통, 주통 등으로 나누어 기록되어 있습니다.

직관지는 다음과 같이 시작합니다.

> 신라의 관직 명칭은 때에 따라 바뀌어 그 이름이 같지 않았으며, 당나라 것과 우리나라_이夷 것이 서로 섞여 있었다. 그중 시중侍中·낭중郞中이라 한 것들은 모두 당나라의 관명으로 그 뜻은 가히 상고할 수 있지만, 이벌찬·이찬이라 한 것들은 모두 우리나라 말_이언夷言이어서 그 명칭을 붙이게 된 까닭을 알 수 없었다. 처음 설치하였을 때에는, 반드시 직職에는 일상의 업무가 있었고 위位에는 정해진 인원이 있어서, 그 높고 낮음을 분별하고 사람 재주_인재人才의 크고 작음에 따라 대우하였을 것이다.
>
> 그러나 세월이 오래되고 기록들이 없어져서 세밀히 조사하여 두루 상세히 밝힐 수가 없었다. 살펴보니 제2대 남해왕은 나라 일을 대신에게 위임하고, 이를 대보라 하였다. 제3대 유리왕은 관위 17등을 설치하였는데, 그 뒤로부터 그 명목이 번거롭고 많아졌다. 지금(고려) 가히 고찰할 수 있는 것을 모아서 본편에 기록하였다.
>
> — 직관지 —

그리고 유리왕 9년에 17관등을 설치한 것을 기록하고 있습니다.

> 유리왕 9년(서기 32)에 17관등을 설치하였다. 제1등은 이벌찬(혹은 이벌간이라고도 하였고, 혹은 우벌찬이라고도 하였고, 혹은 각간이라고도 하였고, 혹

진흥왕 순수비

진흥왕의 영토 확장을 보여 주는 기념물인 척경비로 사진은 북한산비다. 진흥왕은 대가야를 정복해 창녕비(경상남도 창녕 소재)를 세우고, 고구려를 정복해 북한산비(서울 북한산 소재), 황초령비(함경남도 함주군 황초령 소재), 마운령비(함경남도 이원 마운령 소재)를 세웠다. 북한산비에는 이찬 등급의 고위 관등을 가지고 있던 내부지의 이름이 보이며 남천군주라는 직명도 나타나 있어 신라 때의 인물과 관직 제도 연구에 좋은 사료로 사용되고 있다.

1등관	이벌찬, 혹은 이벌간, 우벌찬, 각간, 각찬, 서발한, 서불한
2등관	이척찬, 혹은 이찬
3등관	잡찬, 혹은 잡판, 소판
4등관	파진찬, 해간, 파미간
5등관	대아찬
6등관	아찬, 혹은 아척간, 아간
7등관	일길찬, 혹은 을길간
8등관	사찬, 혹은 살찬, 사돌간
9등관	급벌찬, 혹은 급찬, 급복간, 급간
10등관	대나마, 혹은 대나말
11등관	나마, 혹은 나말
12등관	대사, 혹은 한사
13등관	사지, 혹은 소사
14등관	길사, 혹은 계지, 길차
15등관	대오, 혹은 대오지
16등관	소오, 혹은 소오지
17등관	조위, 혹은 선저지

은 각찬이라고도 하였고, 혹은 서발한이라고도 하였고, 혹은 서불한이라고도 하였다.)이었다. 제2등은 이척찬(혹은 이찬이라고도 하였다.)이었다.…… 제15등은 대오(혹은 대오지라고도 하였다.)였다. 제16등은 소오(혹은 소오지라고도 하였다.)였다. 제17등은 조위(혹은 선저지라고도 하였다.)였다.

— 직관지 —

교과서에서는 신라 중대에 왕권이 강화되면서 상대등의 권한이 약화되고 집사부의 기능이 강화되었다라고 설명하고 있습니다. 그 기록은 다음과 같습니다.

상대등(혹은 상신이라고도 하였다.)은 법흥왕 18년(531)에 처음으로 설치하였다.

집사성 본래 이름은 품주(혹은 조주라고도 하였다.)였다. 진덕왕 5년(651)에 집사부로 고쳤고, 흥덕왕 4년(829)에 또 성으로 고쳤다. 중시는 1명이었는데, 진덕왕 5년에 설치하였고, 경덕왕 6년(747)에 시중으로 고쳤다. 관등이 대아찬에서 이찬까지인 자로 임용하였다. 전대등은 2명이었는데 진흥왕 26년(565)에 설치하였고, 경덕왕 6년(747)에 시랑侍郎으로 고쳤다. 관등이 나마에서 아찬까지인 자로 임용하였다. 대사는 2명이었는데 진평왕 11년(589)에 설치하였고, 경덕왕 18년(759)에 낭중으로 고쳤다.(또는 진덕왕 5년(651)에 고쳤다고 하였다.) 관등이 사지에서 나마까지인 자로 임용하였다. 사지는 2명이었는데 신문왕 5년(685)에 설치하였다. 경덕왕 18년(759)에 원외랑으로 고쳤으나, 혜공왕 12년(776)에 다시 사지로 칭하였다. 관등이 사지에서 나마까지인 자로 임용하였다. 사_史는 14명이었는데 문무왕 11년에 6명을 더하였다. 경덕왕이 낭으로 고쳤으나, 혜공왕은 다시 사로 칭하였다. 관등이 선저지에서 대사까지인 자로 임용하였다.

- 직관지 -

상대등을 상신이라고 하였는데, 상신은 말 그대로 신하들 중 가장 높은 사람을 의미한다고 할 수 있습니다. 또한 신하들을 대표해서 왕과 국정을 의논할 수 있는 위치에 있는 사람을 뜻합니다. 법흥왕 시절에는 국가의 조직과 체계가 정비되고 대외 확장을 활발히 진행하려고 한 시기였습니다. 우리는 이러한 시기에 귀족들의 도움이 절실히 필요했을 것입니다. 그래서 17관등과는 별도로 상대등을 설치하였다고 생각됩니다. 이러한 기록을 통하여 법흥왕 당시의 상황을 엿볼 수 있습니다.

〈직관〉은 이런 식으로 관직이 언제 설치되었고, 어떤 과정을 거쳐 명칭이 변하게 되었는지를 기록하고 있습니다.

자, 그러면 지금부터 '역사가 놀이'를 한 번 해볼까요? 첫째, 역사가는 흩어져 있는 사료에서 공통적인 것을 찾아내려고 합니다. 그러면 본문에 있는 사료에서 〈지리지〉와 〈직관지〉에서 지명과 관직명을 모두 변경시킨 왕을 찾아봅시다. 누구인가요? 경덕왕으로 나올 것입니다. 둘째, 역사가는 시대의 특징으로 사건을 해석하는 배경으로 삼습니다. 경덕왕이 살았던 시대는 어떤 특징을 가지고 있었을까요? 1부 신라본기를 참고로 하면 신라 중대입니다. 삼국통일을 배경으로 김춘추, 무열왕의 직계자손이 왕위를 이어가며 강력한 왕권을

내가 괜히 심심해서 명칭을 바꾼게 아니라구.

끙...

"경덕왕"

만든 시기였습니다. 그러나 경덕왕 때는 신라 중대의 강력한 왕권이 서서히 무너져가는 시기였습니다. 왕권에 도전하는 진골 귀족들에게 밀려 그들의 경제적 기반인 녹읍을 부활시키기도 하였으니까요. 그러나 경덕왕도 호락호락하지는 않았습니다. 에밀레종으로 잘 알려진 성덕대왕신종을 만들어 아버지인 성덕왕 때를 상기시키게 하였고, 충담사에게 〈안민가〉를 짓도록 하여, 임금과 신하와 백성의 관계를 아버지와 어머니와 자식의 관계에 해당한다고 가르치는 등 왕권 강화를 위한 노력을 하였습니다. 자, 이쯤 되면 그 의미를 눈치채셨겠지요? 경덕왕이 관제와 지명을 신라의 명칭에서 중국식으로 고친 이유가 왕권을 강화하기 위한 노력 중의 하나였던 것입니다. 하지만 경덕왕의 노력은 진골 귀족들과의 갈등을 증폭시켰습니다. 경덕왕의 아들인 혜공왕 때 신라의 관직명으로 다시 바뀐 것은 결국 진골 귀족들이 왕권을 굴복시켰다는 의미가 됩니다. 혜공왕이 김양상과 김경신 등의 귀족에게 피살된 것도 이런 갈등이 원인으로 작용했다고 할 수 있습니다.

지리지와 직관지의 형식을 보면 재미없는 것들의 나열이라고 생각할 수도 있지만, 그 내용을 통해 〈본기〉의 내용을 보다 풍족하게 이해할 수 있는 또 하나의 보물 창고라고 할 수 있습니다.

히든 아이템
같은 거지.

하늘에 제사를 지내다

국사 시간에 초기 국가들의 풍속을 설명할 때 '제천행사'는 빠지지 않고 꼭 들어갑니다. 부여는 영고迎鼓, 고구려는 동맹東盟, 동예는 무천舞天 등이 그것입니다. 이 제천행사의 성격을 농경물의 수확시인 10월에 주목하여 추수감사제라고 설명하고 있습니다. 그 설명이 맞는지 한 번 살펴보도록 합시다.

후한서後漢書에서는 다음과 같이 기록하였다.

고구려는 귀신鬼神 · 사직社稷 · 영성靈星에 제사지내기를 좋아한다. 10월에는 하늘에 제사지내면서 크게 모이는데, 이름하여 동맹東盟이라고 하였다. 그 나라의 동쪽에 큰 굴이 있어 수신?神이라고 부르는데, 또한 10월에 이를 맞이하여 제사지냈다.

북사北史에서는 다음과 같이 기록하였다.

고구려는 항상 10월에 하늘에 제사지내며 음사淫祠가 많았다. 신묘神廟가 두 곳에 있는데, 하나는 부여신夫餘神이라고 하여 나무를 새겨 부인의 상像을 만들었다. 또 하나는 고등신高登神이라고 하는데 이는 시조로서 부여신의 아들이라고 하였다. 모두 관청을 설치하고 사람을 보내 지키게 하였으니 대개 하백녀河伯女와 주몽朱蒙이라고 하였다.

양서梁書에서는 다음과 같이 기록하였다.

고구려는 거처하는 곳의 왼쪽에 큰 집을 짓고 귀신에 제사지냈다. 또한 영성靈星 · 사직에 제사지냈다.

당서唐書에서는 다음과 같이 기록하였다.

　고구려는 풍속에 음사淫祠가 많고 영성靈星 및 해日·기자箕子·극한可汗 등의 신에게 제사지냈다. 나라의 왼쪽에 큰 굴이 있어 이를 신수神隧라고 하며, 매년 10월에 왕이 모두에게 친히 제사지냈다.

삼국지三國志 위지 동이전 고구려에서는 다음과 같이 기록하였다.

　10월에 지내는 제천행사는 국중대회로 이름하여 '동맹'이라 한다. 그들의 공식 모임에서는 모두 비단에 수놓은 의복을 입고 금과 은으로 장식한다. 대가와 주부는 머리에 책(쓰개)을 쓰는데, 책과 흡사하지만 뒤로 늘어뜨리는 부분이 없다. 소가는 절풍을 쓰는데 그 모양이 고깔과 같다.

　그 나라의 동쪽에 큰 굴이 있는데 그것을 수혈隧穴이라 부른다. 10월에 온 나라에서 크게 모여 수신隧神을 맞이하여 나라의 동쪽江위에 모시고 가 제사를 지내는데, 나무로 만든 수신을 신의 좌석에 모신다.

고구려가 귀신鬼神·사직社稷·영성零星에 제사지내기를 좋아한다는 내용은 후한서, 양서, 당서에 기록되어 있습니다. 귀신은 조상신, 사직은 토지와 오곡의 신이고 영성은 파종과 수확을 관장하는 별입니다. 사직과 영성이 농경과 관계있으니 추수감사제의 성격이라고 할 수 있을지 모르나 동맹은 다릅니다. 위의 기록을 토대로 동맹을 복원해 보도록 합시다.

10월이 되면 고구려의 많은 사람들이 모임에 참석을 합니다. 지배층들은 모두 비단옷에 금과 은으로 장식을 한 화려한 옷차림입니다. 이들은 나라 동쪽에 있는 큰 동굴로 가서 동굴에 안치되어 있는 나무로 만든 신상을 동쪽 강 위로 모시고 가서 제사를 지냅니다.(또는 동굴에 가서 신을 맞이하고 신묘에 가서 제사를 지냅니다). 이 때 나무로 만든 신상은 물의 신 하백의 딸이며 주몽의 어머니인 유화부인과 시조인 주몽이었습니다. 《양서梁書》권 54 고구려전에는 이 제천 대회의 이름을東明이라고 하였습니다. 동맹은 추수감사제의 성격이 아니라 시조인 동명왕과 그의 어머니인 유화부인을 모시면서 국왕을 중심으로 고구려 사회를 단결시키는 기능을 한 의례라고 할 수 있습니다.

5부

열전

"우리 군사가 패하였습니다. 제가 평생 충효로써 살겠다고 기약하였으니, 전쟁에 임하여 용기를 내지 않을 수 없습니다.
듣건대 '옷깃을 들면 가죽옷이 펴지고, 벼리를 당기면 그물이 펼쳐진다.' 하니, 제가 그 벼리와 옷깃이 되겠습니다." 이에
말을 타고 칼을 빼어 들어 참호를 뛰어넘어 적진에 들락날락하면서 장군의 머리를 베어 들고 돌아왔다.

# 다양한 인물들의 군상, 〈열전〉

기전체 역사서에서 〈열전〉은 황제의 역사를 기록하는 〈본기〉와 달리 국왕을 보필한 관료나 특수한 개인, 반역자 등을 기록한 부분입니다. 《삼국사기》의 〈열전〉은 권41부터 권50까지 모두 열 권으로 구성되어 있는데, 각각의 내용은 다음과 같습니다.

권	내용
41	김유신 상
42	김유신 중
43	김유신 하
44	을지문덕, 거칠부, 거도, 이사부, 김인문, 김양, 흑치상지, 장보고, 정년, 사다함
45	을파소, 김후직, 녹진, 밀우, 유유, 명림답부, 석우로, 박제상, 귀산, 온달
46	강수, 최치원, 설총
47	해론, 소나, 취도, 눌최, 설계두, 김영윤, 관창, 김흠운, 열기, 비령자, 죽죽, 필부, 계백
48	향덕, 성각, 실혜, 물계자, 백결선생, 검군, 김생, 솔거, 효녀지은, 설씨, 도미
49	창조리, 연개소문
50	궁예, 견훤

권41은 김유신의 출생(595)부터 54세가 되는 진덕왕 2년(648)까지 기록되어 있습니다. 권42는 김유신이 54세 때인 진덕왕 2년(648)부터 69세가 되는 문무왕 3년(663)까지 기록되어 있습니다. 권43은 문무왕 4년(664)부터 문무왕 13년(673)까지

로 김유신의 죽음과 그의 가족에 관한 내용이 기록되어 있습니다. 이렇듯 열전의 1/3 정도를 김유신의 생애로 기록하고 있습니다. 신라, 고구려, 백제를 통틀어 어느 왕의 기록보다도 더 많고, 자세하게 기록되어 있어 《삼국사기》에 등장하는 인물들 중에 가장 중요하다고 생각될 수 있습니다. 권44에 등장하는 인물들은 외적의 침입으로부터 국가와 왕실을 지키거나 영토를 넓히는 데 큰 공을 세운 사람들입니다. 권45에 등장하는 인물들은 어진 재상, 충성스러운 신하, 충언을 한 신하, 생명을 바친 신하 등 신하로서의 역할을 충실히 한 인물들입니다. 권46에는 문장가들이 등장하며, 권47에서는 전쟁에서 장렬한 죽음을 맞이한 사람들이 등장하고 있습니다. 권48에는 효행, 음악, 그림, 서예, 정조(부인의 올바른 도리)를 지킨 사람들을 모아 놓았습니다. 권49는 역모를 꾀한 신하들인 역신逆臣에 관한 내용이고, 권50은 왕실을 배반하고 새로운 왕조를 열었다가 실패한 반신叛臣에 관한 내용입니다.

〈열전〉에는 총 88인이 등장합니다. 이 인물들에 대한 기록은 엄연히 김부식의 잣대로 평가한 내용이므로 그와 똑같이 판단할 필요는 없습니다. 자, 그럼 소신을 가지고 열전에 실린 인물들을 만나러 가 봅시다.

01 삼국 통일의 기반을 다진 김유신 1

대각간은 (혹은 대서발한이라
고도 하였다) 17관등 위에 이
를 더한 것으로 태종왕 7년
(660)에 백제를 멸망킨 공로를
논의하여 대장군 김유신에게
수여하였다. 태대각간(혹은 태
대대서발한이라고도 하였다) 역
시 문무왕 8년인 668년 고구
려를 멸망시킨 뒤 김유신에게
종전 17관등과 대각간에 한 단
계 더 얹어 표창한 관직 이름
이다. 대각간과 태대각간은 상
설 관직이 아닌 비상시의 관등
이었다.

6세기 후반부터 7세기에 걸
쳐 신라에서 가장 중요한 인물은 김춘추와 김유신입니다. 둘은 화
랑 출신으로 삼국 통일의 뜻을 함께 하였으며, 김춘추는 신라의 임
금이 되었고, 김유신은 상대등을 거쳐 대각간, 태대각간˚의 지위에
올랐습니다. 김부식은 이 둘 중에 누구에 대한 애정이 더 많았을까
요? 〈열전〉 10권 중 3권을 김유신전으로 쓴 것을 보면 김유신에 대
한 애정이 더 많았다고 할 수 있습니다. 왜 그랬을까요? 김춘추, 즉
태종 무열왕은 권5 〈신라 본기〉에 선덕왕, 진덕왕과 함께 기록하였
고, 고구려를 멸망시킨 후 당나라와의 전쟁을 통해 삼국 통일을 완
수한 문무왕도 권6과 권7의 두 권으로 기록한 것으로 미루어 보아
삼국 통일에 많은 의의를 둔 김부식의 태도 때문이었다고 볼 수 있
습니다. 또한 김춘추(태종 무열왕)는 660년에 백제를 멸망시킨 다음

해에 죽었고, 김유신은 고구려를 멸망시키고 나당전쟁 직전까지 살아 있었기 때문에 그에 대하여 많은 것을 기록한 것으로 보입니다. 그러면 먼저 김유신의 가계家系와 탄생에 대하여 살펴보도록 합시다.

김유신 탄생지
충북 진천군에 위치한다.

> 김유신은 서울 사람_왕경인王京人이었다. 그 12대 할아버지_세조世祖 수로는 어떤 사람인지를 모른다. (그는) 후한 건무 18년 임인(42)에, 구봉에 올라가 가락의 9촌을 바라보고, 드디어 그곳에 가서 나라를 열고 이름을 가야라 하였다. 후에 금관국으로 고쳤다. 그 자손이 서로 계승하여 9세손 구해에 이르렀다. (구해는) 혹 구차휴라고도 하며, 유신의 증조이다.
> 　　　　　　　　　　　　　　　　　　　　　　　　　　　　　　　　　　　　　　- 김유신전 -

> 19년(532) 금관국의 왕 김구해가 왕비와 세 아들, 즉 큰 아들 노종, 둘째 아들 무덕, 막내아들 무력을 데리고 나라 창고에 있던 보물을 가지고 와서 항복하였다. 왕이 예로써 대접하고 상등의 벼슬을 주었으며, 본국을 식읍으로 삼게 하였다. 아들 무력은 벼슬하여 각간에 이르렀다.　- 법흥왕 조 -

위의 글에서 김유신은 가야를 세운 김수로왕의 후손으로 법흥왕 때 신라로 편입되었음을 알 수 있습니다.

> 아버지 서현은 벼슬이 소판 대량주도독 안무대량주제군사에 이르렀다.
> 일찍이 서현이 길에서 갈문왕 입종의 아들인 숙흘종의 딸 만명을 보고, 마

● 법흥왕(재위 514~540)
신라 제23대 왕이며, 지증왕의 아들이다. 연호를 '건원'이라 했으며, 이는 신라 최초의 독자전인 연호였다. 율령을 반포하고 군사제도를 정비했으며 불교를 공인하여 신라가 중앙집권적 국가 체제를 갖추도록 했다.

법흥왕께서
보는 눈이 있으셨지!

"김유신"

구형왕릉

구형왕은 가락국의 제10대 왕
이며, 구해왕이라고도 한다.
겸지왕의 아들이자, 각간 김
무력의 아버지이며, 김유신의
증조부이다. 532년(신라 법흥
왕 19) 신라에 항복하여 상등
의 벼슬과 가락국을 식읍으로
받았다. 구형왕의 항복 연도
는 532년이라고도 하고 562년
이라고도 하는데, 일연이 지
은 《삼국유사》 가락국기편은
두 가지 설을 모두 기록하고
있다.

음에 들어 눈짓으로 꾀어, 중매를 거치지 않고 결합하였다. 서현이 만노군
(현재의 충북 진천) 태수가 되어 만명과 함께 떠나려 하니, 숙흘종이 그제서
야 딸이 서현과 야합한 것을 알고 미워해서 별채에 가두고 사람을 시켜 지
키게 하였다. 갑자기 벼락이 문간을 때리자 지키던 사람이 놀라 정신이 없
었다. 만명은 창문으로 빠져나가 드디어 서현과 함께 만노군으로 갔다.

서현이 경진일庚辰日 밤에 형혹성*과 진성*두 별이 자기에게로 내려오는 꿈
을 꾸었다. 만명도 신축일辛丑日 밤에 한 어린아이가 황금 갑옷을 입고 구름
을 타고 집 안으로 들어오는 꿈을 꾸고 곧바로 임신하여 20개월 만에 유신
을 낳았다. 때는 진평왕 건복 12년, 수문제 개황 15년 을묘(595)였다.

– 김유신전 –

형혹성熒惑星

형혹熒惑은 중국에서 불렀던 이
름으로 같은 말은 화성火星이
다. 태양에서 보아 네번째 궤도
를 돈다. 붉은 빛을 띠고 있어,
예로부터 전쟁이나 재앙과 연관
시켜 생각하였다.

진성鎭星

동양에서 진성으로 불렀으며,
토성土星과 같은 말이다. 태양
계에 속하는 6번째 행성이다.

김유신의 아버지는 서현이라는 사람으로 신라 왕족인 만명을 꼬
드겨 혼인을 하였고, 김유신을 낳은 것으로 되어 있습니다.

형혹성은 이 별이 나타나면 전쟁이 일어나고, 없어지면 군사가

흩어진다는 의미를 갖고 있으며, 진성은 '신臣'을 상징하여 이 별이 있는 곳의 나라는 길할 것이라 해석합니다. 그러므로 김유신의 태몽에 형혹성과 진성이 나타났다는 것은 앞으로 전쟁이 있을 것이고, 그 전쟁에서 이길 것이라는 의미라고 할 수 있습니다. 또한 만명이 꾼 태몽도 이와 비슷한 의미를 가진다고 볼 수 있습니다. 결국 김유신은 신라를 위한 무장武將으로 태어났다는 의미입니다.

하지만 김유신은 출생에서부터 신분에 대한 뚜렷한 한계를 가지고 있었습니다. 그것에 대하여 살펴보려면 먼저 김춘추와 비교해 보아야 합니다. 김유신과 김춘추는 같은 김씨이며 진골이었지만, 엄청난 차이가 있습니다.

김춘추는 진지왕*의 후손으로 신라 김씨 왕계의 혈통을 이어받았습니다. 당시 신라의 핵심 세력으로 이들의 후손은 현재 '경주 김씨'입니다. 이에 반해 김유신의 조상은 가야를 세운 김수로왕입니다. 그의 증조부인 구해 때 법흥왕에 의하여 금관가야가 병합되면서 신라의 진골로 편입되었던 것입니다. 김수로왕의 후손은 현재 '김해 김씨'입니다. 쉽게 말하면 김춘추는 오리지널 진골이고, 김유신은 짝퉁 진골이라고 할 수 있습니다. 그리고 김유신의 아버지 서현과 만명 부인은 정식으로 혼인하였다고 볼 수 없습니다. '중매를 거치지 않고 결혼하였다.'라고 번역된 부분의 원자료에는 '야합野合'입니다. 야합은 서로 눈이 맞아 육체적 관계를 맺었다는 것이 본래의 의미입니다. 그것을 알고 만명의 아버지가

태몽부터 남달랐단 말씀!

★ 형혹성
★ 진성

● 진지왕(재위 576~579)
신라의 왕족으로 성은 김씨이다. 신라 제17대 나물 마립간의 손자이며, 제22대 지증왕의 아버지이다. 500년 아들 지대로(지증왕)가 왕위에 오르자 갈문왕에 추봉追封되었다.

태종 무열왕릉비

국보 제25호이다. 비석의 받침돌인 귀부(거북이)와 여섯 마리의 용이 새겨진 머릿돌만 남아 있다. 머릿돌 전면에 '태종 무열대왕지비'라고 새겨져 있다. 신라 시대 비석 중에서도 독창적이고 매우 아름다운 것으로 손꼽힌다.

만명을 가두었다는 것은 둘의 결혼을 반대했다는 뜻이지요. 왜 그 랬을까요? 신라의 왕족이 가야 계열의 인물과 동등한 입장에서 혼 인하는 것을 못마땅하게 생각하였기 때문입니다.

이렇듯 같은 지배 집단인 진골 귀족 내에서도 주류와 비주류는 차이가 있을 수밖에 없었고, 비주류는 자신의 생존을 위해서 주류 보다 충성심이 강한 경향이 있었습니다. 그래서 김유신도 신분의 한계를 극복하기 위해 많은 노력을 한 것으로 보입니다.

• 재계齋戒
종교적 의식 등을 치르기 위해 몸과 마음을 깨끗이 하고, 부정 한 일을 멀리하는 것을 뜻한다.

• 화란禍亂
재앙과 난리를 합하여 이르는 말이다.

"진평왕 건복 28년 신미(611)에 공은 나이 17세로, 고구려·백제·말갈이 국경을 침범하는 것을 보고 의분에 넘쳐 침략한 적을 평정할 뜻을 품고 홀 로 중악中嶽 석굴에 들어가 재계*하고 하늘에 고하여 맹세하였다.

"적국이 무도無道하여 승냥이와 범처럼 우리 강역을 어지럽게 하니 거의 평 안한 해가 없습니다. 저는 한낱 미미한 신하로서 재주와 힘은 헤아리지 않 고, 화란*을 없애고자 하오니 하늘께서는 굽어살피시어 저에게 수단을 빌 려 주십시오!"

머문 지 나흘이 되는 날에 문득 거친 털옷을 입은 한 노인이 나타나 말하였다.

"이곳은 독충과 맹수가 많아 무서운 곳인데, 귀하게 생긴 소년이 여기에 와 서 혼자 있음은 무엇 때문인가?"

유신이 대답하였다.

"어른께서는 어디서 오셨습니까? 존함을 알려 주실 수 있겠습니까?"

노인이 말하였다.

"나는 일정하게 머무르는 곳이 없고 인연 따라 가고 머물며, 이름은 난승難 勝이다."

공이 이 말을 듣고 그가 보통 사람이 아닌 것을 알았다. (그에게) 두 번 절하고 앞에 나아가 말하였다.

"저는 신라 사람입니다. 나라의 원수를 보니, 마음이 아프고 근심이 되어 여기 와서 만나는 바가 있기를 바라고 있었습니다. 엎드려 비오니 어른께서는 저의 정성을 애달피 여기시어 방술方術을 가르쳐 주십시오!"

노인은 묵묵히 말이 없었다. 공이 눈물을 흘리며 간청하기를 그치지 않고 여섯 일곱 번 하니 그제야 노인은 "그대는 어린 나이에 삼국을 병합할 마음을 가졌으니 또한 장한 일이 아닌가?" 하고, 이에 비법을 가르쳐 주면서 말하였다.

"삼가 함부로 전하지 말라! 만일 의롭지 못한 일에 쓴다면 도리어 재앙을 받을 것이다."

말을 마치고 작별을 하였는데 2리쯤 갔을 때 쫓아가 바라보니, 보이지 않고 오직 산 위에 빛이 보일 뿐인데 오색 빛처럼 찬란하였다."

단석산 신선사 마애불 여래입상(국보199호)
김유신과 관계있는 화랑의 유적으로 추정한다. 우리나라 석굴사원의 시원始原 형식을 보여주며, 신라인의 모습을 추정하는 데 중요한 자료가 되고 있다.

건복29년(진평왕34년:612)에 이웃 나라 적병이 점점 닥쳐오자, 공은 장한 마음을 더욱 불러일으켜 혼자서 보검寶劍을 가지고 열박산 깊은 골짜기 속으로 들어갔다. 향을 피우며 하늘에 고하여 빌기를 중악에서 맹서한 것처럼 하고, 이어서 "천관에서는 빛을 드리워 보검에 신령을 내려 주소서!"라고 기도하였다. 3일째 되는 밤에 허성과 각성 두 별의 빛 끝이 빛나게 내려오더니 칼이 마치 흔들리는 듯하였다."

– 김유신전 –

● 허성虛星
동양의 전통적인 별자리인 28수 중 북방에 있는 별자리. 이 별은 인간의 생명과 벼슬살이의 운명을 맡았다고 생각해 왔다.

● 각성角星
28수의 첫째 별자리. 동쪽 하늘에 있는데 오늘날 금성이다. 이 별은 인간의 형벌과 군사를 맡았다고 믿어왔다.

10대 후반의 김유신은 고구려와 백제, 말갈 등 적들의 침입을 받

는 속에서 '신라 사람'임을 강조하였고, 하늘로부터 무술의 비법과 군사와 관직의 축복을 칼끝에 받으면서 '신라'를 위한 무장으로서의 준비를 하였습니다. 그리고 김춘추와 혼인 관계를 맺음으로 핵심 세력이 되고자 했습니다.

김유신에게는 보희와 문희라는 두 명의 여동생이 있었습니다. 첫째 누이 보희가 어느 날 산에 올라가 오줌을 누었는데, 서울이 자신의 오줌으로 가득 찬 꿈을 꾸었습니다. 이 꿈을 막내 누이 문희가 사게 되었고 며칠 후 김유신은 김춘추와 공을 차다가 일부러 춘추의 옷자락을 밟아 옷끈이 뜯어지게 만들었습니다. 작전을 펼친 것이지요. 그러고는 옷을 수선해주겠다며 자신의 집으로 데리고 갔습니다. 보희에게 시켰더니 부끄럽다며 도망갔고, 문희가 대신 꿰매주었습니다. 이 일로 김춘추와 문희가 눈이 맞아 야합을 하게 되므로 아이를 가지게 되었습니다. 작전에 성공한 김유신은 이 사실을 널리 알리기 위하여 처녀의 몸으로 아이를 가진 문희를 태워 죽인다며 마당에 장작을 쌓아 놓고 연기를 피웠습니다. 이 소문이 선덕(여)왕 귀에 들어갔고, 드디어 김춘추와 문희가 공식적으로 결혼을 하게 되었습니다. 그리하여 김유신의 막내 누이 문희가 김춘추의 부인 문명왕후가 되었지요.

권력의 핵심 인물과 혼인 관계를 맺음으로써 주류에 합류하고자 한 김유신의 노력은 이로써 모든 준비 단계를 끝내고 실전으로 돌입하게 되었습니다.

● 이 내용은 《삼국유사》 권2〈기이〉 태종 춘추공 편에 자세히 실려 있다.

단석산
경상북도 경주시에 있는 산이다. 삼국시대의 신라는 중악이라고 불렀고, 《동경잡기》에 의하면 일명 월생산이라 했다한다. 당시의 화랑들이 수도하던 산으로 김유신이 무술연마를 하면서 바위들을 베었다고 하여, 이름이 단석산이 되었다.

삼국 통일의 기반을
다진 김유신2

02

김유신이 군공(군사상의 공적)을 쌓기 시작한 것은 그의 나이 34세 때인 진평왕 46년(629)입니다.

> 건복 46년 기축 가을 8월에 왕이…… 군사를 거느리고 고구려의 낭비성
> (현재 청주)을 공격하게 하였다. 고구려인이 군사를 출동시켜 이를 맞아 치
> 니, 우리 편이 불리하여 죽은 자가 많고, 뭇 사람들의 마음이 꺾이어 다시 싸
> 울 마음이 없었다. 유신이 그때 중앙당주 였었는데, 아버지 앞에 나아가 투
> 구를 벗고 고하였다.
> "우리 군사가 패하였습니다. 제가 평생 충효로써 살겠다고 기약하였으니, 전
> 쟁에 임하여 용기를 내지 않을 수 없습니다. 들건대 '옷깃을 들면 가죽옷 구^裘
> 이 퍼지고, 벼리를 당기면 그물이 펼쳐진다.'라고 하니, 제가 그 벼리와 옷깃
> 이 되겠습니다."

● 중앙당주中快幢主
군대의 편성 단위인 당나라를
통솔하던 무관 벼슬이다.

이에 말을 타고 칼을 빼어 들어 참호塹壕, 성 둘레의 구덩이를 뛰어넘어 적진에 들락날락하면서 장군의 머리를 베어 들고 돌아왔다. 우리 군사들이 보고, 이기는 기세를 타서 맹렬히 공격하여…… 성 안 사람들이 두려워하여 감히 항거하지 못하고 모두 나와 항복하였다.

– 김유신전 –

전투에 앞장서서 전세를 역전 시키며 두각을 나타내기 시작한 김유신은, 선덕(여)왕이 즉위한 뒤로 백제와의 전투를 도맡아 처리했습니다. 선덕(여)왕 13년인 644년 9월에 전장에 나가 백제의 7개의 성을 함락시키고 다음 해 정월에 돌아왔는데, 돌아오자마자 백제의 공격이 다시 시작되어 전장으로 나아가 3월에 돌아왔습니다. 이때에도 다시 백제의 공격이 시작되어 유신은 집에도 들르지 못하고 곧바로 전장에 나가 공을 세웠습니다. 이렇듯 김유신은 자신의 책무라고 생각되는 장수로서의 역할에 충실하였습니다. 자신의 위치를 확고히 잡아가던 김유신은 김춘추와 함께 결정적 기회를 잡게 됩니다.

공주 명활산성明活山城
경주의 동쪽 명활산 꼭대기에 쌓은 신라 산성이다. 성을 쌓은 연대는 정확히 알 수 없으나, 《삼국사기》에 신라 실성왕 4년(405)에 왜병이 명활성을 공격했다는 기록이 보이므로, 그 전에 만들어진 성임을 알 수 있다. 지금은 대부분의 성벽이 무너져 겨우 몇 군데에서만 옛 모습을 볼 수 있다.
선덕(여)왕 때는 비담이 이곳을 근거로 반란을 일으켰으나, 김유신이 평정하였다.

16년 정미(647)는 선덕(여)왕 말년이고 진덕(여)왕 원년이다. 대신大臣 비담과 염종이 여자 임금_여주女主이 잘 다스리지 못한다 하여 군사를 일으켜 왕을 폐하려 하니, 왕은 스스로 왕궁 안에서 방어하였다. 비담 등은 명활성에 주둔하고 왕의 군대는 월성에 머물고 있었다. 공격과 방어가 10일이 지나도 결말이 나지 않았다. 한밤중에 큰 별이 월성에 떨어지니 비담 등은 사병들에게 말하였다.

"내가 듣건대 '별이 떨어진 아래에는 반드시 피흘림이 있다.'라고 하니, 이는 틀림없이 여왕이 패할 징조이다."

병졸들이 지르는 환호성이 천지를 진동시켰다. 대왕이 그 소리를 듣고 두려워하여 어찌할 줄을 몰랐다. …… (유신은)이에 허수아비를 만들어 불을 붙인 다음, 연에 실려 띄워 하늘로 올라가듯이 하고는 다음날 사람을 시켜 길 가는 사람에게 "어제 밤에 떨어진 별이 다시 올라갔다."는 소문을 퍼뜨려 반란군으로 하여금 의심을 품게 하였다. 그리고 흰말을 잡아 별이 떨어진 곳에서 제사를 지내고 다음과 같이 빌었다.

"자연의 이치_천도天道에서는 양은 강하고 음은 부드러우며, 사람의 도리에서는 임금은 높고 신하는 낮습니다. 만약 혹시 그 질서가 바뀌면 곧 큰 혼란이 옵니다. 지금 비담 등이 신하로서 군주를 해치려고 아랫사람이 윗사람을 침범하니, 이는 이른바 난신적자˙로서 사람과 신이 함께 미워하고 천지가 용납할 수 없는 바입니다. 지금 하늘이 이에 무심한 듯하고 도리어 왕의 성 안에 별이 떨어지는 변괴를 보이니 이는 제가 의심하고 깨달을 수 없는 바입니다. 생각건대 하늘의 위엄은 사람의 하고자 함에 따라 착한 이를 착하게 여기고 악한 이를 미워하시어 신령으로서 부끄러움을 짓지 말도록 하십시오!"

그러고 나서는 여러 장수와 병졸을 독려하여 힘껏 치게 하니 비담 등이 패하여 달아나자 추격하여 목을 베고 9족˙을 죽였다.

− 김유신전 −

• 난신적자亂臣賊子
나라를 어지럽게 하는 신하와 어버이를 해치는 자식 또는 불충한 무리를 이르는 말이다.

• 9족族
일반적으로 본인을 중심으로 하여 9대에 걸친 직계친족을 말한다. 즉, 고조부모, 증조부모, 조부모, 부모, 본인, 아들, 손자, 증손, 현손(증손자의 아들)의 9대에 걸친 친족을 통틀어 이르는 말이다. 때로는 직계에서 갈라져 나온 친계도 포함하여 고조의 4대손이 되는 형제, 종從형제, 재종(육촌)형제, 삼종형제까지를 나타내거나, 부계의 사친족四親族과 모계의 삼친족, 처족, 이친족을 총칭하기도 한다.

나는 군사문제!
"김유신"

"김춘추"
나는 외교,정치
문제를 맡지!

선덕왕(여)이 죽고, 진덕(여)왕이 즉위하는 과정에 대해서는 여러 가지 견해가 있지만, 결과적으로 김춘추와 김유신의 연합 세력이 새로운 왕을 옹립함으로써 이후 정국을 주도하는 핵심 세력이 된 것을 의미한다고 할 수 있습니다. 그리고 나서 김유신과 김춘추는 각자 역할을 분담하였습니다. 외교와 정치적인 문제의 전면에는 김춘추가 나섰고, 외적을 막는 군사적인 문제는 김유신이 담당했습니다.

진덕(여)왕 태화 원년 무신(648)에…… 그때 유신은 압량주 군주로 있었는데……, 주의 군사를 선발 훈련시켜 적에게 나가게 하여 대량성(현재의 경남 합천)에 이르니 백제가 맞서 대항하였다. 거짓 패배하여 이기지 못하는 척하여 옥문곡까지 후퇴하니 백제 측에서 가볍게 보아 대군을 이끌고 왔으므로 복병이 그 앞뒤를 공격하여 크게 물리쳤다. 백제 장군 여덟 명을 사로잡고 목 베거나 포로로 잡은 수가 1천 명_급級에 달하였다…… 드디어 승리의 기세를 타고 백제의 영토에 들어가 악성 등 12성을 공격하여 함락시키고 2만여 명을 목 베고, 9천 명을 사로잡았다…… 다시 적의 영토에 들어가 진례등 아홉 성을 무찔러 9천여 명을 목 베고 6백명을 포로로 잡았다. ……태화 2년(649) 가을 8월 백제 장군 은상 이 석토성 등 일곱 성을 공격하여 왔다. 왕은 유신과 죽지, 진춘, 천존 등의 장군에게 명하여 나가 막게 하였다.

– 김유신전 –

신라 군사의 중심이 된 김유신에게 또 한 번의 기회가 찾아옵니다. 이는 진덕(여)왕이 뒤를 이을 왕자가 없이 죽자, 김유신이 자신의 매부인 김춘추를 왕으로 옹립하는 데 성공합니다. 이제 김유신

● 은상殷相
백제 의자왕 때의 장군이다. 649년에 신라의 일곱 성을 점령했으나, 신라 김유신 등의 역습을 받고 전사하였다.

은 명실상부한 신라의 2인자가 되었습니다.

> 영휘 5년(654) 진덕대왕이 죽고 후계자가 없자, 유신은 재상 이찬 알천과
> 논의하여 이찬 춘추를 맞이하여 즉위하게 하니, 이가 바로 태종대왕이다.
>
> – 김유신전 –

위의 글에서 김유신이 이찬 알천과 논의하였다고 하였으나, 당시 김유신이 신라의 군권을 장악하고 있었기 때문에 그와 김춘추의 의지가 관철되었다고 할 수 있습니다. 그러고는 당나라와 연합하여 삼국을 통일시키기 위한 전쟁에 돌입합니다. 그의 나이 66세인 660년에 5만의 군사를 거느리고 황산벌에서 백제 장수 계백˚의 결사대를 격파하여 백제 멸망에 주도적 역할을 담당하였습니다. 또한 문무왕˚ 원년(661)에는 평양 근처에 도착한 당나라 소정방˚ 군대의 요청에 의하여 군량을 고구려 영토를 가로질러 수송하는 임무를 성공적으로 수행하였습니다. 김유신이 마지막으로 전투에 직접 참여

˚ 계백階伯(?~660)
백제 말기 의자왕 때의 장군이다. 660년에 나당 연합군이 백제로 쳐들어오자, 결사대 오천을 이끌고 황산벌에서 신라 장수 김유신과 네 차례 싸운 끝에 전사하였다.

˚ 문무왕(재위 661~681)
신라 제30대 왕이며, 아버지는 태종 무열왕이고, 어머니는 문명왕후이다. 당나라와 연합하여 660년에 백제를, 668년에는 고구려를 멸망시켰다. 그리고 676년 당나라 세력을 몰아내고 삼국 통일을 완수했다.

《삼국사기》 권6 《신라 본기》 문무왕 8년 고구려를 쳐서 멸망시키는 작전에 대당대총관으로 참여한 것으로 기록되어 있으나, 열전의 기록에는 노쇠하고 병이 들어 참여하지 못한 것으로 되어 있다. 아마도 열전의 기록이 그의 나이를 따져 보았을 때 타당하다고 생각된다.

김유신의 묘
묘를 보호하기 위한 둘레돌(호석)에 12지상(十二支像)을 조각했다. 이 상은 머리 부분은 동물 모양이고, 몸뚱이 부분은 사람 모양이며, 모두 무기를 잡고 서 있는 모습들이다. 경상북도 경주 충효동 소재.

• 임존성任存城
충청남도 얘상군 봉수산에 있던
백제의 성곽이다. 복신, 흑치상
지 등이 백제 부흥을 도모하던
근거지였다.

한 것은 나이가 69세가 되던 663년입니다. 백제 부흥군이 왜와 연합하여 백제의 부흥을 도모한 이른바 백강 전투에서 백제 부흥군과 왜의 연합군을 격파하고, 임존성˚을 제외한 나머지 백제 부흥군을 토벌하는 데 성공하였습니다.

그 뒤 김유신은 79세가 되던 문무왕 13년(673)에 죽음을 맞게 됩니다.

• 음병陰兵
신령한 비밀 군대이다.

• 견마犬馬
개나 말과 같이 천하고 보잘것
없다는 뜻으로, 자신을 낮추어
이르는 말이다.

함형 4년 계유(673)는 문무대왕 13년인데 봄에 요상한 별이 나타나고 지진이 있어 대왕이 걱정하니, 유신이 나아가 아뢰기를 "지금의 변이는 재앙이 노신에게 있고, 국가의 재앙이 아닙니다. 왕은 근심하지 마옵소서!"라고 하였다. 대왕이 "이와 같다면 과인이 더욱 근심하는 바이다." 하고, 담당 관서에 명하여 기도하여 물리치게 하였다.

여름 6월에 군복을 입고 무기를 가진 수십 명이 유신의 집으로부터 울며 떠나가는 것을 사람들이 보았는데, 조금 있다가 보이지 않았다. 유신이 (이 소식을) 듣고 "이들은 반드시 나를 보호하던 음병˚이었는데 나의 복이 다한 것을 보았기 때문에 떠나간 것이니, 나는 죽게 될 것이다."라고 하였다. 그 후 10여 일 지나 병이 나 누우니, 대왕이 친히 가서 위문하였다. 유신이 말하기를 "신이 온 힘을 다하여 어른_원수元首을 받들고자 바랐는데, 견마˚의 병이 이에 이르니 금일 후에는 다시 용안을 뵈옵지 못하겠습니다." 하였다.

대왕이 눈물을 흘리며 물었다.

"과인에게 경이 있음은 고기에게 물이 있음과 같은 일이다. 만일 피하지 못할 일이 생긴다면 백성들을 어떻게 하며, 사직을 어떻게 하여야 좋을까?"

유신이 대답하였다.

"신이 어리석고 못났으나 어찌 국가에 유익했다고 할 수 있겠습니까? 다행히도 밝으신 성상께서 등용하여 의심치 아니하시고, 일을 맡김에 의심치 않으셨기 때문에 대왕의 밝으신 덕에 매달려 조그마한 공을 이루게 된 것입니다. 지금 삼한이 한 집안이 되고[●], 백성이 두 마음을 가지지 아니하니, 비록 태평에는 이르지 못하였다고 하더라도, 저으기 편안하여졌다고 하겠습니다. 신이 보면 예로부터 대통을 잇는 임금이 처음에는 정치를 잘 하지 않는 이가 없지 않지만, 끝까지 잘 마치는 이는 드물었습니다[●]. 그래서 여러 대의 공적이 하루아침에 무너져 없어지니 매우 통탄할 일입니다. 바라옵건대, 전하께서는 성공이 쉽지 않음을 아시고, 수성[●]이 또한 어려움을 생각하시어, 소인을 멀리하고 군자를 가까이 하시어, 위에서는 조정이 화목하고 아래에서는 백성과 만물이 편안하여 화란이 일어나지 않고 국가의 기반이 무궁하게 된다면 신은 죽어도 유감이 없겠습니다."

왕이 울면서 이를 받아들였다.

가을 7월 1일에 유신이 자기 집의 자기 방에서 죽으니, 향년이 79세였다.

이런 김유신에 대하여 김부식은 한마디 덧붙였습니다.

신라에서 유신을 대우함을 보건대 친근하여 틈이 없고, 일을 맡겨 의심치 않으며, 꾀를 내면 행하고, 말을 하면 들어주어 그로 하여금 쓰여지지 않는다고 원망하지 않게 하였으니, 이른바 육오동몽[●]의 길함을 얻었다고 할 만하다. 그러므로 유신이 그 뜻한 바를 행할 수 있게 되어 중국과 협동 모의해

● 백제와 고구려를 멸망시켜 3국을 통일한 것을 말한다. 삼국을 삼한으로 인식하였음을 보여주는 최초의 자료이다. 이 무렵 이런 인식을 보여주는 자료로는 신문왕 6년(686)에 세워진 청주시 〈운천동사적비〉를 들 수 있다.

● 미불유초 선극유종
 靡不有初 鮮克有終
처음에는 누구나 노력하지만, 끝까지 계속하는 사람은 적다.

● 수성守成
조상들이 이루어 놓은 일을 지켜 나가는 일을 말한다.

육오동몽六五童蒙
육오는 《주역》의 괘 중의 말인데, 육오는 괘의 육효 중 제 5효의 음획을 말한다. 이는 유순한 음陰으로 오五의 높은 자리에 있으면서 남의 가르침을 받아들이는 것이 어린아이 같기 때문에 길하다는 뜻이다. 즉 신라의 임금과 신하가 서로 화합해 결국 삼국 통일의 큰 사업을 이룰 수 있었음을 말한다.

서 3국을 합치어 한 집을 만들고, 능히 공을 이루고 이름을 날려 일생을 마 치었다.

비록 을지문덕의 지략과 장보고의 의용義勇이 있어도, 중국의 서적이 아니었 던들 기록이 없어져 알려지지 않을 뻔하였는데, 유신과 같은 이는 우리나라 사람들이 칭송하여 지금(고려)까지 끊어지지 않으니, 사대부가 알아 줌은 당 연하지만 꼴 베고 나무하는 어린아이까지도 능히 알고 있으니 그 사람됨이 반드시 다른 사람과 차이가 있었기 때문이다."

– 김유신전 –

김부식의 핵심은 '신라에서 유신을 대우함을…… 원망하지 않게 하였으니'라는 구절로 생각됩니다. 군주와 신하가 일체가 된 점을 강조하고 있고, 이는 김부식이 자신의 말을 잘 들어준 인종에 대해 감사한 마음을 표현한 것이라고 생각됩니다. 하지만 김부식은 왕이 김유신을 중히 쓰게 한 그의 야망과 그것을 이루려고 한 노력은 간 과한 것 같습니다. 아니면 그것 자체를 신하가 할 기본 도리라고 생 각하여 크게 여기지 않았던 것인지도 모르지요.

● 이 열전의 기초 자료는 그의 후손인 김장청이 쓴 《행록》 10 권과 〈김유신 비문〉 등이다.

살수대첩의 영웅
을지문덕

6세기 말 중국에서는 많은 변화가 있었습니다. 위진남북조 시대라는 400여 년간의 분열을 마감하고, 589년에 수나라가 통일을 합니다. 수나라의 중국 통일은 삼국간의 항쟁에도 영향을 끼치게 되는데 특히 한강 유역을 놓고 치열하게 대립하던 고구려와 신라는 서로 수나라를 이용하였습니다.

2년(591) 봄 정월에 사신을 수나라에 보내 표表를 올려 사은하고 왕을 봉해 주기를 청하니, 황제가 이것을 허락하였다. 3월에 [수나라 황제가] 고구려왕으로 책봉하고 수레와 의복을 주었다. 여름 5월에 사신을 [수나라에] 보내 사은하였다.

- 영양왕 조 -

589년 만의 통일이다 해!

힘들었다 해!

신라와 고구려 〈본기〉에 기록된 내용을 통해 두 나라 모두 수나라에 대한 외교전을 펼치고 있음을 알 수 있습니다. 하지만 고구려는 외교전을 펼치는 와중에 요서 지방에 대한 선제공격을 감행했습니다.

> 9년(598) (봄 2월에) 왕은 말갈의 무리 만여 명을 거느리고 요서를 침략하였는데, 영주 총관 위충이 이를 격퇴시켰다. 수나라 문제˚가 이 소식을 듣고 매우 노하여 한왕 양˚과 왕세적을 모두 원수˚로 삼아 수군과 육군 30만을 거느리고 와서 (고구려를) 쳤다. 여름 6월에 황제가 조서를 내려 왕의 관작˚을 빼앗았다. 한왕 양의 군사가 임유관으로 나와서 홍수를 만나 군량의 운반이 이어지지 못하자, 군사들은 식량이 떨어지고 또 전염병에 걸렸다. 주라후가 동래로부터 배를 타고 평양성으로 쳐들어오다가, 역시 바람을 만나 배가 많이 표류하고 가라앉았다. 가을 9월에 (수나라의) 군대가 돌아갔으나 죽은 자가 열 명 중 여덟아홉이었다. 왕도 역시 두려워하여서 사신을 보내 사죄하고 표를 올려 '요동 더러운 땅의 신하 모'라고 (스스로) 칭하였다. 황제가 이리하여 군진을 풀고 (고구려를) 처음과 같이 대하였다. 백제 왕 창(백제의 제27대 위덕왕)이 (수나라에) 사신을 보내 표를 올려서 군대의 길잡이가 되겠다고 청하였다. 황제는 조서를 내려 "고구려가 죄를 자복自服하여 짐이 이미 용서하였으므로 벌할 수 없다."라고 하고, 그 사신을 후하게 대접하여 보냈다. 왕은 그 사실을 알고 백제의 변경을 침략하였다.
>
> — 영양왕 조 —

● 영양왕(재위 590~618)
고구려 제26대 왕이다. 즉위 후 수나라와 화친을 꾀하다가 598년 말갈 군사 1만을 이끌고 요서를 공격하여 전략적 요충 확보에 나섰다. 이에 수문제가 30만 대군으로 침공하였으나 이를 격퇴시키고, 계속 침공군을 무찔러 수나라 멸망의 요인이 되게 하였다.

● 수 문제(재위 581~604)
수나라를 세우고 당나라 율령의 기초를 세운 왕이다. 589년 남조의 진나라를 평정하여 남북조를 통일했다.

● 한왕 양漢王諒
598년에 고구려를 침공한 수 문제의 넷째 아들이다.

● 원수元帥
장군의 으뜸을 가리키는 말이다.

● 관작官爵
관직과 작위를 뜻한다.

위의 글에서 수나라가 고구려 왕의 관작을 빼앗았다는 것은 국가 간의 관계를 단절하겠다는 강경한 입장이었습니다. 하지만 여러 문제가 발생해 수나라의 고구려 정벌은 실패하게 되었습니다. 수나라와 고구려 양쪽 모두 피해를 입었다고 생각했으며, 아직 전면전을 수행할 때가 아니라는 판단 아래 외교적으로 문제를 해결하였다고 생각됩니다. 그러나 전쟁을 위한 외교전은 계속되고 있었습니다.

임유관 대첩臨渝關大捷
임유관 대첩은 고구려와 수나라의 전쟁에서 임유관 지금의 (산해관)을 중심으로 수륙에서 30만 수나라군을 물리치고 승리한 제1차 고수 전쟁을 말한다. 지금은 전해져 내려오지 않는 《서곽잡록》과 《대동운해》에 실린 내용을 단재 신채호가 《조선상고사》에서 밝힌 내용이다. 위의 사진은 임유관으로 만리장성 동쪽 끝 요새로 알려져 있다. 여진을 막기 위한 요충지로도 사용되었다.

18년(607) 이전에 (수나라)양제가 계민*의 장막에 행차하였을 때 우리 사신이 계민의 처소에 있었는데, 계민이 감히 숨기지 못하고 함께 황제를 알현하였다. 황문시랑 배구가 황제에게 말하였다. "고구려는 본래 기자에게 봉해진 땅으로, 한나라와 진나라가 모두 군현으로 삼았습니다. 지금 신하노릇을 하지 않고 따로 이역異域이 되었으므로 선제에서 정벌하려고 한 지 오래됩니다. 다만 양량(한왕 양)이 불초하여 군대가 출동했으나 성공하지 못하였습니다. 폐하의 때를 당하여 어찌 취하지 않음으로써 예의가 바른 지경을 오랑캐의 고을로 만들겠습니까? 지금 그 사신은 계민이 온 나라를 들어 복종하는 것을 직접 보았습니다. 그가 두려워하는 것을 이용해서 위협하여 입조入朝하게 하십시오." 황제가 그 말에 따라 우홍에게 명하여 칙명勅命을 내리게 하였다. "짐은 계민이 성심껏 나라를 받들기 때문에 친히 그 장막으로 왔다. 내년에는 마땅히 탁군琢郡, 베이징 부근으로 갈 것이다. 네가 돌아가는 날, 너의 왕에게, 마땅히 빨리 와서 조회朝會하고 스스로 의심하거

* 계민(재위 ?~609)
동돌궐東突厥의 가한(군주의 칭호)이다. 계민은 고비사막의 남방에 거주, 몽골고원의 족속들을 지배하였다.

● 가한可汗
선비·돌궐·회흘(위구르)·몽골
등의 종족들이 사용하던 군주
의 칭호이다. 어원은 몽골어인
'kanghan[可汗]'에서 나왔으며,
즉 칸이라고도 불리운다.

나 두려워하지 말라고 아뢰어라. 위문하고 양육하는 예는 마땅히 계민의
경우와 같이 할 것이다. 만약 조회하지 않으면 장차 계민을 거느리고 너희
땅으로 순행巡幸할 것이다." 왕은 번신藩臣의 예를 갖추지 못하였으므로 황
제가 쳐들어올 것을 두려워하였다. 계민은 돌궐의 가한˙이다.

– 영양왕 조 –

고구려는 돌궐과 연합하여 수나라에 압력을 가하려고 한 과정에
서 수나라에게 들키게 되었으므로 잔뜩 긴장할 수밖에 없었습니
다. 이러한 상황에서 수나라와 고구려 사이에 전면전이 시작되었
습니다.

수 양제는 612년 정월에 약 113만의 군대로 탁군에서 출발하여 2
월에 요수(요하)에 이르렀습니다. 5월에 요동의 중심이 되는 요동성
을 공략하기 시작했으나, 고구려의 방어가 워낙 강하여 함락하지
못했습니다. 또한 수나라의 수군도 평양 근처에서 고구려의 수군에
패하였습니다. 다급해진 수 양제는 삼십만의 군대로 편성된 별동대
를 파견하여 평양성을 함락시키라고 명했습니다. 여기에서부터 고
구려 장수 을지문덕의 활약이 시작됩니다.

● 우문술宇文述(?~616)
중국 수나라의 장수이다. 진나
라를 평정한 공으로 안주 총관
이 되었으며, 고구려 영양왕
때 부여도군장扶餘道軍將으로
우중문과 함께 고구려를 침입
하였으나, 살수에서 크게 패하
였다.

을지문덕은 그의 선대의 계보를 알 수 없다. 자질이 침착하고 날쌔며 지략
과 술수가 뛰어났고, 겸하여 글을 알고 지을 수 있었다. 수나라 개황 연간에
양제가 조서를 내려 고구려를 치게 하였다. 이에 좌익위 대장군 우문술˙은
부여도扶餘道로 나오고, 우익위 대장군 우중문은 낙랑도樂浪道로 나와서 아
홉 개의 군부대와 함께 압록강에 이르렀다. (을지)문덕이 왕명을 받아 그 진

영에 나가 거짓 항복하니, 사실은 그 허실을 엿보기 위함이었다. (우문)술과 (우)중문이 이에 앞서 (황제의) 밀지密旨를 받았는데 (고구려의) 왕이나 (을지)문덕이 찾아오거든 잡아두라 하였다. (우)중문 등이 억류해두려 하였는데, 상서우승(상서도성에 속한 종삼품 벼슬이다) 유사룡이 위무사였는데 군이 말리므로, 그만 (을지)문덕을 돌아가게 하였다. 곧바로 뉘우쳐 사람을 보내 "더 의논하고자 하는 일이 있으니 다시 오라."라고 하여 (을지)문덕을 속이려 하였다. 그러나 (을지)문덕은 돌아보지 않고 드디어 압록강을 건너 돌아왔다. (우문)술과 (우)중문이 (을지)문덕을 놓치고서는 속으로 불안해하였다. (우문)술은 식량이 떨어졌으므로 돌아가려 하였고, (우)중문은 정예 부대로써 (을지)문덕을 추격하면 공을 이룰 것이라고 하였다. (우문)술이 말리자 (우)중문이 성을 내며 "장군이 10만 병력을 가지고 능히 이 작은 적을 무찌르지 못하면 무슨 낯으로 황제를 뵙겠는가?"라고 하였다. 이에 (우문)술 등은 어쩔 수 없이 그 말에 따랐다. 압록강을 건너 추격하였는데, (을지)문덕은 수나라 군사에게 굶주린 기색이 있음을 보고 피로케 하고자 하여 싸움마다 문득 패하니, (우문)술 등은 하루 동안에 일곱 번 싸워 다 이겼다. 이미 여러 번 이긴 것을 믿고 또 중의에 몰리어 마침내 동쪽으로 진격하여 살수(지금의 청천강)를 건너 평양성까지 30리 되는 지점에서 산에 의지하여 진을 쳤다. (을지)문덕이 (우)중문에게 시를 지어 보냈다.

신통스런 계책은 천문을 뚫었고, 묘한 계산은 지리를 다했도다.
싸움에 이겨 공이 이미 높았으니, 만족한 줄 알아 그만두시지
神策究天文 妙算窮地理 戰勝功旣高 知足願云止
신책구천문 묘산궁지리 전승공기고 지족원운지

(위)중문이 답서를 보내 달랬다. (을지)문덕이 또 사자使者를 보내 거짓 항복하고, (우문)술에게 "군사를 돌려 가면 왕을 모시고 행재소 로 가서 직접 뵙겠다."고 하였다. (우문)술은 군사들이 피로하고 고달파 함을 보고 더 싸울 수 없다 생각하고, 또 평양성이 험하고 단단하여 갑자기 함락시키기 어려움을 알고는 마침내 그 거짓 (항복을) 받은 것을 핑계삼아 돌아가는데 방진 으로 편성하여 행군하였다. (을지)문덕이 군사를 내어 사면에서 습격하니 (우문)술 등이 싸우면서 행군하였다. 살수에 이르러 군사가 반쯤 건넜을 때, (을지)문덕이 군사를 전진시켜 그 후미를 공격하여 우둔위 장군 신세웅을 죽였다. 이에 모든 부대가 함께 허물어졌으나 이를 막을 수 없었다. 아홉 부대의 장군과 병사가 달아나 돌아감에 밤낮 하루 동안에 압록강에 도달하였으니, 450리를 걸었다. 처음 요하를 건넜을 때에는 아홉 부대의 군대가 30만5천 명이었는데, 요동성에 되돌아 간 자는 겨우 2천7백 명이었다.

- 을지문덕전 -

수 양제가 요동을 공격하다가 별동대를 파견하여 평양성을 공격한 이유는 앞 장의 안시성 전투 부분에서 언급했습니다. 그 내용을

살수대첩薩水大捷
수나라 양제가 고구려를 침략
하였을 때 을지문덕이 유도작
전을 펼쳐 살수(청천강)에서
대승을 거두었다. 용산 전쟁기
념관 소장.

다시 간단히 정리하면 수 양제는 산성을 중심으로 농성전을 전개하는 고구려의 방어 체제를 돌파하지 못하자, 계책을 바꾸어 수도인 평양성을 함락시켜 왕의 항복을 받아내 전쟁에서 이길 것이라고 생각했습니다. 하지만 별동대의 공격마저 실패하자, 수 양제는 군대를 돌릴 수밖에 없었습니다. 을지문덕이 고구려의 방어 체제를 골자로 마음이 다급한 수나라 장군들을 농락하면서 얻은 값진 승리였습니다. 이러한 을지문덕에 대하여 김부식은 칭찬을 아끼지 않았습니다.

"을지문덕"

> (수나라)양제가 요동 전쟁에 보낸 군대는 이전에 유례없이 많았다. 고구려
> 는 한 귀퉁이의 작은 나라로서 능히 이를 막아내어 스스로를 보전하였을
> 뿐 아니라, 그 군사를 거의 다 섬멸한 것은 (을지)문덕 한 사람의 힘이었다.
> 경전°에 이르기를 "군자가 있지 않으면 어찌 능히 나라를 유지할 수 있으
> 랴?"라고 하였는데, 참으로 옳은 말이다.
>
> – 을지문덕전 –

° 여기서의 경전은 《춘추좌씨전》을 지칭한다. 다음의 인용 구절은 《춘추좌씨전》 권9 문공 12년 조에 노나라의 양중이 한 말이다.

북방 유목 민족인 여진족이 세운 금나라의 군신 관계 요구를 수용하고, 고구려와 백제의 멸망 원인을 대국에 거역한 것이라고 했던 김부식이 대국을 물리친 을지문덕을 칭찬한 이유는 무엇일까요? 현실적인 아쉬움이었을 것입니다. 고려가 금의 요구를 수용하여 군신 관계를 맺은 것은 고려를 지킬 힘이 없었기 때문입니다. 김부식의 눈에는 '나라를 유지할 수 있는 군자', 즉 을지문덕 같은 인물이 보이지 않았던 것입니다. 이를 안타까워하는 마음이 반영되었다고 할 수 있습니다.

04 장보고와 정년의 우정

● 장보고(?~846)
《삼국사기》 권10 〈신라 본기〉
흥덕왕 3년 조에는 궁복弓福으
로 나오고, 중국 기록은 장보
고張保皐로 기록되어 있고, 일
본 기록에는 장보고張寶高로 기
록되어 있다.

● 걸물傑物
뛰어난 사람이나 잘난 사람을
비유적으로 이르는 말

● 두목杜牧(803~852)
당나라 후기의 시인으로 시성詩
聖이라 불리는 두보(712~770)
와 구분하기 위하여 소두小杜라
한다.

장보고°는 중앙 정부의 권력
이 무너져 내린 당나라 말기와 신라 하대의 혼란기에서 중국의 산
둥 반도, 회수 하류, 양쯔 강 하류 지역과 한반도의 서남해, 일본을
연결하는 해상 무역을 장악한 당대의 걸물°이었습니다. 생몰 연대
가 알려지지 않은 정년은 그의 고향 후배인 것으로 여겨진다. 그런
데 두 사람의 사이가 좋지 않음이 신라뿐만 아니라 당나라에도 소
문이 자자했습니다. 열전의 장보고·정년전은 당나라 두목°의 문집
인 《번천집》 권3 장보고·정년전으로부터 거의 전부를 인용하였고,
신라 측 기록은 극히 일부를 주註로 보완하였으며, 《신당서》 권220
의 〈신라전〉 말미의 사론 일부를 덧붙여 쓴 것입니다.

장보고와 정년(연年은 연連으로 쓰기도 한다)은 모두 신라 사람인데, 그들의

고향과 아버지 할아버지를 알 수 없다. 두 사람 모두 싸움을 잘하였는데, (정)년은 특히 바다 속에서 50리를 헤엄쳐도 숨이 막히지 않았다. 그 용맹과 씩씩함을 비교하면, (장)보고가 조금 뒤졌으나, (정)년이 (장)보고를 형으로 불렀다. (장)보고는 연령으로, (정)년은 기예技藝로 항상 서로 맞서 서로 아래에 들지 않으려 하였다. 두 사람이 당나라에 가서 무령군 소장이 되어 말을 타고 창을 쓰는데, 대적할 자가 없었다.

– 장보고·정년전 –

이 글을 통해서 장보고가 정년보다 나이가 좀 많았지만, 기예는 정년이 뛰어나 서로 경쟁 관계에 있었다는 것을 알 수 있습니다. 둘이 서로 시기하면서 열심히 노력한 결과, 당나라에서 출세할 수 있었던 것입니다.

후에 (장)보고가 귀국하여 대왕을 뵙고 아뢰었다.
"중국을 두루 돌아보니 우리나라 사람들을 노비로 삼고 있습니다. 바라건대 청해에 진영을 설치하여 도적들이 사람을 붙잡아 서쪽으로 데려가지 못하도록 하기 바랍니다."
청해는 신라 해로海路의 요충지로서 지금(고려) 완도라 부르는 곳이다. 대왕이 (장)보고에게 (군사) 만 명을 주었다. 그 후 해상에서 우리나라 사람_향

적산법화원
통일 신라 시대 장보고에 의해 세워진 신라원(사찰) 중 가장 대표적인 사찰이다. 일본 천태종의 엔닌대사가 쓴 《입당구법순례행기入唐求法巡禮行記》에 장보고가 건립한 법화원의 행사와 모습과 규모 등을 상세히 담았고, 그도 귀국 후에 교토에 적산선원을 세웠다. 법화원에는 총 다섯 채로 구성된 장보고의 기념관가 거대한 장보고 동상을 비롯해 그의 생애를 알 수 있는 다섯 개의 전시실이 있다. 산둥 반도 적산에 위치

● 장보고나 정년이 무령군을 그만 둔 이유는 당나라의 군비 축소 정책으로 인하여 일자리를 잃었기 때문이다. 장보고는 이후 무역업으로 기반을 잡고 신라로 돌아왔으며 정년은 그렇지 못하여 어렵게 살았던 것으로 보인다.

• 홍덕왕(재위 826~836)
신라의 제42대 왕이다. 청해진
을 만들고 장보고를 그 대사로
삼아 해적의 침입을 막게 하였
으며, 복색 제도를 개정하고 백
성의 사치를 금하였다.

• 839년에 장보고가 정년 등
에게 5천명의 군사를 주어 대
구 전투에서 10만의 정부군을
격파하게 하고, 수도에 진입하
여 김우징을 신무왕으로 즉위
시킨 일을 말한다.

인鄕人을 파는 자가 없었다.

– 장보고·정년전 –

위의 글에서 대왕은 신라의 홍덕왕*을 가리킵니다. 태생을 알 수
없는 비천한 출신의 장보고가 자신의 나라로 돌아와 신라의 주요
인물로 성장하였습니다. 출세도 이만저만한 출세가 아니었지요.
신분을 우선시 하는 사회에서 말입니다. 한편 정년은 어떻게 되었
을까요?

(장)보고가 이미 귀하게 되었을 때에 (정)년은 (당나라) 관직에서 떨어져 굶
주림과 추위에 시달리며 사수의 연수현에 살고 있었다. 어느 날 수비하는
장수 풍원규에게 "내가 동으로 돌아가서 장보고에게 걸식하려 한다."라고
말하니, 원규가 말하였다.
"그대와 (장)보고의 사이가 어떠한가? 어찌하여 가서 그 손에 죽으려 하는
가?"
(정)년은 말하였다.
"추위와 굶주림으로 죽는 것은 전쟁에서 깨끗하게 죽느니만 못하다. 하물
며 고향에 가서 죽는 것에 비하랴?"
마침내 그곳을 떠나 장보고를 찾아뵈니 술을 대접하며 극히 환대하였다.
술자리가 끝나기 전에 왕이 시해되어 나라가 어지럽고 임금의 자리가 비었
다는 소식이 들어왔다. (장)보고가 군사를 나누어 5천 명을 (정)년에게 주
며, (정)년의 손을 잡고 눈물을 흘리면서 "그대가 아니면 환난을 평정할 수
없다."라고 말하였다. (정)년이 왕경에 들어가 반역자를 죽이고 왕을 세웠
다. 왕이 (장)보고를 불러 재상으로 삼고 (정)년으로 대신 청해를 지키게

장보고 동상
적산법화원에 세워져 있는 장
보고 동상

하였다.(이것은 신라의 전기傳記와는 대단히 다르나 당나라 두목이 전傳을 지었으므로 둘 다 남겨 둔다)

– 장보고 · 정년전 –

장보고와 정년은 서로 시기하여 다투었지만, 큰일을 앞에 두고는 대의를 먼저 생각하였다는 것입니다. 글의 마지막 부분에서 김부식의 역사 서술의 태도를 엿볼 수 있습니다. '장보고가 재상이 되고 정년이 청해를 지키게 되었다'라는 내용은 신라의 기록에도 없고 기록의 신빙성도 없습니다. 아마 대의를 지킨 사람으로 둘 다 잘 되었다는 점을 부각시키려는 두목의 의도인 것 같은데, 김부식은 그 뜻을 생각하여 둘 다 남겨 놓았다고 했습니다. 그리고 자신의 생각을 길게 덧붙였습니다.

두목이 다음과 같이 썼다.

'천보 연간, 안녹산의 난°에 삭방절도사 안사순이 녹산의 종제從弟인 까닭으로 해서 사사되賜死고, 조서를 내려 곽분양으로 대신하게 하였는데, 열흘 만에 다시 이임회에게 조서를 내려 부절°을 가지고 삭방의 병력을 반으로 나누어 동쪽으로 조趙 · 위魏 지방에 나가게 하였다. 안사순이 (절도사로 있던) 때에는 (곽)분양과 (이)임회가 모두 아문도장°으로 있었는데, 두 사람이 서로 사이가 나빠서, 함께 한 상에서 음식을 먹더라도 항상 서로 흘겨보면서 한마디의 말도 하지 아니하였다. 그러다가 (곽)분양이 (안)사순을 대신하게 되자, (이)임회는 도망하려 하였으나 결행하지 못하였다. (이)임회에게 조서를 내리어 (곽)분양으로부터 병력을 절반 나누어 받아 동쪽으로 나가 토벌하게 하니, (이)임회가 (곽)분양에게 가서 "내 한 죽음은 달게 받겠으

●안녹산의 난(755~763)

절도사는 번진에서 행정·재정·군사의 권한을 가지는 존재로 독자적인 세력이 될 수 있었다. 이 절도사 중의 하나인 안록산이 그의 부하였던 사 사명과 함께 난을 일으킨 것이 안록산의 난, 또는 안사의 난이라고 한다. 안사의 난 이후 당나라의 중앙 정권이 붕괴되고, 절도사에 의한 지방 분권적인 체제가 유지되었다.

●부절符節

돌이나 대나무, 옥 따위로 만든 부신이다. 옛날에는 사신使臣이 가지고 다니던 물건으로 둘로 갈라 하나는 조정에 두고 하나는 본인이 가지고 신표로 쓰다가 후일 서로 맞추어 봄으로써 증거로 삼았다.

● 아문도장牙門都將
행군시 앞에 세우는 큰 대장기
를 아기牙旗라고 하고 아기를
세운 군영을 아문이라고 한다.
도장은 총대장을 말한다.

너 처자나 살려 주시오."라고 청하였다. (곽)분양이 달려 내려가 손을 잡고
마루 위로 올라와 마주앉아 "지금 나라가 어지럽고 임금이 파천하였는데,
그대가 아니면 동쪽을 칠 수 없소. 어찌 사사로운 분한을 품고 있을 때이겠
소."라고 말하였다. 작별하게 되자, 손을 잡고 눈물을 흘리며 서로 충의忠義
로써 격려하였으니, 큰 도둑을 평정한 것은 실로 두 사람의 힘이었다. 그 마
음이 변하지 않을 것을 알고, 또 그 재능이 일을 맡길 만한 것을 안 후에야
의심하지 않고 군사를 나누어 줄 수 있는 것이다. 평생에 분한을 쌓아 왔으
니 그 마음 알기가 어렵고, 분노하면 반드시 (상대방의) 단점만 보이는 것이
니 그 재능을 인정하기가 더욱 어려운 일이다.

- 장보고·정년전 -

곽분양이 병권을 장악였을 때 평소에 감정이 좋지 않던 이임회를
없앨 수 있었겠지요. 하지만 대의를 위하여 손을 잡았다는 아름다
운 이야기로 곽분양의 사람됨을 칭찬하는 이야기입니다. 김부식은
이 곽분양과 이임회의 이야기를 장보고와 정년의 관계에 비유하고
있습니다.

● 투탁投託
남의 세력에 의지함을 이르는
말이다.

● 상정常情
사람에게 공통적으로 있는 보
통의 인정을 이르는 말이다.

이 점에서 (장)보고와 (곽)분양의 어짊이 같다고 할 수 있다. (정)년이 (장)보
고에게로 투탁®할 때 '저는 귀하고 나는 천하니, 내가 자신을 낮추면 예전
의 원한을 가지고 나를 죽이지 않을 것이다.'라고 생각하였을 것이 틀림없
다. (장)보고가 과연 죽이지 않았으니 이것은 사람의 상정®이다. (이)임회가
(곽)분양에게 죽임을 청한 것도 또한 사람의 상정이었다. 또 (장)보고가 (정)
년에게 임무를 맡긴 것은 자신이 결정한 것이며, (정)년은 또 추위와 굶주림

속에 있었으므로 감동되기 쉬운 일이었고, (곽)분양과 (이)임회는 평생을
대립하였지만, (이)임회에 대한 명은 천자로부터 나온 것이었으니, 장보고
에 비하면 (곽)분양이 (결단하기가) 더 용이하였다.

– 장보고 · 정년전 –

김부식은 장보고가 곽분양보다 더 훌륭하다고 하였습니다. 장보
고가 신라 사람이어서가 아니라, 곽분양은 천자의 명을 받들었다는
명분이 있지만, 장보고는 스스로 결단하여 정년을 용서하고 받아들
였다는 점을 높이 산 것입니다.

이런 상황은 성현도 결단하지 못하고 머뭇거리다가 일을 이루거나 그르치
는 분기점이다. 그것은 다름이 아니라, 착하고 의로운 마음_인의仁義이 잡정
雜情과 함께 섞이어, 잡정이 많아 이기면 인의가 없어지고, 인의가 많아 이기
면 잡정이 사그라진다. 저 두 사람은 인의가 마음을 이미 주도하였고, 여기
에 다시 자질이 밝았기 때문에 마침내 공을 이룬 것이다. 세간에서는 주공 ·
소공 을 백대의 스승으로 일컫고 있지만, 주공이 어린아이를 보좌할 때에
는 소공도 의심하였다. 주공의 거룩함과 소공의
어짊으로, 젊어서 문왕을 섬기고 늙어서 무왕을
도와 능히 천하를 평정하였지만, 주공의 마음을
소공도 알지 못하였다. 진실로 인의의 마음이 있
다 하더라도 밝은 자질이 아니면 비록 소공도 오
히려 그러하거늘 하물며 그만 못한 사람에 있어
서랴? 속담에 '나라에 한 사람만 있어도 그 나라

● 주공周公
주공은 주를 창건한 무왕의 동
생으로 이름은 단旦이다. 무왕
의 권력 강화를 도왔고 무왕이
죽자 직접 왕권을 장악하라는
주변의 유혹을 뿌리치고 대신
무왕의 어린 아들 성왕을 보좌
하는 길을 택했다. 7년 동안의
섭정 기간에 주의 제도를 정비
하였다.

● 소공召公
주공의 동생으로 이름은 석奭
이다. 무왕과 성왕을 보좌하고
지방관으로 크게 애민愛民과
선치善治를 하였다.

청해진의 치雉
치는 성벽에 기어오르는 적을
쏘기 위하여 성벽 밖으로 군데
군데 내밀어 쌓은 성의 돌출부
를 말하며, 성벽을 앞이나 옆
에서 보호하는 구조물로써, 그
위에 성가퀴를 쌓았다. 현재
청해진에는 두 개의 치가 남아
있다.

● 송기宋祁
《신당서》의 〈열〉전을 쓴 인물이
다.

● 기해祁奚
춘추 시대 진나라의 대부를 지
낸 인물이다. 공평무사公平無
私한 마음으로 나라에 봉사하
였는데 그가 물러갈 때 후임자
로 자기와 원수 사이였던 해호
를 천거한 것이 훌륭한 일화로
전해진다.

가 망하지 않는다.'라고 하였다. 대저 나라가 망하는 것은 사람이 없어서가
아니라, 그 망할 때를 당하여 어진 사람이 쓰이지 않기 때문이다. 진실로
(어진 사람을) 쓴다면 한 사람으로도 족할 것이다.

송기 가 썼다.
"아아! 원한으로써 서로 질투하지 않고 나라의 우환을 앞세운 경우로는
진나라에 기해 가 있었고, 당나라에 (곽)분양이 있었다."라고 하였는데
(장)보고를 두고서 어느 누가 동이(신라)에 사람이 없다고 할 것인가?

― 장보고 · 정년전 ―

장보고와 정년에 대한 김부식의 사론은 김부식의 창작이 아니라
두목과 송기의 사평史評을 옮기면서 끝부분을 약간 각색하였습니
다. 이는 중국 측의 자료를 인용하여 신라에 훌륭한 사람이 있다는
것과 그런 신라가 고려로 계승된 것을 말하고 싶었던 것일까요? 아
니면 이자겸 세력에 반대하고 묘청의 난을 진압한 자신을 은근히
드러내려고 한 것일까요? 그도 아니면 어진 사람, 즉 김부식을 쓴
인종에 대한 찬사는 아니었을런지요.

삼국사기 열전과 함께 기록된 인물들

삼국사기 열전은 모두 52인의 전기로 구성되어 있습니다. 그들의 이야기를 기록하는 과정에서 가족들 이야기가 자연스럽게 함께 나타나고 있습니다. 이들을 보통 부수인附隨人, 즉 더불어 기록된 사람이라고 합니다. 대략 30여명이 나오는데 주로 부친, 아들, 형제 등에 관한 이야기 인데 그 중에 몇몇 인물들에 대하여 살펴보도록 합시다.

삼국사기 권47은 전쟁에서 장렬한 죽음을 바친 자들을 모아 놓는데 그 중에 비령자전이 있습니다. 비령자전에는 비령자와 그의 아들인 거진, 그리고 노비인 합절 등 세 사람이 등장합니다. 비령자는 주인공이고 거진과 합절은 부수인입니다. 세 사람의 이야기는 다음과 같이 펼쳐집니다.

비령자丕寧子는 출신지역과 성씨를 알 수 없다. 진덕왕 원년 정미(647) 백제가 많은 군사로 무산성茂山城, 감물성甘勿城, 동잠성桐岑城 등을 공격하여 오자 유신이 보병과 기병 일만 명을 거느리고 막았는데, 백제 군사가 매우 날쌔어 고전하고 이기지 못하여 사기가 떨어지고 힘이 지쳤다. 유신은 비령자가 힘써 싸우고 적진 깊이 들어갈 뜻이 있음을 알고 불러 말하기를 "날씨가 추워진 후에 소나무, 잣나무가 늦게 낙엽짐을 알 수 있는데 금일의 일이 급하다. 자네가 아니면 누가 능히 용기를 내고 기이함을 보여 뭇 사람의 마음을 격동시키겠는가?" 하고는 더불어 술잔을 나누면서 뜻의 간절함을 보이니 비령자가 두 번 절하고 말하기를 "지금 수 많은 사람 중에 일을 오직 저에게 맡기시니 자기를 알아준다고 할 수 있으니 진실로 마땅히 죽음으로써 보답하겠습니다." 하였다.

적진에 나가면서 종 합절合節에게 말하였다.
"나는 오늘 위로는 국가를 위하여, 아래로는 나를 알아주는 분을 위하여 죽을 것이다. 나

의 아들 거진擧眞은 비록 나이는 어리나 굳센 의지가 있으니 반드시 [나와] 함께 죽으려 할 것이니 만약 아버지와 아들이 모두 죽으면 집사람은 누구를 의지하겠는가? 너는 거진과 함께 나의 해골을 잘 수습하여 돌아가 어미의 마음을 위로하라!"

말을 마치고 곧장 말을 채찍질하여 창을 비껴들고 적진에 돌진하여 몇 사람을 쳐 죽이고 (자신도) 죽었다. 거진이 이를 바라보고 떠나려 하니 합절이 말하였다.

"어르신께서 말씀하시기를 '합절로 하여금 낭군과 함께 집에 돌아가 부인을 편안하게 위로하라!'고 하셨습니다. 지금 자식이 아버지 명을 거역하고 어머님을 버리는 것이 어찌 효라고 할 수 있겠습니까?"

그리고는 말고삐를 잡고서 놓지 않았다. 거진이 말하기를 "아버지가 죽는 것을 보고 구차히 살면 어찌 효자라고 할 수 있겠는가?" 하고는 곧 칼로 합절의 팔을 쳐 끊고 적중으로 달려가 죽었다.

합절合節이 말하기를 "나의 하늘이 무너졌으니, 죽지 않고 무엇을 하겠는가?" 하고는 또한 싸우다가 죽었다. 군사들이 세 사람의 죽음을 보고는 감격하여 다투어 나아가니 향하는 곳마다 적의 칼날을 꺾고 진을 함락하여 적병을 대패시켜 3천여 명의 목을 베었다. 유신이 세 사람의 시신을 거두어 자신의 옷을 벗어 덮어주고 곡을 매우 슬피하였다. 대왕이 듣고 눈물을 흘리면서 예를 갖추어 반지산反知山에 세 사람을 합장하고 처자의 9족에게 은혜로운 상을 풍부하게 내려주었다."

– 비령자전 –

7세기 중반 신라와 백제가 치열하게 대립하고 있는 상황에서 전투에 임하는 군인의 자세를 잘 보여주고 있습니다. 또한 그에 대한 국가의 예우도 잘 드러나 있습니다. 위 내용에서 간단한 공식이 성립하는 것을 알 수 있습니다. '국가를 위해 목숨을 바치면 가족과 친족의 생계는 국가가 책임진다.' 입니다. 왕조시대뿐만 아니라 현대 민주주의 사회에서도 공동체를 위해 헌신한 사람들에게 대한 정당한 대우는 꼭 필요한 것입니다.

석우로의 말실수와
박제상의 충절

'한마디 말로 천 냥 빚을 갚는
다.'는 속담이 있습니다. 상대방과 진심으로 통하는 말을 나누게 되
면 그만큼 이익이 따른다는 뜻입니다. 그러나 한편으로는 말을 함
부로 내뱉었을 경우에 큰 곤경에 이르게 된다는 의미도 내포되어
있습니다. 이러한 일을 설화舌禍라고 합니다. '혀로 인하여 입은 불
행한 일'이라는 뜻이지요. 《삼국사기》 〈열전〉에도 설화의 주인공이
있는데, 그가 바로 석우로°입니다.

석우로昔于老는 나해 이사금의 아들이다. 혹은 각간 수로角干水老의 아들이라고도 하였다. 조
분왕助賁王 15년 정월에 승진하여 서불한舒弗邯이 되고 겸하여 군사의 일[병마사
兵馬事]도 맡았다. 16년에 밤이 되어 군사들이 추위에 괴로워하자 (석)우로는 몸
소 다니며 위로하고, 손수 섶에 불을 피워 따뜻하게 해주니, 여러 사람들이 마음

● 석우로(?~249 또는 253)
석우로는 《삼국사기》 〈신라 본
기〉 권2 나해 이사금에서 나해
이사금의 태자로 되어 있고 열
전에는 단순히 나해 이사금의
아들 혹은 각간 수로의 아들로
되어 있다. 또한 《삼국유사》
〈왕력〉 편에는 나해 이사금의
둘째 아들로 기록되어 있다.
우로의 아들 흘해는 열전에 우
로가 죽었을 때 걷지 못할 정
도로 어렸다고 하였는데, 신라
본기 흘해 이사금의 즉위 연대
는 310년이다. 우로가 죽은 연
대는 249년으로 기록되어 있
어 약 60년의 차이가 있다. 착
오라고 생각할 수도 있고 신라
의 세계(世系, 대대로 내려오는
계통)의 조작이라고도 생각할
수 있다.

속으로 감격하고 기뻐하여 마치 솜을 두른 것같이 여겼다.

― 석우로전 ―

석우로는 성씨에서 보이듯이 석탈해 계열의 사람입니다. 석우로의 출생에 대하여 나해 이사금의 태자이라는 본기의 내용과 '각간 수로의 아들' 이라는 열전의 기록, 태자 시절부터 공을 세운 석우로에게 왕위를 계승하게 하지 않고 사위인 조분에게 왕위를 계승하게 한 점, 그리고 석우로를 신라 제일 관등인 서불한˙으로 임명하고 군사 일을 맡긴 점 등을 종합하여 볼 때 석우로는 나해 이사금의 아들이 아닐 가능성이 큽니다. 하지만 석씨 가문이 신라의 이사금 지위를 이어가는 가운데 석우로는 석씨 가문의 한 사람으로 유능한 장군이었음에는 틀림없을 것입니다.˙ 용맹함도 갖추었고 군사들을 사랑하는 마음도 갖춘 인물이었습니다. 그런 그가 엄청난 일을 저지릅니다.

첨해왕이 재위하였을 때 7년 계유(253)˙에 왜국의 사신 갈나고가 객관˙에 와 있었는데 (석)우로가 대접을 맡았다. 손님과 희롱하여 말하기를 "조만간에 너희 왕을 소금 만드는 노예_염노鹽奴로 만들고 왕비를 밥 짓는 여자로 삼겠다."라고 하였다. 왜왕이 이 말을 듣고 노하여 장군 우도주군을 보내 우리를 치니, 대왕이 우유촌于柚村으로 나가 있게 되었다. (석)우로가 말하기를 "지금 이 환난은 내가 말을 조심하지 않은 데서 생긴 것이니, 내가 당해 내겠다." 하고, 왜군에게로 가서 말하였다.

"전일의 말은 희롱이었을 뿐이었다. 어찌 군사를 일으켜 이렇게까지 할 줄

● 서불한
서불한舒弗邯은 서발한舒發翰으로도 표기되는데, 신라의 제관등인 이벌찬의 별칭이다.

●《삼국사기》〈신라 본기〉 권2 나해 이사금 14년(209년) 7월 포상팔국이 가야를 침입한 것을 태자 석우로와 이찬 이음이 격파하였다.

●《삼국사기》〈신라 본기〉 권2 첨해 이사금 조에는 첨해 이사금 3년인 249년 4월로 기록되어 있어 열전의 내용과 차이를 보인다.

● 객관客館
객사라고도 하며, 고려와 조선 시대 때 각 고을에 설치하여 외국 사신이나 다른 곳에서 온 벼슬아치를 대접하고 묵게 하던 숙소이다.

생각하였겠는가."

왜인이 대답하지 않고 잡아서, 나무를 쌓아 그 위에 얹어 놓고 불태워 죽인 다음 돌아갔다.

(석)우로의 아들은 어려서 걷지 못하므로 다른 사람이 안고 말을 타고 돌아왔는데, 후에 흘해이사금이 되었다. 미추왕 때에 왜국의 대신이 와서 문안하였는데, (석)우로의 아내가 국왕에게 청하여 사사로이 왜국 사신에게 음식을 대접하였다. 그가 몹시 취하자, 장사壯士를 시켜 마당에 끌어내 불태워 전일의 원한을 갚았다. 왜인이 분하여 금성金城을 공격해 왔으나 이기지 못하여 군사를 이끌고 돌아갔다.

– 석우로전 –

● 《삼국사기》 〈신라 본기〉 권2 미추 이사금 조에는 왜가 침입하였다는 기록은 없다. 백제의 공격에 대한 기록과 국내 문제에 대한 기록만 있다.

석우로는 신라를 자주 괴롭히는 왜국의 사신과 술자리에서 뼈 있는 농담을 건네었습니다. 자꾸 신라를 괴롭히면 혼내 주겠다는 표현을 다소 지나치게 하였지요. 당연히 왜국은 기분이 상했을 것이고 당시의 상황에서 이것을 해결하는 방법은 전쟁뿐이었습니다. 왜국이 침입해 오자, 왕이 직접 전쟁터에 나가게 되었고 석우로는 모든 책임을 지겠다고 나섰습니다. 신라의 입장에서 보면 다행히 전면전으로 치닫지 않고 석우로를 왜에게 내어준다는 외교적 해결로 잘 마무리가 된 것이고, 석우로는 자신이 만든 위기를 죽음으로써 해결한 것이지요.

김부식은 석우로에 대하여 다음과 같이 적고 있습니다.

말 한마디가 천냥 빚을 갚기도 하지만…

잘못하면 석우로 처럼 될지도 모른다구!

(석)우로가 당시의 대신으로서 군무와 국정을 맡아 싸우면 반드시 이기고 또 이기지 못하더라도 패하지는 아니하였으니, 그 계책이 반드시 다른 사

음을 취하였고, 또 두 나라로 하여금 싸우게까지 하였다. 그 아내가 능히 원
한을 갚았으나 역시 변칙이요, 정도正道는 아니었다. 만일 그렇지 않았다면
그의 공은 또한 기록할 만하였다."

- 석우로전 -

왜국과 관련된 또 다른 신라의 인물로 충신 박제상이 있습니다.

박제상 또는 모말毛末이라고도 하였다은 시조 혁거세의 후손이며, 파사이사금의
5세손이다. 할아버지는 아도 갈문왕이고, 아버지는 파진찬 물품이다. 제상
은 벼슬길에 나가 삽량주간歃良州干이 되었다. 이보다 앞서 실성왕 원년 임
인(402)에 왜국과 강화하였는데, 왜왕이 나물왕의 아들 미사흔을 볼모로
삼기를 청하였다. 왕은 일찍이 나물왕이 자기를 고구려에 볼모로 보낸 것
을 원망하여, 그 아들에게 유감을 풀고자 하였으므로 거절하지 않고 보냈
다. 또 11년 임자(412)에는 고구려가 역시 미사흔의 형 복호를 볼모로 삼고
자 하였으므로 대왕은 또 그를 보냈다.

- 박제상전 -

4세기 말에서 5세기 초 신라는 고구려와 왜국의 압력을 받
고 있는 상황이었습니다. 〈광개토대왕비문〉에 보면 '399년
신라에 왜가 침입한 것을 고구려 광개토대왕의 도움으로 물
리쳤다'라는 기록과 414년 '광개토왕이 왜구를 물리쳤다.'라
는 기록으로 보아 신라는 고구려와 왜의 틈바구니 속에서 인
질을 보내야 하는 딱한 처지에 있었다고 볼 수 있습니다. 이
런 상황에서 눌지 마립간이 즉위하였고, 자신의 동생 미사흔

● 박제상
박제상은 신라 눌지마립간 대의
충신이다. 《삼국사기》에는 파사
이사금의 5세손이라고 하여 박
씨 성을 쓰고 있고 《삼국유사》에
서는 성을 김씨라 하여 《삼국사
기》와는 다른 기록을 보이고 있
는데, 당시에는 성을 사용하지
않았다가 후대에 그의 모계와 부
계에 따라 성을 사용한 것으로
보인다. 그의 다른 이름인 '모
말'은 《일본서기》 권9에 모마리
毛麻利로 기록되어 있다. 모말,
모마리는 제상과 같은 의미의 말
이라고 해석하는 견해도 있다.

박제상 은을암
박제상 부인의 영혼이 새가 되
어 숨은 바위를 '은을암'이라
했다. 이후 마을사람들이 부인
의 넋을 달래기 위해 은을암
앞에 절을 세우고 똑같은 이름
을 지었다.

과 복호를 구하고자 했습니다.

눌지왕°이 즉위하자 말을 잘하는 사람을 구하여 가서 (두 아우를) 맞이해 올
것을 생각하고 있던 바, 수주촌간(수주촌의 촌주) 벌보말伐寶靺과 일리촌간
(일리촌의 촌주) 구리내仇里內, 이이촌간(이이촌의 촌주) 파로波老 세 사람이
현명하고 지혜가 있다는 말을 듣고 불러서 물었다.

"나의 동생 두 사람이 왜와 고구려 두 나라에 볼모가 되어°여러 해가 되었
어도 돌아오지 못하고 있다. 형제의 정이라서 그리운 생각을 억제할 수 없
소. 제발 살아서 돌아오게 하여야겠는데 어찌하면 좋겠는가?"

세 사람이 똑같이 대답하였다.

"신들은 삽량주간 제상이 성격이 강직하고 용감하며 꾀가 있다고 들었습니
다. 그는 전하의 근심을 풀어 드릴 수 있을 것입니다."

이에 제상을 불러 앞으로 나오게 하여 세 신하의 말을 하며 가 주기를 청하
였다. 제상이 대답하기를 "신이 비록 어리석고 변변치 못하오나 감히 명을
받들지 않을 수 있겠습니까!" 하였다. 드디어 사신의 예로써 고구려에 들어
가 왕에게 말하였다.

"신이 듣건대 이웃 나라와 교제하는 도는 성실과 신의信義뿐이라고 합니다.
만일 볼모를 서로 보낸다면 오패°에도 미치지 못하는 것이니 참으로 말세
의 일입니다. 지금 우리 임금의 사랑하는 아우가 여기에 있은 지 거의 10년
이나 되니, 우리 임금이 형제가 어려움을 서로 돕는 뜻으로서, 오랜 회포를
버리지 못하고 있습니다. 만약 대왕께서 은혜로이 돌려보내 주신다면 소
아홉 마리에서 털 하나가 떨어지는 정도와 같아서 별 손해가 없으며, 우리
임금은 대왕을 덕스럽게 생각함이 한량이 없을 것입니다. 왕은 이 점을 유

● 실성왕(재위 402~417)
신라 제18대 왕이고, 《삼국사
기》에서는 실성이사금이라 하
였다. 392년(내물왕 37) 고구
려에 볼모로 갔다가 401년 귀
국하여 내물왕이 죽고 태자가
어리므로 추대 받아 즉위하였
다. 417년 내물왕의 어린 태자
였던 눌지를 시기하여 고구려
사람을 시켜 죽이려다가 눌지
에게 살해되었다.

● 눌지 마립간(재위417~458)
신라 제19대 왕으로 자신을 해
치려는 실성왕을 제거하고 즉
위했다. 우차법牛法을 제정
하였으며 백제와 공수동맹(攻
守同盟, 딴 나라에 대한 공격
이나 방어를 같이 하자고 나라
와 나라끼리 맺은 동맹)을 맺
어 고구려를 공격하였다.

● 나물 이사금 37년(392) 정월
에 왕은 고구려로 사신을 파견
하였는데 이 때 고구려가 크게
강성하였으므로 이찬 대서지의
아들 실성을 보내어 인질로 삼
았다.

● 오패五霸
춘추 시대(BC770~403)에 봉
건 제후에서 독자적인 세력을
구축한 제나라 환공, 진나라
문공, 초나라 장왕, 오나라 합
려, 월나라 구천을 지칭한다.
이들은 국가를 부강하게 하였
으나 도의나 왕도에 의한 것이
아니고 권모술수로 제패하였기
때문에 여기서는 도의가 없다
는 뜻으로 해석된다.

박제상 망부석
박제상의 부인은 남편이 고구려에서 돌아오자마자 다시 왜국으로 떠났다는 소식을 듣고 치술령에 올라 단식하다 자진하여 망부석이 됐다고 전해진다.

넘해 주소서! "

(고구려) 왕은 "좋다."라고 하고, 함께 돌아가는 것을 허락하였다.

– 박제상전 –

여러 사람의 추천으로 박제상이 적임자가 되어 고구려에 들어가 왕을 설득하여 복호를 돌아오게 하였습니다. 그런데 문제는 왜국에 잡혀간 미사흔이었습니다.

귀국하자, 대왕이 기뻐하며 위로하여 말하기를 "내가 두 아우 생각하기를 좌우의 팔과 같이 하였는데, 지금 단지 한쪽 팔만을 얻었으니 어찌하면 좋을까?"라고 하였다. 제상이 대답하였다.

"신은 비록 열등한 재목이오나 이미 몸을 나라에 바쳤으니 끝내 명을 욕되게 할 수 없습니다. 그러나 고구려는 큰 나라요, 왕 역시 어진 임금이므로 신이 한 마디의 말로 깨우치게 할 수 있었지만, 왜인의 경우는 입과 혀로 달랠 수는 없으니 마땅히 거짓 꾀를 써서 왕자를 돌아오게 하겠습니다. 신이 저곳에 가거든 청컨대 나라를 배반한 죄로 논하여, 저들로 하여금 이 소식을 듣도록 하소서!"

이에 죽기를 맹세하고 처자도 보지 않고 율포(지금의 경주 남양면 화서리에 위치)에 다다라 배를 띄워 왜로 향하였다. 그 아내가 듣고 포구로 달려가서 배를 바라다보며 대성통곡하면서 "잘 다녀오시오."라고 하였다. 제상이 돌아다보며 "내가 명을 받아 적국으로 들어가니 그대는 다시 볼 것이라고 기대하지 말라!" 하고는 곧바로 왜국으로 들어가서 마치 배반하여 온 자와 같이 하였으나 왜왕이 의심하였다.

백제인으로서 전에 왜에 들어간 자가 신라가 고구려와 더불어 왕의 나라를 도모하려고 한다고 참소하였으므로, 왜가 드디어 군사를 보내 신라 국경 밖에서 순회 정찰케 하였다. 마침 고구려가 쳐들어와 왜의 순라군◦을 포로하고 죽였으므로, 왜왕은 이에 백제인의 말을 사실로 여기었다. 또한 신라 왕이 미사흔과 제상의 가족을 옥에 가두었다는 말을 듣고 제상을 정말 반한 자로 여기었다. 이에 (왜왕은) 군사를 보내 장차 신라를 습격하려 하였는데 겸하여 제상과 미사흔을 장수로 임명하는 한편 향도◦로 삼아 해중 산도에 이르렀다. 왜의 여러 장수들이 몰래 의논하기를, 신라를 멸한 후에 제상과 미사흔의 처자를 잡아 데려오자고 하였다. 제상이 그것을 알고 미사흔과 함께 배를 타고 놀며 고기와 오리를 잡는 척하자, 왜인이 이를 보고 딴 마음이 없다고 여겨 기뻐하였다.

이에 제상은 미사흔에게 슬그머니 본국으로 돌아갈 것을 권하니 미사흔이 말하기를 "제가 장군을 아버지처럼 받들었는데, 어떻게 혼자서 돌아가겠습니까?"라고 하였다. 제상이 말하기를 "만약 두 사람이 함께 떠나면 계획이 이루어지지 못할까 염려합니다." 하니, 미사흔이 제상의 목을 껴안고 울며 하직하고 귀국하였다.

(다음날) 제상은 방 안에서 혼자 자다가 늦게야 일어나니, 미사흔을 멀리 갈 수 있게 하려고 함이었다. 여러 사람이 묻기를 "장군은 어찌 이처럼 늦게 일어납니까?"라고 하니 "어제 배를 타서 몸이 노곤하여 일찍 일어날 수 없다."라고 대답하였다. (제상이) 밖으로 나오자, 미사흔이 도망한 것을 알고 드디어 제상을 결박하고, 배를 달려 추격하였으나 마침 안개가 연기처럼 자욱하고 어둡게 끼어 멀리 바라볼 수가 없었다. 제상을 왜왕의 처소로 돌려보

◦ 순라군巡邏軍
도둑·화재 따위를 경계하기 위하여 밤에 궁중과 장안 안팎을 순찰하던 군졸을 말한다.

◦ 향도嚮導
일정한 곳으로 길을 인도하거나, 또는 인도하는 사람을 말한다.

• 향악鄕樂
삼국 시대 이후 조선 시대까지
사용되던 궁중음악의 한 갈래
로, 일명 속악俗樂이라고도 한
다. 삼국 시대에 당나라에서 들
어온 음악인 당악이 유입된 뒤
토착음악인 향악을 구분하기 위
하여 명명되었다. 당악이 들어
오면서 중국의 악기도 전래되어
사용되기 시작하였고 향악에도
영향을 주었다.

• 계림鷄林
신라 탈해이사금 9년(65) 3월에
경주 지방의 지명 '시림始林'을
고친 이름으로 이때부터 신라의
국호로도 쓰였다. 또한 경주의
옛 이름이기도 하다.

냈더니, 그를 목도로 유배 보냈다가 곧 사람을 시켜, 섬에 불을 질러 전신을
불태운 후에 목 베었다.

대왕이 이 소식을 듣고 애통해 하고, 대아찬을 추증하였으며, 그 가족에게
후히 물품을 내리었다. 그리고 미사흔으로 하여금 제상의 둘째 딸을 맞아
아내로 삼게 하여 보답하였다. 이전에 미사흔이 돌아올 때 (왕은) 6부에 명
하여 멀리까지 나가 맞이하게 하였고, 만나게 되자 손을 잡고 서로 울었다.
마침 형제들이 술자리를 마련하고 마음껏 즐길 때 왕은 노래와 춤을 스스
로 지어 자신의 뜻을 나타냈는데, 지금 향악˙의 우식곡憂息曲이 그것이다.

– 박제상전 –

미사흔을 구해내고 끝까지 신라의 신하임을 주장한 박제상의 마
지막 말이 《삼국유사》에는 이렇게 전하고 있습니다.

"차라리 계림˙의 개와 돼지가 될지언정 왜국의 신하는 되고 싶지
않으며, 차라리 계림의 형장(죄인을 심문할 때에 쓰던 몽둥이)을 받을
지언정 왜국의 작록爵祿, 관작과 봉록을 받고 싶지는 않다."

왕의 입장에서는 이보다 더 한 충신은 없을 것이지만 부인의 입
장에서 보면 어떨까요?

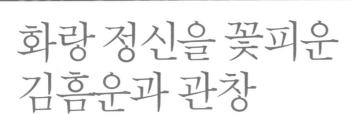

화랑 정신을 꽃피운 김흠운과 관창

06

개인의 욕망을 버리고 나라를 위해 희생하는 화랑의 정신은 신라가 삼국을 통일할 수 있었던 원동력입니다. 그래서 화랑 정신은 오늘날 군인 정신으로 맥이 통하게 되었고, 지금은 없어졌지만 군대에서 지급되었던 담배 이름도 화랑이었으며, 또한 육군사관학교의 다른 명칭이 화랑대입니다. 그 화랑의 상징이 된 인물들이 《삼국사기》 〈열전〉에도 실려 있는데, 대표적인 인물이 김흠운과 관창입니다.

김흠운은 나밀왕* 의 8세손이다. 아버지는 잡찬 달복이다. 흠운이 어려서 화랑 문노文努의 아래에서 놀았는데 당시의 무리들이 아무개는 전사하여 이름을 지금까지 남겼다고 말하자 흠운이 슬퍼하여 눈물을 흘리며 격동하여 그와 같이 되려고 하니…… 백제 땅 양산 아래에 군영을 설치하여 조천성을 공격하고자 하였는데 백제인들이 밤을 틈타서 민첩하게 달려와 새벽녘에 성루를 따라 들어오니 우리 군사가 놀라 엎어지고 자빠져 진정시킬

* 나밀왕
나물 이사금의 다른 말로, 《삼국사기》 권3 나물 이사금 조에는 나밀那密이라고 기록되어 있다.

임신서기석壬申誓記石
신라의 두 화랑이 유교 경전을 습득하고 실행하겠다고 맹서한 것을 새긴 비석으로 화랑들의 의지를 엿볼 수 있다. 55년 또는 62년으로 추정되는 임신년에 만들어진 것이다.

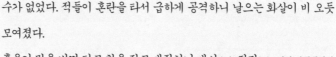

수가 없었다. 적들이 혼란을 타서 급하게 공격하니 날으는 화살이 비 오듯 모여졌다.

흠운이 말을 비껴 타고 창을 잡고 대적하니 대사大舍 전지詮知_{신라 태종무열왕 때의 관리}가 달래어 말하였다.

"지금 적이 어둠 속에서 일어나 지척을 구별할 수 없는 상황이니 공이 비록 죽는다고 하여도 알아줄 사람이 없습니다. 하물며 공은 신라의 귀한 신분_{귀골貴骨}으로서 대왕의 사위_{반자半子}인데 만약 적군의 손에 죽으면 백제의 자랑하는 바가 될 것이고 우리들의 깊은 수치가 될 것입니다."

흠운이 말하기를 "대장부가 이미 몸을 나라에 바치겠다고 하였으면 사람이 알아주고 모르고는 한가지이다. 어찌 감히 이름을 구하랴?"하고는 꿋꿋하게 서서 움직이지 않았다. 따르던 자들이 말고삐를 잡고 돌아가기를 권하였으나 흠운이 칼을 뽑아 휘두르며 적과 싸워 몇 사람을 죽이고 그도 죽었다. 이에 대감 예파와 소감 적득이 서로 더불어 함께 전사하였다. ······ 당시 사람들이 이를 듣고 양산가를 지어 애도하였다.

                                         – 김흠운전 –

김흠운의 죽음에 대한 의미는 대사 전지의 말에서 알 수 있습니다. 그것은 '신라의 귀한 신분'인 김흠운이 그 신분의 값으로 죽음을 택한 것입니다. 이것을 우리는 귀족의 의무(노블리스 오블리제)라고 합니다. 고대 사회 초기에 전쟁은 귀족의 전유물로써, 귀족은 자기 집단을 보호하는 전쟁을 통하여 권력의 정당성을 확보했습니다. 그러므로 전쟁에서 목숨을 바쳐 용감히 싸우는 것이 그들에게는 당연한 의무였습니다. 화랑 김흠운은 그 귀족의 의무와 권리에 충실하였고, 그런 정신이 신라를 발전시키는 원동력이었다고 할 수 있습니다.

귀족의 의무를 가진 또 다른 화랑 관창의 이야기를 봅시다.

관창(또는 관장이라고도 하였다)은 신라 장군 품일의 아들로 모습이 우아하였으며, 어린 나이에 화랑이 되어 사람들과 잘 사귀었다. 나이 16세 때 말 타고 활쏘기에 능숙하였다. 대감인 어느 사람이 태종대왕에게 그를 천거하여 당나라 현경 5년 경신(태종무열왕 7년, 660)에 왕이 군대를 내어 당나라 장군과 더불어 백제를 칠 때 관창을 부장으로 삼았다. 황산벌(지금의 충남 논산 지역)에 이르러 양쪽의 군대가 서로 대치하자 아버지 품일이 말하기를 "너는 비록 어린 나이지만 뜻과 기개* 가 있으니 오늘이 바로 공명* 을 세워 부귀를 취할 수 있는 때이니 어찌 용기가 없을손가?"하였다.

관창이 "예."하고는 곧바로 말에 올라 창을 빗겨들고 적진에 곧바로 진격하여 말을 달리면서 몇 사람을 죽였으나 상대편의 수가 많고 우리 편의 수가 적어서 적의 포로가 되었다. 포로로 백제의 원수元帥 계백의 앞에 끌려갔다. 계백이 투구를 벗게 하니 그가 어리고 용기가 있음을 아껴 차마 죽이지 못하고 탄식하기를 "신라에는 뛰어난 병사가 많다. 소년이 오히려 이러하거든 하물며 장년 병사들이야!" 하고는 살려 보내기를 허락하였다.

관창이 (돌아와서) 손으로 우물물을 움켜 마시고는 다시 적진에 돌진하여 민첩하게 싸우니 계백이 잡아서 머리를 베어 말안장에 매어 보내었다.

(아버지) 품일이 그 머리를 손으로 붙들고 소매로 피를 닦으며 말하기를 "우리 아이의 얼굴과 눈이 살아 있는 것 같다. 능히 왕실의 일에 죽었으니 후회가 없다." 하였다. 전군 삼군三軍이 이를 보고 용기를 내어 뜻을 세워 북을 요란하게 쳐 진격하니 백제가 크게 패하였다. 대왕이 급찬의 위계를 주

* 기개氣概
씩씩한 기상과 굳은 절개를 뜻한다.

* 공명功名
공을 세워서 자기 이름을 널리 드러내는 것을 뜻한다.

고 예로써 장례를 지내 주었고 그 집에 당나라 비단 30필, 20승포 30필과 곡식 100섬을 내려 주었다."

– 관창전 –

계백의 오천 결사대를 돌파하기 위해 목숨을 버린 관창의 대단한 용기와 대의를 위해 자신을 희생할 수 있는 자세, 그를 본받아 적군을 돌파하는 신라의 군인들까지, 그것으로 충분히 노블리스 오블리제를 실천하였다 생각하였습니다. 그러나 찬찬히 들여다보면 어딘지 모르게 석연치 않은 구석이 있어 보입니다. 그것은 관창에 대한 아버지 품일의 태도였습니다. 아들이 귀족의 의무를 다할 수 있도록 용기를 북돋아 준 관창의 아버지 품일은 다른 시각으로 해석하면 아들을 죽음으로 내몬 사람입니다. 신라는 오만의 군대를 동원하였지만, 그것의 10분의 1에 불과한 계백의 결사대와 전투를 벌여 네 번 싸워 네 번 모두 진 상황이었습니다. 품일은 군대의 책임자로서 이 상황을 돌파할 묘책이 필요하였겠지요. 그래서 아들 관창에게 공을 세워 부귀를 누릴 수 있으니 나가라고 등을 떠밀었습니다. 자식을 사지死地로 내몬 겪입니다. 그리고 아들의 죽음에 대하여, 왕실을 위해 죽었으니 자신과 아들은 후회가 없을 것이라며 군사들을 독려하여 승리를 거머쥐었습니다. 아마 후일의 부귀영화도 관창의 몫이 아니라 품일의 몫이 되었겠지요. 이때 관창의 나이 불과 열여섯 살입니다. 물론 사회의 구성원으로서 사회적 책임을 다하여야 한다는 것은 분명한 사실입니다. 하지만 나이와 위치에 맞는 책임과 의무는 다를 수 있다고 생각됩니다. 그가 화랑의 구성원으로 책임과 의무를 다했다고 볼 수도 있겠지만, 10대 청소년에게 전쟁을 승리로 이끌기 위해 죽음이라는 책임과 의무를 부여한다는 것은 조금 과하다고 보이지요?

김부식은 화랑에 대하여 다음과 같이 기록하였습니다.

신라 사람들이 인재를 알아볼 수 없을까 걱정하여 무리끼리 모여 함께 놀게 하고 그 행동을 본 후에 발탁해 쓰고자 하여 드디어 미모의 남자를 뽑아 분장을 시켜 이름을 화랑이라 하고 받들게 하니 무리가 구름떼처럼 모여들었다. 서로 도의道義로써 갈고 닦았으며, 혹은 노래로써 서로 즐기고, 산수山水를 유람하며 즐기어 멀리라도 가지 않은 곳이 없었다. 이로 인하여 사람의 그릇됨과 바름을 알아 선택하여 조정에 천거하였다.

(김)대문이 말하기를 "임금을 보좌하는 어진 인물과 충신이 이로부터 나왔고, 좋은 장수와 용감한 병사가 이로부터 생겨났다."고 한 것은 이를 말함이다. 삼대의 화랑이 무려 200여 명이었는데 훌륭한 이름과 아름다운 일은 모두 전기傳記와 같다. 흠운 같은 자는 또한 낭도로서 능히 왕사王事에 목숨을 바쳤으니 그 이름을 욕되게 하지 않은 자라고 할 수 있다."

– 김흠운전 –

* 김대문金大問
통일 신라 초기의 귀족이자 학자이며 당대 으뜸가는 문장가였다. 《계림잡전》, 《고승전》, 《화랑세기》 등 수많은 저서는 후일 김부식이 《삼국사기》를 편찬하는 데 귀중한 사료가 되었으나, 모두 전하지 않는다.

김부식은 화랑이 신라 인재의 산실이고 귀족의 의무를 수행한 것으로 칭송하고 있습니다. '삼국 시대는 평상시에 전쟁하고 유사시에 농사짓는다.'라고 할 정도로 삼국 시대는 영토와 사람을 얻기 위한 전쟁이 가장 중요시 되는 시기였습니다. 그래서 김부식은 전쟁, 즉 왕사王事에 정당성을 부여하고 있으며, 왕을 모시는 신하된 입장에서 국가와 왕실을 지키는 것이 최우선의 목표라고 생각했습니다. 그러므로 왕사를 위해 목숨을 바친 인물들을 칭송하는 것은 당연한 일이라는 것이지요. 그리해야 신라를 위해 목숨을 바친 훌륭한 인물들을 본받아 고려를 위해 충성을 다할 사람들이 나오기 때문이었습니다.

효녀 지은 그리고
향덕과 성각의
지극한 효심

07

복권의 일종인 로또는 여섯 개의 숫자를 모두 맞추면 1등이 됩니다. 매주 발행되는 로또에 당첨이 되면 강남의 아파트 한 채 값을 치르고도 남는 엄청난 금액을 받게 되지요. 《삼국사기》와 《삼국유사》에는 이런 로또 같은 것에 당첨된 한 여인의 이야기가 실려 있습니다. 바로 신라 말기에 지은知恩이라는 이름을 가진 처녀였습니다. 이 처자의 이름이 지은으로 나오고 있는데 과연 이 시기에 여자의 이름이 있었을까요? 고려와 조선 시대의 호적에는 많은 평민 여자의 이름이 소사°라고 기록되어 있습니다. 그렇다면 지은이라는 이름에 숨어 있는 뜻은 무엇일까요?

효녀 지은은° 한기부° 백성 연권의 딸이다. 성품이 지극히 효성스러웠다.

● 소사召史
성 아래에 붙여 양민의 아내나 과부를 점잖게 일컫는 말이다.

● 《삼국유사》 권5 〈효선편〉에는 빈여양모(貧女養母, 가난한 여자가 어머니를 봉양한다)라는 제목으로 기록되어 있다.

● 한기부漢祇部
한지부라고도 한다. 신라 때 씨족을 중심으로 나눈 경주의 여섯 행정 구역 중에 하나이며, 급량부, 사량부, 본피부, 점량부, 한지부, 습비부가 있다.

어려서 아버지를 여의고 홀로 어머니를 봉양하였다. 나이 32세가 되도록 시집을 가지 않고 아침저녁으로 문안드리며 정성定省 곁을 떠나지 않았다. 봉양할 것이 없으면 때로는 품팔이도 하고 또는 돌아다니며 밥을 빌어다가 봉양하였다. 그러한 날이 오래 되어 고달픔을 이기지 못하여 부잣집에 가서 몸을 팔아 종이 되기로 하고…… 그 어머니가 딸에게 말하기를 "지난날의 식사는 거칠었으나 밥맛이 달았는데 지금 식사는 좋으나 맛이 옛 같지 않으며, 간장을 칼날로 찌르는 것 같으니 이 어쩐 일이냐?" 하였다. 이에 딸이 사실대로 아뢰니 어머니가 말하기를 "나 때문에 너를 남의 종으로 만들었구나! 차라리 빨리 죽는 것이 낫겠다." 하고 소리를 내어 크게 우니 딸도 울어 그 슬픔이 길가는 사람을 감동시켰다.

– 효녀 지은전 –

● 효종랑孝宗郎
신라의 화랑으로 성은 김이고, 아명(아이 때의 이름)은 화달이다. 당시의 이름난 효녀 지은의 효성에 감동하여 양인이 되게 도와주었다. 진성(여)왕이 이를 가상히 여겨 헌강왕의 딸을 아내로 맞게 하였다.

동국여지승람東國輿地勝覽
조선 성종 때의 지리서이다. 성종 때 명나라의 《대명일통지》가 수입되자 왕이 노사신·양성지·강희맹 등에 그것을 참고하고, 세종 때의 《신찬 팔도지리지》를 대본으로 하여 지리서를 편찬케 하였다. 전55권 25책으로 각도의 지리를 수록한 이외에 도의 연혁·풍속·묘사·능침·궁궐·관부·학교·토산·효자·열녀·성곽·산천·누정 등등 다양한 내용을 수록하였다. 효녀 지은도 《동국여지승람》에 실려 있다.

홀로 어머니를 모셔야 하는 지은이의 생활은 참으로 고달팠을 것입니다. 여기저기 품팔이를 하고 구걸하여 어머니를 모셔야 했던 것이지요. 결국에는 하는 수 없이 몸을 팔아 남의 집 종이 되고자 했습니다. 종이라고 표현되고 있으나, 몸을 팔아 노비가 되었다는 의미입니다. 신라 하대에는 이렇게 부채로 인해 몰락한 농민들이 노비로 전락하는 경우가 많았습니다.

그때 효종랑●이 놀러 나갔다가 이를 보고 집에 돌아와 부모에게 청하여 집의 곡식 백 섬과 옷가지를 실어다 주었다. 또 종으로 산 주인에게 보상하고 양인으로 만들어 주니 그의 낭도 수천 명이 각각 곡식 한 섬씩을 내어 도와주었다. 대왕이 이 소식을 듣고 조租 백 섬, 집 한 채를 내려주고 잡역을 면제시켜 주었다.

집에 곡식이 많았으므로 빼앗거나 훔쳐 가는 자가 있을 것을 염려하여 담당 관청에 명하여 군대를 보내 교대로 지키게 하였고 그 마을을 표하여 '효양방孝養坊'이라 하였다. 이어서 표를 올려 그 아름다움을 당나라 황실에 올려 아뢰었다.

이때 지나가던 화랑 효종이 모녀의 슬픔을 보고 집으로 돌아와 부모에게 청하여 곡식과 옷을 주도록 하였고, 그의 수하에 있던 낭도 수천 명도 곡식 한 섬씩, 그리고 왕도 백 석의 조와 집을 마련해 주었습니다. 쌀 10여 섬에 몸을 팔아 노비가 되려던 지은은 수천 섬의 곡식과 집이 생겼으니 로또에 당첨되었다고 할 수 있겠지요. 거기에 잡역까지 면제를 받았으니 금상첨화라고 할 수 있습니다.

그런데 가만히 들여다보면 마냥 좋은 이야기라고 할 수는 없습니다. 몸을 팔아 부모를 봉양할 정도로 어려운 지은이의 집에 잡역이 부과되고 있었다는 사실입니다. 이는 왕이 백성을 지켜 주고 보살펴 주지는 못하고 도리어 억압하고 수탈하였다는 것입니다. 그리하면 백성들은 왕에게 기댈 것이 없고, 필요하면 왕에게 반란을 일으킬 수도 있습니다. 실제로 지은은 진성(여)왕 시절의 사람이었고, 이때에 원종과 애노라는 농민들을 중심으로 반란이 일어났었습니다. 또한 지은이의 집에 곡식이 많아 도적이 들 염려가 있으니 군대를 보내 지키게 하였다는 것으로 보아 백성 대부분의 삶이 궁핍하였을 거라고 추측됩니다. 그러므로 당시의 도적은 재물에 욕심이 많아 전문적으로 남의 물건을 훔치는 사람이라기 보다 대부분 어렵

더 빨리! 빨리 달리지 못하겠는가!

살려주십시오 전하…

게 사는 농민들이었을 것입니다.

효녀 지은 이야기는 효종이 헌강왕의 사위가 되었다는 것으로 결말을 맺고 있습니다. 그러나 부모를 봉양하는 자식의 도리를 잘 지키면 복을 받을 수 있다는 '효'라는 측면으로 생각해 볼 때, 결말이 자리를 잘 못 잡은 것 같습니다. '지은이가 곡식을 주위의 어려운 이웃들과 나누어 가졌다.'라고 해야 정말로 훈훈한 이야기가 되었겠지요.

그리고 지은이란 이름을 풀이해 보면, '알 지知', '은혜 은恩'으로 '은혜를 안다'라는 뜻입니다. 은혜는 누구의 은혜일까요? 그렇지요. 바로 부모님의 은혜입니다. 그러므로 지은이란 이름은 본명이 아니라 이야기에 맞추어 지어진 이름이라고 생각할 수 있습니다.

이번에는 효자 이야기를 보도록 합시다.

성각은 청주(현재의 경남 진주시) 사람이었다. 그의 씨족에 대한 기록이 전하지 않는다. 세상의 명예와 벼슬을 좋아하지 않아서 스스로 거사居士라 칭하고 일리현(현재의 경남 고령군 성산면) 법정사에 머물다가 후에 집에 돌아가 어머니를 봉양하였는데 늙고 병들어서 채소만을 먹을 수 없었으므로 다리 살을 떼어 내여 먹이었고, 돌아가심에 지성으로 불공을 드려 천도薦度하였다. 대신 각간 경신과 이찬 주원 등이 이 소식을 국왕에게 아뢰니, 웅천주의 향덕의 옛일에 따라 이웃 현에서 나오는 조 300섬을 상으로 주었다.

– 성각전 –

다리 살을 베어 내어 어머니를 살린 효자의 이야기입니다. 역시 이름이 의미가 있습니다. 기록 중간 중간에 불교와 관계된 이야기로 미루어 보아 아마도 불교의 수행자였던 것 같습니다. 그래서 '깨달음을 얻어 성스럽게 된 사람' 또는 '성스러운 깨달음'이라는 뜻의 성각聖覺이란 이름을 붙여준 것입니다.

삼강행실도 효자 이보

> 향덕은 웅천주의 판적향(지금의 공주시 소학동 일대) 사람이다. 아버지 이름은 선이고 자는 반길이었는데 천성이 온후하고 착해서 마을에서 그 행실을 칭찬하였으며, 어머니는 이름이 전하지 않는다. 향덕 또한 효성스럽고 순하기로 당시에 소문이 났다. 천보 14년 을미(경덕왕 14년, 755)에 흉년이 들어 백성이 굶주리고 더구나 전염병이 돌았다. 부모가 굶주리고 병이 났으며 어머니는 종기가 나서 모두 거의 죽게 되었다. 향덕이 밤낮으로 옷을 벗지 않고 정성을 다하여 편안히 위로하였으나 봉양할 것이 없어 이에 자신의 넓적다리 살을 떼어내어 먹게 하고, 또 어머니의 종기를 입으로 빨아 모두 완쾌시켰다. 고을의 관청에서 주州에 보고하고 주에서 왕에게 보고하였다. 왕은 명을 내려 조 백 섬과 집 한 채, 구분전 약간을 내려 주고, 담당 관청에 명해 비석을 세워 일을 기록하게 하여 드러내도록 하니 지금(고려)까지 사람들은 그곳을 효가리孝家里라고 부른다.
>
> — 향덕전 —

 구분전口分田
고려 시대에 군인 유가족, 무의탁 고령 군인 등 생활 능력이 없는 사람에게 나누어 주던 토지로 사후에는 반납하였다.

향덕은 웅천주의 판적향에 살았다고 하였습니다. 향鄕이란 명칭은 통일신라 시대부터 보이기 시작하였는데, 일반 행적구역인 군·현보다 작은 지역으로 일반 군·현에 비하여 상대적으로 차별받는 지역이었습니다. 그 지역에 살고 있었던 사람들은 평민이었으나 거주 이전이 제한되어 있었고 일반 군·현민보다 많은 조세가 부담되었습니다. 이런 곳에 살고 있었던 향덕이 어머니를 극진히 보살피어 병으로부터 낫게 하였다는 내용입니다. 이 향덕이라는 이름에도 의미가 있습니다. 향向은 '향하다'라는 뜻이고 덕德은 '좋은 행위'를 말합니다. 효도라는 좋은 행위를 행한 사람이 바로 향덕이지요.

이런 효자를 보고 김부식이 그냥 지나칠 리가 없습니다.

> 송기의 《당서》에 쓰기를 "잘되었다. 한유의 논이여! 즉, '부모의 병에 약을 달여 먹이는 것이 효이지, 효를 한다고 팔다리의 몸을 훼손하는 것은 듣지를 못하였다. 진실로 이것이 의에 어긋나지 않는다면 성현이 뭇 사람보다 먼저 했을 것이다. 불행히 이로 인하여 죽게 되면 몸을 망치고 윤리를 끊은 죄가 돌아가니 어찌 가히 그 집을 표창하여 특이함을 표하겠는가?' 비록 그러나 깊은 시골에서 학술과 예의를 갖춘 자가 아니면서 능히 자신을 희생하여 그 부모를 봉양함은 효성스런 마음에서 나온 것이니 또한 족히 칭찬할 만한 일이다. 그러므로 열전으로 쓴다." 하였으니 저 향덕 같은 자는 또한 가히 기록할 자일진저.
>
> — 성각전 —

김부식은 자식이 신체 일부를 떼어내어 부모를 살린 일이 결코 훌륭한 행위는 아니나, 부모를 섬기는 극진한 마음에서 나온 것이므로 칭찬할 만하다고 했습니다.

부모로부터 받은 몸을 상하지 않게 하는 것이 효도의 시작이라는 성인의 말씀이 있습니다. 이는 몸을 함부로 하지 말라는 의미로 많이 알고 있지만 좀 다른 의미도 있습니다. 고대에 죄를 지으면 형벌로 신체의 일부를 자르는 경우가 있었습니다. 코를 베고 귀를 자르기도 하였고, 얼굴에 문신을 새기는 일도 있었습니다. 이것이 신체를 훼손하는 행위에 해당하는 것이지요. 그래서 부모로부터 받은 몸을 상하지 않게 하라는 것은 죄를 짓지 말라는 의미도 내포되어 있습니다.

어찌 되었건 자식 된 도리로 부모를 봉양하는 것은 당연한 것이겠지요.

효자 향덕비
향덕의 효행을 기리는 비가 신, 구 2기의 비와 주추(기둥 밑에 괴는 돌) 2매가 남아 있다. 유형문화재 제99호이다. 충청남도 공주시 소학동 소재

08 역신 창조리와 연개소문

 오래된 유머 중에 다음과 같은 이야기가 있습니다.

"당신 삼강오륜이 무엇인지 알아?"

"그런 케케묵은 것은 알아서 뭘 하나. 밥 잘 먹고 등 따시면 되지!"

"이런 무식한 놈 같으니라고. 사람이 밥만 먹고 살 수 있냐!"

"그럼 넌 삼강오륜이 무엇인지 아냐?"

"당연하지. 잘 들어봐. 삼강이란 한강, 낙동강, 영산강이고 오륜이란 자동차 바퀴가 네 개에 스페어타이어 한 개를 합쳐서 다섯 개니까 오륜이란 말씀이야. 알겠냐?"

● 삼강오륜三綱五倫
유교의 도덕에서 기본이 되는 세 가지의 규범과 지켜야 할 다섯 가지의 도리를 이르는 말이다.

유머로 삼강오륜*을 삼강오륜三江五輪으로 해석한 우스갯소리입니다. 지금 생각하면 하나도 우습지 않습니다. 왜냐하면 말이라고 하는 것이 당시 시대의 분위기를 빼면 생동감이 살아나지 않으니 옛날 옛적의 유머가 지금도 통하진 않겠지요.

유머로써 삼강오륜을 들먹인 이유는 《삼국사기》 권49가 역신逆 臣에 관한 기록이기 때문입니다. 역신이란 충신忠臣에 반대되는 말로 임금에게 반역한 신하라는 뜻이며, 신하로서는 하지 말아야할 옳지 못한 행위를 한 사람을 가리킵니다. 《삼국사기》〈열전〉의 역신에 관한 기록은 창조리와 연개소문 그리고 연개소문의 아들들에 대한 이야기가 기록되어 있습니다. 먼저 창조리전입니다.

창조리는 고구려 사람으로 봉상왕 때 국상國相의 자리에 올랐습니다. 이때, 중국의 모용외가 자주 변경에 나타나니 이는 왕의 걱정거리였습니다. 창조리가 모용외를 물리칠 대안을 제시하였고 왕이 그대로 따르니, 모용외가 다시 침범하는 일이 없게 되었습니다. 그러나 고구려를 위협하는 모용씨의 세력을 막아내자, 봉상왕은 백성들을 동원하여 토목 공사를 벌였습니다. 그로 인해 백성들의 삶은 갈수록 궁핍해졌으며, 부역에 시달려 유망하는 이들도 많아졌습니다. 이에 창조리가 왕에게 간언합니다.

"하늘의 재앙이 거듭 닥치고 흉년이 들어 백성이 살 길을 잃어 젊은이들은 사방으로 흩어져 떠나고 어린이와 늙은이는 구렁텅이에 뒹구니 지금은 실로 하늘을 두려워하고 백성을 걱정하여 두려운 마음으로 반성할 때입니다. 대왕께서 일찍이 이를 생각하지 않고 굶주린 백성을 몰아 토목 공사에 시달리게 하니 백성의 부모라는 뜻에 매우 어긋납니다. 하물며, 이웃에는 강

● 49권의 구성
전49권은 창조리倉助利, 개소문蓋蘇文으로 구성되어 있다.

● 모용외慕容廆(1269~333)
모용씨는 중국 유목 민족의 하나인 선비족의 일파로 위진남북조 시대에 전연, 후연, 서연, 남연 등을 세웠다. 모용외는 모용씨 최초의 국가인 전연을 세운 인물이다.

● 북부의 대령 고노자가 어질고 용감하다고 추천하여 침략의 길목인 신성의 태수를 맡기자고 건의하였다.

● 유망流亡
일정한 거처가 없이 떠돌아 다님을 뜻한다.

한 적이 있어 우리의 피폐함을 틈타 쳐들어온다면 국가와 백성을 어떻게 하려고 합니까? 원컨대 대왕께서는 깊이 헤아리십시오!"

왕이 성을 내면서 말하였다.

"임금이란 백성이 우러러 바라보는 자리인데, 궁궐이 웅장하고 화려하지 않으면 무엇으로 위엄의 중함을 보여 주겠는가? 지금 상국*이 아마 과인을 비방하여 백성의 칭송을 구하고자 하는 것이다."

(창)조리가 말하였다.

* 상국相國
영의정, 좌의정, 우의정을 통틀어 이르는 말이다.

"임금이 백성을 불쌍히 여기지 않는다면 이는 어진 것이 아니며, 신하가 임금에게 간하지 않는다면 이는 충성이 아닙니다. 신이 이미 국상의 자리를 이어 받았으니 감히 말을 아니 할 수 없을 뿐이지 어찌 감히 칭찬을 구하겠습니까?"

왕이 웃으면서 말하기를 "국상은 백성을 위하여 죽고자 합니까? 바라건대 다시는 말을 하지 마시오!" 하였다.

(상)조리가 왕이 잘못을 뉘우치지 않을 것을 알고 물러나 여러 신하들과 폐위할 것을 모의하니 왕이 면할 수 없음을 알고는 스스로 목매어 죽었다."

– 창조리전 –

* 오륜
오륜은 군신유의君臣有義, 부부유별夫婦有別, 부자유친父子有親, 붕우유신朋友有信, 장유유서長幼有序로 군신, 부부, 부자, 붕우(친구), 장유(노인과 젊은이) 사이에서 서로 갖추어야 할 것을 말하고 있다.

국가의 업무를 총괄하는 국상이 충심으로 간언하였으나, 왕은 이를 듣지 않았습니다. 여기에서 한 가지 생각해 볼 수 있습니다. 개인적 욕망을 위해 신하가 왕의 교체를 꾀한다면 그것을 명백한 반역입니다. 하지만 왕답지 않은 왕을 갈아 치우는 것을 과연 역신이라고 할 수 있을까요? 반역의 이유가 왕에게 있었을까요, 아니면 창조리에게 있었을까요?

이 관계를 밝혀 주는 것이 삼강오륜 중에서 삼강입니다. 삼강에서 강綱은 '벼리 강'이라고 합니다. '벼리'는 '그물의 위쪽 코를 꿰어 놓은 줄로써 잡아당겨 그물을 오므렸다 폈다 한다.'라는 본래의 의미에서 출발하여 '일이나 글의 뼈대가 되는 줄거리' 혹은 '기준이 되는 것', '본보기가 되는 것'이라는 의미입니다. 그러니까 삼강은 '본보기가 되는 세 가지'로써 삼강은 군위신강君爲臣綱, 부위부강夫爲婦綱, 부위자강父爲子綱입니다. 이는 임금은 신하의 본보기가 되어야 하며(군위신강), 남편은 아내의 본보기가 되어야 하며(부위부강), 아버지는 아들의 본보기가 되어야 한다(부위자강)는 뜻입니다.

그렇다면 본보기가 된다는 것은 무엇일까요? 매우 어려운 질문입니다만 거꾸로 생각해서 본보기가 되지 못하면 어떻게 될까요? 당연히 그 자리에서 물러나야 합니다. 맹자는 왕답지 못한 왕은 한낱 거리에 널린 사내인 필부匹夫라고 하였습니다. 필부(평범한 남자)에게 국가의 전권全權을 맡긴다면 그 백성들이 편안할리 없을 것입니다. 그렇다면 우리는 삼강을 무너뜨린 원인을 신臣·부婦·자子가 아닌 군君·부夫·부父에서 찾아야 마땅하다고 생각할 수 있습니다. 삼강을 지키기 위해서는 자신의 부족함을 자각하고, 고치려고 노력하면서 어떤 것이 본보기가 될 수 있는가를 생각하고 그에 준한 행동을 해야 할 것입니다. 그만큼 '~답다'라는 것은 어려운 것입니다. 〈창조리전〉에서도 왕에게 반기를 들었기 때문에 창조리가 역신이라는 평가보다는 왕답지 못했던 봉상왕이 반역을 자초했다고 평가하는 것이 좀더 객관적이라고 생각되지 않으십니까?

경명충렬敬命忠烈
임진왜란 때 용감히 나라를 지킨 고경명의 충성심을 담아낸 그림이다. 삼강 중에 임금과 신하 간에 마땅히 지켜야 할 도리라는 뜻의 군위신강에 포함된다. 고경명은 조선 시대의 문인 겸 의병장(1533~1592)이다. 1592년 임진왜란이 일어나자 의병을 이끌고 금산에서 왜군과 싸우다 전사하였다.

이어서 〈연개소문전〉에 기록된 연개소문의 아들들인 남생, 남건, 남산과 남생의 아들인 헌성에 대한 이야기를 살펴봅시다. 연개소문과 그의 아들들 그리고 손자인 헌성의 경우는 창조리의 경우와는 좀 다른 면이 있습니다.

"아들 남생은 자가 원덕이었다. 아홉 살 때에 아버지의 직임으로 인하여 선인*이 되었고 중리소형*으로 옮겼는데 이는 당나라 알자와 같은 관직이다. 또 중리대형이 되어 국정을 맡았다. 무릇 모든 사령*을 남생이 맡았다. 중리위두대형에 승진하여 오래 있다가 막리지가 되었고 삼군대장군을 겸하여 대막리지라는 관직이 더하여졌다. (지방의) 여러 부部를 살피러 가자 동생 남건, 남산이 나라 일을 맡았는데 어느 사람이 말하기를 "남생은 그대들이 자기를 핍박하는 것을 미워하여 장차 제거하려 합니다."라고 하니, 남건과 남산이 믿지 않았다. 또 남생에게 말하기를 "장차 그대를 받아들이려 하지 않는다."라고 하니 남생이 첩자를 보내었다가 남건이 이를 체포하게 되었다. 곧 왕명을 거짓으로 만들어 부르니 남생이 두려워하여 감히 들어오지 않았다. 남건이 형의 아들 헌충을 살해하니 남생은 달아나 국내성에 가서 의지하였다가, 그 무리와 거란 말갈 병을 이끌고 당나라에 붙었다. 조칙詔勅을 받고 군대로 돌아가 이적과 함께 평양을 공격하여 들어가 왕을 사로잡았다. 황제가 명하여 그 아들을 요수에 보내 위로하고 선물을 내렸으며, 돌아옴에 우위대장군 변국공으로 승진시켰다. 나이 46세에 죽었다.
남생은 인물됨이 순진하고 후덕하였으며 예의가 있었다. 아뢰고 대담함에 민첩하고 말을 잘하였으며, 활을 잘 쏘았다. 그가 처음 당나라에 이르러 머리를 자를 도끼와 허리를 자를 형틀에 엎드려 처벌을 기다렸다. 세상에서

고구려와 당나라의 전쟁
고당 전쟁은 645년에서 668년까지 산발적이었으나, 격렬하게 벌어졌던 전쟁이다. 위의 그림은 고구려의 연개소문과 당나라의 이세민이 대적하고 있는 중국 그림이다.

● 선인先人
고구려 때의 십사 관등 가운데 맨 아래 등급이다.

● 중리소형中裏小兄
고구려 말기에 둔 십사 관등 가운데 제11위인 품계이다.

● 사령辭令
임명, 해임 따위의 인사에 관한 명령을 말한다.

● 《신당서》 권110 〈천남생전〉의 기사를 거의 그대로 옮겨 적은 것이다.

이를 칭찬하였다.

－ 연개소문전 －

　연개소문이 죽자 장기간의 전쟁에 지친 고구려의 귀족들은 집권한 남생 형제를 이간질시켜 중앙 권력의 약화를 가져오게 하였습니다. 이로 인해 아들 헌충마저 살해되고 궁지에 몰린 남생은 당나라에 투항하여 고구려를 멸망시키는 데 앞장서게 됩니다. 그가 당나라에 항복할 때 형틀을 가지고 죄를 청하는 모습이 기록되어 있습니다. 그것을 사람들이 칭찬하였다고 했는데 무엇을 칭찬한 것인지 언뜻 보기에는 알 수 없습니다. 진짜로 죽고 싶었던 것인지 아니면 살려주면 목숨을 다해서 충성을 바치겠다는 것인지 잘 모르겠습니다만, 아마 후자인 것으로 생각됩니다. 죽고 싶었으면 동생들 손에 죽었겠지요. 이러한 남건의 태도는 비판받아 마땅한 것입니다. 한편 둘째 남건은 당나라에 끝까지 저항하다가 당군에 사로잡혀 중국 땅에 유배되었습니다. 셋째 남산은 보장왕과 함께 당나라에 항복하여 우울하게 남은 일생을 보냈습니다. 이제 남생의 아들인 헌성에 대한 기록을 보도록 합시다.

　헌성은 천수 연간에 우위대장군으로 우림위_대장군大將軍을 겸하였고 (측천)무후가 일찍이 황금 상을 내어 문무관 가운데 활 잘 쏘는 사람 다섯 명을 선발하여 맞추는 사람에게 주게 하였는데, 내사 장광보가 먼저 헌성에게 제 1등을 양보하였고, 헌성은 후에 우왕검위대장군 설토마지에게 양보하자 설토마지는 또 헌성에게 양보하였다. 조금 있다가 헌성이 아뢰기를 "폐하가 활 잘 쏘는 사람을 택하였으나 이에는 중국 사람이 아넌 사람이 많이 뽑혔

● 헌성에 대한 기록은 《신당서》 권110에 기록된 것을 그대로 옮긴 것이다.

● 내준신來俊臣(651~697)
《신당서》 권209 〈혹리전〉에 기
록된 인물이다. 당나라 측천무
후 때의 관리로 성격이 잔인하
고 말 뒤집기로 유명하다. 죄
상을 잘 꾸미고 코에 물 붓기,
굶기기 등 혹독한 고문법을 사
용하여 거짓 자백을 받는 등
잔인한 관리의 전형이다.

으니 중국 관리들이 활쏘기를 수치로 여길까 두려우니 이를 파하는 것이
좋겠습니다." 하니 무후가 이를 흔쾌히 받아들였다. 내준신이 일찍이 뇌
물을 구하자 헌성이 대답을 하지 않았는데, 이에 반역을 모의한다고 거짓
으로 모략하여 죽이는 처형을 당하였다. 무후가 후에 그 원통함을 알고는
우우림위대장군으로 추증하고 예로서 다시 장사지내게 하였다.

— 연개소문전 —

헌성은 숙부들이 아버지의 대권을 빼앗은 정변을 일으켰을 당시
16세였습니다. 아버지가 당나라에 투항할 때에 아버지의 명에 따
라 당나라에 가서 구원을 청하였고, 당나라는 헌성을 국내성으로
보내어 고구려 공격에 참여하게 하였습니다. 인용문에서 활쏘기의
내용을 보면 헌성은 부귀영화를 누렸다기보다는 당나라 관리들에
게 시기와 질투를 받지 않기 위하여 매우 조심스럽게 행동하였다는
것을 알 수 있습니다. 아마 다른나라 사람으로 자신의 위치와 목숨
이 불안했기 때문일 것입니다. 결국은 내준신의 계략에 말려 죽임
을 당하였지요. 허나, 적극적으로 구명하지 않고 죽었다는 것은 망
국의 한에 대한 일말의 양심이 있어서였을까요? 김부식은 이런 연
개소문의 아들들과 손자를 어떻게 바라보았을까요?

● 왕개보王介甫
북송 시대 신법을 주창하면서 개
혁을 주장한 왕안석王安石을 말
한다.

● 재사才士
재주가 많은 남자를 이르는 말
이다.

송나라 신종이 왕개보와 일을 논할 때 말하기를 "태종이 고구려를 쳐서
어찌하여 이기지 못하였는가?" 하니, 개보가 말하기를 "개소문은 비상한
사람이었다."라고 하였은 즉 소문은 또한 재사였음이 틀림없다. 그런데
곧은 도리로써 나라를 받들지 못하고 잔인함과 포악함을 마음대로 하여 큰

역적에 이르렀다. 《춘추》에 이르기를 '임금이 시해됨에 그 반역자를 토벌하지 않으면 그 나라에는 사람이 없다.'고 하였으니 소문이 몸을 보존하여 집에서 죽은 것은 요행히 토벌됨을 면한 것이다. 남생과 헌성은 비록 당나라 왕실에 이름이 났지만 본국의 견지에서 말한다면 반역자임을 면할 수 없다."

– 연개소문전 –

김부식은 왕안석을 빗대어 자신의 의견을 말하고 있습니다. 연개소문은 비상한 사람이었습니다. 하지만 그는 왕을 잔인하게 시해했기 때문에 역신이라는 논리이지요. 김부식은 왕을 시해하고 당나라에 대하여 공손하지 않았기 때문에 문제가 된 측면만 강조하고 있는 것입니다. 왕의 행실에 대해서는 말하지 않았습니다. 아니 말하지 못했을 것입니다. 왕조 시대에 왕을 시해한 것을 정당화시킨다면 왕위의 불안정과 또한 왕이 있기에 존재의 가치가 인정되는 신하의 입장에서도 바람직한 일이 될 수 없었을 것입니다. 또한 김부식은 '이자겸의 난'을 겪었습니다. '이자겸의 난'은 왕의 외조부이자 장인이며 인종이 왕위에 오르는데 결정적 역할을 한 이자겸이 인종을 시해하려고 한 사건이었지요. 다시는 그러한 일이 있으면 안 되기에 김부식은 역신의 〈열전〉을 두어 그것을 경계한 것입니다.

아무리 위대한 인물이라도…

왕을 시해하면 역신일세.

09 역사의 패배자 견훤과 궁예

　　　김부식은 창조리와 연개소문이 비록 왕을 시해하였다고는 하나, 새로운 나라를 세우지는 않았다고 해서 역신이라고 했습니다. 하지만 궁예와 견훤은 신라에서 나와 스스로 나라를 세웠다고 해서 반신叛臣이라고 했습니다.

　먼저 그들이 살았던 신라 하대가 어떤 시대였는지 살펴보도록 합시다. 신라 하대는 혜공왕°이 피살당한 780년부터 신라가 멸망하는 935년까지 150여 년의 시간을 말합니다. 이 시기는 골품제의 모순에서 시작되었습니다. 골품제도에서는 최고 위치에 차지한 진골 귀족들이 모든 특권을 독차지하고 있었습니다. 왕위계승은 물론이거니와 모든 부서의 최고 책임자는 진골 출신이 아니면 안 되었습니다. 이런 진골들이 삼국 통일의 과정에서 6두품들의 도움을 받아 서로 단결하며 자신의 몸을 던져 외부의 적을 제거하는데 성공을

• 혜공왕(재위 765~780)
신라의 제36대 왕으로 성은 김이고, 이름은 건운이다. 재위 중 천재지변이 자주 일어나 민심이 흉흉하였으나 사치와 방탕을 일삼고 국사를 돌보지 않다가, 780년에 김지정의 난으로 살해되었다.

거두었습니다. 화랑 관창을 비롯한 〈열전〉에 나오는 많은 인물들이 여기에 속한다고 할 수 있지요. 그러나 삼국 통일 이후에는 그들의 관계가 달라지기 시작했습니다. 왕은 자신의 권력을 강화하기 위하여 다른 진골들을 숙청하였고,(신문왕 때 김흠돌 모역사건*이 대표적이다) 삼국 통일의 한 축이었던 김유신 세력마저도 멀리합니다. 하물며 6두품 이하의 세력들은 말할 것도 없었겠지요. 이러한 내부의 모순은 진골 내에서도 권력 투쟁으로 전개되었습니다. 이것은 우리가 본기에서 보았던 내용들입니다. 흔히 왕위 쟁탈전이라고들 하지요. 왕위 쟁탈전은 왕권을 급속히 약화시켜나갔고 이는 중앙정부의 지방 통제력 약화로 이어지게 되었습니다. 당시의 상황이 다음과 같이 기록되어 있습니다.

> "당나라 소종 경복 원년(892) 즉 신라 진성왕 재위 6년에 왕의 총애를 받던 아이들이 (왕의) 옆에 있으면서 정권을 마음대로 휘둘러 기강이 문란하고 해이하여졌고, 그 위에 기근*까지 겹쳐 백성이 떠돌아다니고 뭇 도적이 벌 때처럼 일어났다.
> ― 견훤전 ―

이 상황에서 지방에서는 반독립적인 세력이 등장하였는데 이들을 '호족*'이라고 하였습니다. 궁예와 견훤도 호족* 출신입니다.

> "경복 원년 임자년(진성왕 6년, 892)에 북원(현재의 강원도 원주시)의 도적 양길*에게 의탁하니 양길이 잘 대우하여 일을 맡기고 드디어 병사를 나누어 주어 동쪽으로 땅을 점령하도록 하였다.
> ― 궁예전 ―

* 김흠돌金欽突 의 난
신라 신문왕 때(681) 소판 김흠돌 등이 모반을 꾀하다가 발각되어 처형된 사건이다.

* 기근飢饉
흉년으로 먹을 양식이 모자라 굶주리는 것을 말한다.

* 호족豪族
호족은 신라 말기에 등장한 새로운 사회세력이다. 지방에서 세력을 키운 몰락한 중앙귀족과 무역에 종사하며 재력과 무력을 모은 세력, 군진세력, 지방 토착의 촌주村主 출신 등이었다. 이들은 근거지에 성을 쌓고 군대를 보유하여 스스로 성주 혹은 장군이라 일컬으며, 그 지방의 행정권과 군사권을 장악하고 경제적 지배력도 행사하였다.

* 양길梁吉
통일신라 말기의 반란자이다. 북원北原에서 반란을 일으켜 궁예와 함께 그 판도를 넓혔으나, 궁예의 세력이 커지자 그를 없애려다 도리어 역습을 당하였다.

견훤은 은근히 왕위를 엿보는 마음을 가져 무리를 불러 모아 왕경의 서남쪽 주·현州縣을 치자 이르는 곳마다 메아리처럼 호응하였다. 한 달 사이에 무리가 5천 명에 이르자 드디어 무진주(현재의 광주광역시)를 습격하여 스스로 왕이 되었으나 아직 감히 공공연히 왕을 칭하지 못하고, 신라 서면도 통지휘병마제치지절 도독전·무·공등주군사 행전주자사 겸 어사중승 상주국 한남군개국공 식읍이천호라고 스스로 칭하였다.

- 견훤전 -

궁예와 견훤은 이런 분위기에서 성장하였고 궁예는 북쪽 지역을, 견훤은 남쪽 지역으로 영역을 넓히기 시작하였습니다. 궁예는 원주를 중심으로 현재의 영월, 평창, 울진 지역을 흡수하였고, 태백산맥을 넘어 강릉 지역을 장악했습니다. 그리고는 다시 태백산맥을 넘어 인제, 화천, 철원 등 강원도 북부 지역을 장악하고 황해도와 경기도 북부 일대까지 손에 넣고 송악(지금의 개성)을 근거지로 정했습니다. 뒤이어 경기도 남부와 충청도 북부 지역까지 장악하게 되었습니다. 견훤은 무진주를 중심으로 완산주(지금의 전주)까지 점령했습니다.

그리고 견훤과 궁예는 마침내 스스로 왕이 되었습니다.

"내가 삼국始初의 시초를 살펴보니, 마한 이 먼저 일어나고 후에 혁거세가 발흥發興하였으므로 진한 과 변한 이 따라서 일어났다. 이에 백제가 금마산에서 개국하여 600여 년이 되어 총장 연간에 당나라 고종이 신라의 요청을 들어 장군 소정방을 보내 배에 군사 13만을 싣고 바다를 건너왔고, 신라의 김유신이 잃은 영토를 다시 찾기 위해 황산을 지나 사비에 이르러 당나라 군과 합세하여 백제를 쳐 멸망시켰다. 내 이제 감히 완산에 도읍하여 의자왕의 묵은 분함을 씻지 않겠는가?"

드디어 후백제 왕을 자칭하고 관직을 마련하니 이때는 당나라 광화 3년(900)이고, 신라 효공왕 4년이었다.

- 견훤전 -

신라 효공왕 5년(901)에 선종˚ 궁예은 스스로 왕이라 칭하고 사람들에게 말하기를 "지난날에 신라는 당나라에 군사를 청하여 고구려를 격파하였으므로 옛날의 평양 구도(예전의 도읍을 뜻한다)는 사냥터가 되어 초목이 우거지게 되었으니 내 반드시 그 원수를 갚을 것이다."라고 하였는데…… 천우 원년 갑자(904)에 나라를 세워 국호를 마진˚이라 하고 연호를 무태라 하였다.

- 궁예전 -

왕이 된 이후 궁예는 변하기 시작하였던 것 같습니다. 그에 대한 기록이 매우 부정적인 내용으로 바뀌어 갑니다.

"천우 2년 을축(905)에 새 서울에 들어가 대궐과 누대樓臺, 높은 건물를 수리하였는데 극히 사치롭게 하였다

선종이 미륵불˚을 자칭하고 머리에 금관을 쓰고 몸에 가사방포方袍를 입었다. 큰아들을 청광보살, 막내아들을 신광보살로 삼아 외출할 때에는 항상 흰말을 탔는데 말갈기와 꼬리를 고운 비단으

● 선종善宗
궁예의 어렸을 적 이름이다. 후에 이름이 궁예라 칭하였음에도 《삼국사기》에는 주로 선종이라 하였는데, 그것은 그가 '신라의 반역자'라는 뜻으로 폄하하기 위한 춘추필법의 적용이다.

● 마진摩震
궁예가 처음 나라를 세운 것은 901년인 것으로 생각되며 처음의 명칭은 후고구려 또는 고려라고 했을 것으로 추정된다. 《삼국유사》 왕력편에서는 901년 고려라 칭하고, 904년 마진이라고 고쳤다고 기록되어 있다.

궁예 미륵
궁예는 민간에서는 신앙의 대상이 되기도 했다. 미륵에게 소원을 빌고 자비를 구하려는 신도들의 발길이 끊이지 않았다. 경기도 안성 소재

로 장식하였으며 소년 소녀로 하여금 깃발, 일산과 향기 나는 꽃을 들고 앞
에서 인도하게 하였고 비구 승려 200여명을 시켜 범패를 부르며 뒤를 따
르게 하였다.

"정명 원년(915)에 부인 강씨가 왕이 옳지 않은 법을 많이 행하자 정색으로
간하니 왕이 미워하여 말하기를 "네가 다른 사람과 간통하고 있다니 어찌
된 일인가?" 하였다. "어찌 이런 일이 있겠습니까?"라고 강씨가 말하니 왕
이 말하기를 "나는 신통력으로 보아 안다." 하고는 뜨거운 불에 쇠절구공이
를 다려서 그 음부를 쳐 죽였다. 그 두 아들에 대하여서도 이후 더욱 의심을
많이 하고, 성을 급하게 내니 모든 관료, 장수, 아전들 및 아래로 백성에 이
르기까지 죄 없이 죽임을 당하는 경우가 자주 있었고, 부양, 철원 사람들은
그 해독害毒을 견딜 수가 없었다."

– 궁예전 –

이러한 변화들은 정말로 궁예의 성격에 문제가 있었던 것이었을
까요? 아니면 당시의 상황 속에서 파악해야 하는 것일까요? 그 해
결의 실마리를 《고려사》에서 찾을 수 있습니다.

공직이 (아들)직달에게 말하기를 "오늘날 이 나라를 보니 사치하고 무도하
여 내가 비록 심복으로 있었지만 다시 이곳에 오지 않겠다. 듣건대 왕공(왕
건)은 문文으로 백성을 안정시키고 무武로 포악함을 금하므로 사방에서 왕건
의 위엄을 무서워하지 않는 자가 없으며, 왕건의 덕을 따르지 않는 자가 없다
하니 나는 왕공에게 귀부歸附하고자 한다. 너의 뜻은 어떠하냐?"하였다. 직달
이 말하기를 "볼모로 여기에 온 이래 그들의 풍속을 보니 부강함만 믿고 서로
다투어 교만하고 내세우기만 힘쓰니 어찌 나라를 유지할 수 있겠습니까? 지

금 아버님께서 명주明主에게 귀순하여 폐읍을 보존하고 편안하게 하고자 하시니 당연한 일입니다. 저는 마땅히 아우·여동생과 함께 틈을 타서 돌아가겠습니다. 만약 돌아가지 못한다 하더라도 아버님이 현명하신 조처로 자손에게 경사가 흐르면 저는 비록 죽어도 한이 없으니 아버님은 염려하지 마십시오." 하였다.

- 《고려사》 권92 〈열전〉 공직 -

위 사료의 내용은 견훤 밑에 있었던 공직이 왕건에게 귀순하겠다는 것입니다. 어찌 이러한 일이 있을 수 있었을까요? 왕을 배신하는 것은 반역인데 말입니다. 앞에서 이야기했듯이 신라 말은 호족의 시대였다고 할 수 있습니다. 호족의 성격은 반 독립적이라고 하였지요. 쉽게 말하면 자기 지역에 대하여 간섭을 받기 싫어 한다는 것입니다. 이런 성격의 호족들은 서로 견제하거나 의지하면서 세력을 유지하고 있었습니다. 세력을 유지하기 위하여 호족들 간에도 위계질서가 생겨나기 시작하였는데, 이 관계를 임협任俠관계라고 합니다. 작은 세력은 큰 세력에게 의탁을 하는 대신 자기 지역에 대한 지배권을 인정받습니다. 큰 세력은 작은 세력의 독립성을 인정해주는 대신 군사와 물자를 조달받게 되는 것입니다. 그리고 이들은 의형제 관계를 맺고 혼인을 통하여 단결력을 강화시켜 나갔습니다. 만일 이 관계에 문제가 생기면 명분을 내걸고 의형제 관계를 파기하고 다른 호족과 관계를 맺으면 되었습니다. 그러므로 공직도 같은 상황이었을 것입니다.

임협 관계가 확대되면서 생겨난 것이 후고구려·후백제·고려입니다. 이들의 승패는 호족들을 얼마나 잘 통합할 수 있느냐에 달려

견훤 묘
이것이 견훤의 묘라는 정확한
근거는 없으며, 다만 오랫동안
그렇게 전해 오고 있다. 견훤
이 완산을 그리워해 완산이 바
라보이는 이곳에 묻었다고 한
다. 충남 논산에 위치

있었는데 궁예가 먼저 실패하였고, 그
후 견훤도 실패하였고 임협 관계를 잘 유
지한 왕건만이 최종 승자가 되어 삼국을
통일할 수 있었습니다.

왜 그랬을까요? 왕은 속성상 절대적
권력을 갖기를 원합니다. 즉 각 지역 세
력의 독립성을 없애고 중앙집권을 시도
한다는 것입니다. 궁예와 견훤, 특히 궁예는 이를 너무 서둘러 실행
했다고 생각됩니다. 당시의 상황을 고려하지 않고 급격히 중앙집권
을 시도하다 보니 호족들의 반발이 있었고 그로 인해서 제거된 것
입니다. 한편 견훤도 공직의 예에서 알 수 있듯이 중앙집권적인 속
성을 보였을 것으로 추측됩니다. 여기에 권력 내부의 분열이 몰락
의 결정적 역할을 하게 되었던 것입니다. 그러나 왕건은 당시 상황
을 꿰뚫어 보았고 호족들의 자치권을 인정하는 방향에서 호족들을
통합하여 최후의 승자가 될 수 있었습니다. 그런데 이런 상황을
《삼국사기》나 《고려사》에서는 궁예와 견훤의 개인적인 문제로 치
부하고 있습니다.

> 신라는 운수가 다하고 도를 잃어 하늘이 돕는 바가 없고 백성이 돌아갈 바
> 가 없었다. 이에 뭇 도적이 틈을 타서 일어나기를 마치 고슴도치 털 같았다.
> 그 중에 심한 자가 궁예와 견훤 두 사람이었다. 궁예는 본디 신라의 왕자로
> 서 도리어 종국을 원수로 삼아 섬멸하고자 하여 선조의 화상을 칼로 베기
> 까지 하였으니 그 어질지 못함이 심하였다. 견훤은 신라의 백성 출신으로

금산사金山寺
왕위 계승 문제로 맏아들 신검
이 견훤을 금산사에 유폐했으
나, 탈출하여 왕건에게 투항하
였다. 왕건은 견훤에게 상보 칭
호와 양주(지금의 경기도 양주
시)를 식읍으로 주었다.

서 신라의 관록을 먹으면서 반역의 마음을 품어˚ 나라의 위태로움을 다행
으로 여겨 수도를 쳐들어가 임금과 신하를 도륙하기를 마치 새잡듯, 풀 베
듯 하였으니 실로 천하에서 가장 흉악한 자˚ 이었다. 그러므로 궁예는 자기
의 신하에게 버림을 받았고, 견훤은 자기 자식에게서 재앙을 받았으니 이
는 스스로 취한 것이니 누구를 탓하리오? 비록 항우˚와 이밀˚의 뛰어난 재
주를 가지고도 한나라와 당나라의 일어남을 대적할 수 없었는데, 하물며
궁예와 견훤의 흉악한 사람이 어찌 우리 태조와 서로 겨룰 수 있겠는가?
(이들은) 단지 (태조에게) 백성을 몰아다 주는 일을 한 사람들_구민자驅民者이
었다.

– 견훤전 –

˚ **포장화심包藏禍心**
흉계를 품고 감춘 자라는 뜻으
로 《춘추좌씨전》 소공 원년조
에 나오는 말이다.

˚ **원악대대元惡大憝**
악인 중의 우두머리란 의미로
《서경》〈강고〉편에 나오는 말
이다.

˚ **항우項羽(서기전 232~서
기전 202)**
진나라 말기에 유방과 더불어
천하를 다투다가 유방에게 패
하여 자결한 인물로 뛰어난 체
력에서 오는 천하장사의 대명
사이다.

˚ **이밀李密(582~618)**
수나라 말기의 뛰어난 책략가
이다.

김부식의 글은 철저히 왕건, 즉 고려의 입장에서 썼다고 볼 수 있
습니다. 왜냐하면 역사는 승자의 기록이므로 패자는 아무 할 말이
없는 것이지요. 다만 그를 알아주는 후대 사람을 기다릴 뿐입니다.

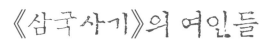
《삼국사기》의 여인들

삼국사기 열전에 부기된 인물 말고 열전에 자기 이름을 기록된 여인은 모두 2명입니다. '효녀 지은'과 '설씨녀'이지요. '도미'전은 도미의 아내에 관한 내용입니다. '효녀 지은'은 제목에서 알 수 있듯이 '효'에 관한 내용이고 '설씨녀'와 '도미'는 모두 정절에 관한 내용입니다. '도미'에 관한 이야기를 먼저 보도록 합시다.

"도미都彌는 백제 사람이다. 비록 호적에 편입編戶된 하찮은 백성이었지만 자못 의리를 알았다. 그의 아내는 아름답고 예뻤으며 또한 절조있는 행실을 하여 당시 사람들의 칭찬을 받았다. 개루왕蓋婁王이 그 아내를 끌어다가 강제로 음행을 하고자 하니, 부인이 곧바로 도망쳐 강어귀에 갔으나 건널 수가 없었다. 하늘을 부르며 통곡하니 문득 외로운 배가 물결을

도미부인상

따라 이르렀으므로 이를 타고 천성도泉城島에 다달아 남편을 만났는데 아직 죽지 않았었다. 풀뿌리를 캐 씹어 먹으며 함께 배를 타고 고구려의 산산山山 아래에 이르니 고구려 사람들이 불쌍히 여겼다. 옷과 음식을 구걸하며 구차히 살아 나그네로 일생을 마쳤다."

– 도미전 –

도미 이야기는 한성 백제의 마지막 임금인 개로왕 때의 상황이라고 생각됩니다. 왕

조 시대에는 백성들의 인권이라고 하는 것이 보장될 리가 없었던 시기이고, 왕의 명에 의하여 사랑하는 남편과 강제로 헤어질 수도 있었습니다. 왕은 멀쩡한 도미의 눈을 빼고 폐인으로 만들면서까지 자신의 욕심을 채우려 했습니다. 도미의 아내는 이에 필사적으로 저항을 하고 결국은 떠돌이로 생을 마칠 수밖에 없었습니다. 권력자 한 사람의 욕심이 평화롭게 살아가는 한 가족의 인생을 망친 결과를 가져온 것입니다. 이토록 권력이라고 하는 것은 무섭습니다. 이 무서운 권력이 객관적이지 못하고 마음대로 휘둘러질 때 그 피해는 고스란히 죄없이 평화롭게 사는 뭇 백성들이 감당해야 하는 몫입니다. 설薛씨녀 이야기는 6세기 말에서 7세기 초반 진평왕 시절 신라에서 일어난 일입니다.

> "설씨녀薛氏女는 [경주] 율리栗里의 평민 집의 여자였다. 진평왕 때 그 아버지는 나이가 많았으나 국방을 지키는 수자리 당번을 가야 하였는데 .... 사량부 소년 가실嘉實은 설씨에게 청하여 원컨대 이 몸으로 아버지의 일을 대신케 하여 주시오! " 이에 거울을 둘로 쪼개어 각각 한 쪽씩 갖고 "이는 신표로 삼는 것이니 후일 합쳐 봅시다! " 하였다. 가실은 어언 6년이 지나도록 돌아오지 못하였다. 그 아버지는 억지로 시집을 보내려고...설씨가 굳게 거절하여 몰래 도망을 치려 하였으나 뜻을 이루지 못하였다. 그때 마침 가실이 교대되어 왔다. 드디어 후일 서로 함께 결혼을 언약하여 해로하였다."
>
> – 설씨녀전 –

여자들에 관한 내용을 따로 뽑아 본다는 것은 여자를 특별히 생각하거나 차별적인 시각으로 보려는 것은 아닙니다. 사회적 약자의 시각에서 이들의 삶을 보고자 한 것입니다. 지금은 그렇지 않지만 과거에 여자는 평민의 남성이나 노비들도 사회적 약자에 속해 있었습니다. 사회적 약자는 열심히 살아도 삶이 나아지지 않았으며 전쟁이나 자연재해에 무방비로 노출되어 있었습니다. 특히 고대에는 전쟁이 부를 획득하는 방법으로 확대되면서 일반인들도 군사로 또는 인부人負로 전쟁에 동원되었습니다. 안정적인 삶이 깨져나가고 있었던 것입니다. 위정자의 개인적 욕심이 없었더라면, 전쟁이 없었더라면 도미와 그의 아내는 행복하게 살았을 것이고 설씨와 가실이가 맺어지지 않았을지 모르지만 각자 행복하게 살았을 것입니다.

🐎 신라 상대 : 1대 박혁거세~ 28대 진덕(여)왕

✽ 1대 혁거세 거서간 _ 61년 (서기 57~4)	13살에 왕위에 올라 나라 이름을 서라벌이라고 했다.
✽ 2대 남해 차자웅 _ 21년 (4~24)	박혁거세의 맏아들. 석탈해를 사위로 삼아 정사를 맡겼다.
✽ 3대 유리 이사금 _ 34년 (24~57)	남해 차차웅의 아들. 6부의 이름을 고치고 17관등을 설치하였다.
✽ 4대 탈해 이사금 _ 24년 (57~80)	김알지가 태어난 시림을 계림으로 고치로 이를 국호로 삼았다.
✽ 5대 파사 이사금 _ 33년 (80~112)	유리 이사금의 둘째 아들. 월성을 쌓고 여러 나라를 병합해서 국위를 떨쳤다.
✽ 6대 지마 이사금 _ 23년 (112~134)	파사 이사금의 맏아들. 백제의 협조로 말갈을 물리쳤다.
✽ 7대 일성 이사금 _ 21년 (134~154)	유리 이사금의 장자. 경지를 개간하고 백성의 사치를 금했다.
✽ 8대 아달라 이사금 _ 31년 (154~184)	일성 이사금의 장자. 죽령을 개통하였다.
✽ 9대 벌휴 이사금 _ 13년 (184~196)	탈해 이사금의 손자. 군주의 이름이 시작되었다.
✽ 10대 나해 이사금 _ 35년 (196~230)	벌휴 이사금의 손자. 왕자 이음을 이벌찬으로 삼아 정사를 맡겼다.
✽ 11대 조분 이사금 _ 18년 (230~247)	벌휴 이사금의 손자. 석우로가 왜를 크게 물리쳤다.
✽ 12대 첨해 이사금 _ 15년 (247~261)	조분 이사금의 동생. 고구려와 화친하였다.
✽ 13대 미추 이사금 _ 23년 (262~284)	김씨 왕가의 시조이다. 금성에 화재로 민가 300여 채를 태웠다.
✽ 14대 유례 이사금 _ 15년 (284~298)	조분 이사금의 맏아들. 백제와 화친하였다.
✽ 15대 기림 이사금 _ 13년 (298~310)	조분 이사금의 손자. 왜국과 사신을 교환하였다.
✽ 16대 흘해 이사금 _ 47년 (310~356)	나해 이사금의 손자. 석우로의 아들. 왜국과 혼인관계를 맺었다.
✽ 17대 나물 이사금 _ 47년 (356~402)	미추 이사금의 조카. 실성을 고구려에 볼모로 보냈다.
✽ 18대 실성 이사금 _ 16년 (402~417)	이찬 대서지의 아들. 나물의 아들 미사흔을 왜에 볼모로 보냈다.
✽ 19대 눌지 마립간 _ 42년 (417~458)	나물 이사금의 아들. 소가 끄는 마차의 사용법을 가르쳤다.
✽ 20대 자비 마립간 _ 22년 (458~479)	눌지 마립간의 아들. 고구려를 막기 위해 삼년산성을 쌓았다.
✽ 21대 소지 마립간 _ 22년 (479~500)	자비 마립간의 맏아들. 각 지방에 우편국을 설치했다.
✽ 22대 지증 마립간 _ 15년 (500~514)	소지 마립간의 동생. 왕의 칭호를 사용하고 이사부로 하여금 우산국을 정벌하였다.
✽ 23대 법흥왕 _ 27년 (514~540)	지증왕의 아들. 율령을 반포하고 불교를 공인하였다. '건원' 이라는 연호를 사용하였다.
✽ 24대 진흥왕 _ 37년 (540~576)	법흥왕의 조카. '나라의 역사' 를 편찬하게 하였다. '개국', '홍제' 의 연호를 사용하였다.
✽ 25대 진지왕 _ 4년 (576~579)	진흥왕의 아들. 백제와 싸워 크게 이겼다.
✽ 26대 진평왕 _ 54년 (579~632)	진흥왕의 손자. 위화부, 선부, 영객부 등의 관청을 새로 설치하였다.
✽ 27대 선덕(여)왕 _ 16년 (632~647)	진평왕의 맏딸. 당과 적극적인 동맹을 추진하였다.
✽ 28대 진덕(여)왕 _ 6년 (647~654)	진평왕의 조카. 당의 연호를 사용하고 당의 관복을 입었다.

신라 중대 : 29대 무열왕 ~ 36대 혜공왕

✿ 29대 태종 무열왕 _ 8년 (654~661)	진평왕의 손자. 백제를 멸망시켰다.
✿ 30대 문무왕 _ 21년 (661~681)	문무왕의 아들. 고구려를 멸망시키고 나당 전쟁으로 삼국을 통일하였다.
✿ 31대 신문왕 _ 12년 (681~692)	문무왕의 아들. 김흠돌의 난을 진압하고 왕권을 강화시켰다.
✿ 32대 효소왕 _ 11년 (692~702)	신문왕의 맏아들. 서시와 남시의 두 시장을 설치하였다.
✿ 33대 성덕왕 _ 36년 (702~737)	효소왕의 동생. 발해가 당을 공격하자 발해를 공격함.
✿ 34대 효성왕 _ 6년 (737~742)	성덕왕의 아들. 당나라와 양호한 관계를 유지해 《도덕경》을 하사받았다.
✿ 35대 경덕왕 _ 24년 (742~765)	효성왕의 동생. 사정부라는 관리 감찰 기구를 설치하였다.
✿ 36대 혜공왕 _ 16년 (765~780)	경덕왕의 아들. 상대등 김양상과 이찬 경신의 반란으로 시해되었다.

신라 하대 : 37대 선덕왕 ~ 56대 경순왕

✿ 37대 선덕왕 _ 6년 (780~785)	나물왕의 10세손. 불교식으로 화장해달라는 유언을 남겼다.
✿ 38대 원성왕 _ 14년 (785~798)	나물왕의 12세손. 독서삼품과를 실시하였다.
✿ 39대 소성왕 _ 3년 (798~800)	원성왕의 손자. 2년 만에 죽자 왕위 쟁탈전이 벌어졌다.
✿ 40대 애장왕 _ 10년 (800~809)	소성왕의 아들. 가야산에 해인사를 창건하였다.
✿ 41대 헌덕왕 _ 18년 (809~826)	소성왕의 동생. 애장왕을 제거하고 왕위에 오름. 김헌창이 반란을 일으킴.
✿ 42대 흥덕왕 _ 11년 (826~836)	헌덕왕의 동생. 장보고가 청해진을 설치하였다.
✿ 43대 희강왕 _ 3년 (836~838)	원성왕의 증손자. 사촌 균정과 싸워서 왕위를 차지하였다.
✿ 44대 민애왕 _ 2년 (838~839)	원성왕의 증손자. 신무왕에게 시해되었다.
✿ 45대 신무왕 _ 1년 (839~839)	원성왕의 증손자.
✿ 46대 문성왕 _ 19년 (839~857)	신무왕의 태자. 염장이 장보고를 제거하였다.
✿ 47대 헌안왕 _ 5년 (857~861)	신무왕의 동생. 제방을 수리하고 농사를 장려하였다.
✿ 48대 경문왕 _ 15년 (861~875)	희강왕의 손자. 황룡사 9층탑을 수리하였다.
✿ 49대 헌강왕 _ 12년 (875~886)	경문왕의 아들. 최치원이 당에서 돌아왔다.
✿ 50대 정강왕 _ 2년 (886~887)	경문왕의 아들. 동생 만을 왕으로 세웠다.
✿ 51대 진성(여)왕 _ 11년 (887~897)	경문왕의 딸. 삼대목이라는 향가집을 편찬하였다. 원종과 애노의 난이 일어났다.
✿ 52대 효공왕 _ 16년 (897~912)	헌강왕의 아들. 궁예와 견훤에게 영토를 빼앗기고 후삼국 정립을 못 막았다.
✿ 53대 신덕왕 _ 6년 (912~917)	아달라 이사금의 자손. 견훤의 공격에 시달렸다.
✿ 54대 경명왕 _ 8년 (917~924)	신덕왕의 아들. 후백제가 압박함으로 고려에 구원을 청하였다.
✿ 55대 경애왕 _ 4년 (924~927)	신덕왕의 아들. 포석정에서 견훤의 침입을 받고 자살하였다.
✿ 56대 경순왕 _ 9년 (927~935)	문성왕의 후손. 왕건에 항복하고 왕건의 딸 낙랑공주와 결혼했다.

고구려 : 1대 동명성왕 ~ 28대 보장왕

대	왕	설명
1대	동명성왕 _ 19년 (서기37~19)	성은 고씨. 이름은 주몽. 21세에 고구려를 세웠다고 한다.
2대	유리왕 _ 38년 (서기19~18)	동명성왕의 아들. 황조가를 지었다.
3대	대무신왕 _ 27년 (18~44)	유리왕의 아들. 동명왕의 묘를 세웠으며 부여와 싸워 크게 이겼다.
4대	민중왕 _ 5년 (44~48)	대무신왕의 동생. 대승이 만여 명을 이끌고 한나라에 투항하였다.
5대	모본왕 _ 6년 (48~53)	대무신왕의 아들. 두로에 의해 시해되었다.
6대	태조대왕 _ 94년 (53~146)	유리왕의 손자. 한나라와 크게 대립하였고 동생에게 양위하였다.
7대	차대왕 _ 20년 (146~165)	태조대왕의 동생. 명립답부에 의해서 시해되었다.
8대	신대왕 _ 15년 (165~179)	태조대왕의 동생. 한나라와 좌원에서 싸워 크게 이겼다.
9대	고국천왕 _ 19년 (179~197)	신대왕의 아들. 평민 출신의 을파소乙巴素를 등용하고 국상國相에 임명했다.
10대	산상왕 _ 31년 (197~227)	신대왕의 아들. 고국천왕의 왕후 우씨의 도움으로 형인 발기를 물리치고 왕이 되었다.
11대	동천왕 _ 22년 (227~248)	산상왕의 아들. 위나라와 싸워 크게 패하였다. 평양성을 쌓고 종묘와 사직을 옮겼다.
12대	중천왕 _ 23년 (248~270)	동천왕의 아들. 동생 예물과 사구를 모반죄로 처형하였다.
13대	서천왕 _ 23년 (270~292)	중천왕의 아들. 동생 달가를 시켜 숙신을 크게 물리쳤다.
14대	봉상왕 _ 9년 (292~300)	서천왕의 아들. 재상 창조리에 왕위에서 밀려나 스스로 죽었다.
15대	미천왕 _ 32년 (300~331)	서천왕의 손자. 서안평을 점령하고 낙랑군을 크게 물리쳤다.
16대	고국원왕 _ 41년 (331~371)	미천왕의 아들. 평양성 전투에서 백제와 싸우다 전사하였다.
17대	소수림왕 _ 14년 (371~384)	고국원왕의 아들. 태학을 설립, 율령 반포, 불교를 수용하였다.
18대	고국양왕 _ 9년 (384~391)	고국원왕의 아들. 신라왕의 조카 실성을 인질로 삼았다.
19대	광개토왕 _ 21년 (391~412)	고국양왕의 아들. 후연과 말갈을 격파하고 백제, 신라, 가야에 영향력을 행사하였다.
20대	장수왕 _ 80년 (412~491)	광개토왕의 아들. 평양으로 천도하고 한성 백제를 멸망시켰다.
21대	문자명왕 _ 29년 (491~519)	장수왕의 손자. 부여가 항복하였다.
22대	안장왕 _ 13년 (519~531)	문자명왕의 아들. 북위와 양나라에 사신을 보냈다.
23대	안원왕 _ 15년 (531~545)	문자명왕의 아들. 동위와 양나라에 사신을 보냈다.
24대	양원왕 _ 15년 (545~559)	안원왕의 아들. 백제와 신라와의 싸움에서 밀렸다.
25대	평원왕 _ 32년 (559~590)	양원왕의 아들. 중국을 통일한 수와 친선관계를 유지하였다.
26대	영양왕 _ 29년 (590~618)	평원왕의 아들. 요서지방을 공격하였고 을지문덕이 살수에서 수나라를 물리쳤다.
27대	영류왕 _ 25년 (618~642)	평원왕의 아들. 천리장성을 쌓기 시작하였고 연개소문에 의해 시해되었다.
28대	보장왕 _ 27년 (642~668)	평원왕의 손자. 고구려 멸망 후 부흥을 도모하다가 사천성에 유배되었다.

백제 : 1대 온조왕~ 31대 의자왕

임금	내용
1대 온조왕_ 47년 (서기 18~28)	고구려 주몽의 아들. 하남 위례성에 도읍을 하고 국호를 십제로 하였다.
2대 다루왕_ 50년 (28~77)	온조왕의 아들. 처음으로 논을 만들게 하였다.
3대 기루왕_ 52년 (77~128)	다루왕의 아들. 신라 화친을 청하고 사신을 보내었다.
4대 개루왕_ 39년 (128~166)	기루왕의 아들. 북한산성을 쌓았다.
5대 초고왕_ 49년 (166~214)	개루왕의 아들. 신라와 계속 전투를 하였다.
6대 구수왕_ 21년 (214~234)	초고왕의 아들. 제방을 수축하고 농사를 권장하였다.
7대 사반왕_ 1년 (234~234)	구수왕의 아들. 삼촌인 고이에게 왕위를 빼앗겼다.
8대 고이왕_ 53년 (234~286)	구수왕의 동생. 6좌평제도와 16관등, 관복을 제정하였다.
9대 책계왕_ 13년 (286~298)	고이왕의 아들. 위례성을 보수하고 아차성과 사성을 수축하여 고구려에 대비하였다.
10대 분서왕_ 7년 (298~304)	책계왕의 아들. 낙랑을 공격하였다가 낙랑이 보낸 자객에게 시해되었다
11대 비류왕_ 41년 (304~344)	구수왕의 아들. 백성의 질병과 고통을 위문하고 돌보았다.
12대 계왕_ 3년 (344~346)	분서왕의 아들. 말 타고 활쏘기를 잘하였다.
13대 근초고왕_ 30년 (346~375)	비류왕의 아들. 고구려 고국원왕을 평양성에서 전사시켰다.
14대 근구수왕_ 10년 (375~384)	근초고왕의 아들. 고구려와 전쟁을 계속하였다.
15대 침류왕_ 2년 (384~385)	근구수왕의 아들. 동진의 마라난타가 와서 불법을 전하였다.
16대 진사왕_ 8년 (385~392)	근구수왕의 아들. 광개토왕의 침입을 받고 전사하였다.
17대 아신왕_ 14년 (392~405)	침류왕의 아들. 왜와 우호를 맺고 태자 전지를 볼모로 보냈다.
18대 전지왕_ 16년 (405~420)	아신왕의 아들. 왕권을 뒷받침하기 위해 상좌평을 설치했다.
19대 구이신왕_ 8년 (420~427)	전지왕의 아들.
20대 비유왕_ 29년 (427~455)	전지왕의 아들. 신라와 화친을 청하고 사신을 교환하였다.
21대 개로왕_ 21년 (455~475)	비유왕의 아들. 북위를 통해 고구려 견제에 실패하고 장수왕이 공격을 받아 한성 백제가 멸망하였다.
22대 문주왕_ 3년 (475~477)	개로왕의 아들. 웅진으로 천도하였고 탐라국이 토산물을 바쳤다.
23대 삼근왕_ 3년 (477~479)	문주왕의 아들. 아버지를 시해한 해구와 연신을 제거하였다.
24대 동성왕_ 22년 (479~501)	문주왕의 조카. 신라 이찬 비지의 딸과 혼인하였다.
25대 무령왕_ 22년 (501~523)	동성왕의 아들. 중앙과 지방에서 놀고먹는 자들을 몰아 농사를 짓게 하였다.
26대 성왕_ 32년 (523~554)	무령왕의 아들. 사비로 천도하고 한강유역을 회복하였으나 신라의 배반으로 전사하였다.
27대 위덕왕_ 44년 (554~598)	성왕의 아들. 북제, 북주, 수를 대상으로 대외교섭을 하여 고구려를 견제하려고 하였다.
28대 혜왕_ 2년 (598~599)	성왕의 아들.
29대 법왕_ 2년 (599~600)	혜왕의 아들. 살생을 금지하여 사냥하는 고기잡이 도구와 사냥하는 도구를 태워버리게 했다.
30대 무왕_ 42년 (600~641)	법왕의 아들. 신라와 전쟁을 계속하며 당에 적극적인 외교관계를 펼쳤다.
31대 의자왕_ 20년 (641~660)	무왕의 아들. 나당 연합군에게 패하여 당나라로 끌려갔다.

동서양 고전 연표

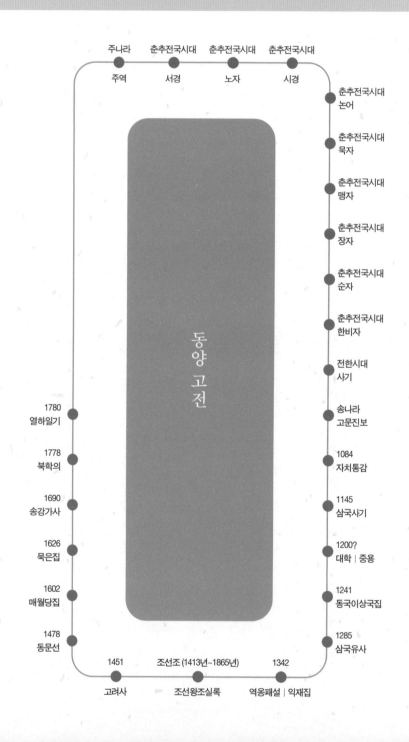

주나라 · 주역
춘추전국시대 · 서경
춘추전국시대 · 노자
춘추전국시대 · 시경

춘추전국시대
논어

춘추전국시대
묵자

춘추전국시대
맹자

춘추전국시대
장자

춘추전국시대
순자

춘추전국시대
한비자

전한시대
사기

송나라
고문진보

1084
자치통감

1145
삼국사기

1200?
대학 | 중용

1241
동국이상국집

1285
삼국유사

동양 고전

1780
열하일기

1778
북학의

1690
송강가사

1626
묵은집

1602
매월당집

1478
동문선

1451
고려사

조선조 (1413년~1865년)
조선왕조실록

1342
역옹패설 | 익재집